国家社科基金
GUOJIA SHEKE JIJIN HOUQI ZIZHU XIANGMU
后期资助项目

产学研互动与区域协同发展

Research on Industry-University-Research
Interactions and Regional Synergy Development

张健 等 著

中国人民大学出版社
·北京·

国家社科基金后期资助项目
出版说明

  后期资助项目是国家社科基金项目主要类别之一，旨在鼓励广大人文社会科学工作者潜心治学，扎实研究，多出优秀成果，进一步发挥国家社科基金在繁荣发展哲学社会科学中的示范引导作用。后期资助项目主要资助已基本完成且尚未出版的人文社会科学基础研究的优秀学术成果，以资助学术专著为主，也资助少量学术价值较高的资料汇编和学术含量较高的工具书。为扩大后期资助项目的学术影响，促进成果转化，全国哲学社会科学规划办公室按照"统一设计、统一标识、统一版式、形成系列"的总体要求，组织出版国家社科基金后期资助项目成果。

全国哲学社会科学规划办公室

2014 年 7 月

前　言

从理论上看，人类的发展思想从注重财富增长进步到注重能力建设，发展所关注的内容也经历了从强调经济增长到强调经济发展，再到强调协调发展、社会可持续发展的演进过程。随着世界城市体系的形成、扩大和调整，区域在国际竞争中的地位更加重要，区域全球化竞争趋势明显加强，各级城市的国际、国内竞争日趋激烈。从实践上看，伴随着经济全球化的浪潮，区域之间的协作与互动方兴未艾，国与国之间的实力竞争越来越多地表现为以若干大城市为核心的区域之间实力的此消彼长。

在当今中国，建设创新型国家必须建立独特的、比较完善的国家创新体系，而建立国家创新体系的关键是实现不同创新主体之间的密切联系和有效互动。产学研是创新互动最重要的主体，其互动的状态直接影响甚至决定着国家创新体系的建立及运行绩效。区域是国家创新体系的重要组成部分，也是我国国民经济持续增长的重要力量，有极大的发展潜力和广阔的发展空间。区域具有无可置疑的重要性，理应担负起历史所赋予的使命。抓住产学研互动这个关键，对推动区域协同发展，促进国家可持续发展有着重要的应用价值。因此，探索产学研互动和区域协同发展具有重要的理论意义与现实意义。

本书的研究主题是产学研互动与区域协同发展。对这一问题的研究，即是要通过对区域协同发展的产学研互动作用、互动内容和互动效应的测度，解决区域自身发展瓶颈和提升区域及腹地整体发展能力的现实问题，为政府制定相关政策和规划提供理论依据。故此本书将研究重点确定为八方面：其一导论；其二理论基础研究；其三文献综述研究；其四产学研与区域互动的内涵；其五产学研与区域协同互动发展的概念模型；其六产学研与区域互动效应的测度体系；其七产学研—京津冀协同互动发展实践；其八产学研互动与区域协同发展路径的选择。

目　录

第一章　导　论…………………………………………………… 1

1.1　时代背景与研究价值 ………………………………………… 1

1.2　现实中提出的问题 …………………………………………… 4

1.3　研究对象及框架 ……………………………………………… 5

1.4　主要内容及创新点 …………………………………………… 7

1.5　研究方法与技术路线 ………………………………………… 9

第二章　理论基础研究 ………………………………………… 11

2.1　相关概念诠释………………………………………………… 11

2.2　产学研互动与区域协同发展的理论支持…………………… 19

第三章　文献综述研究 ………………………………………… 28

3.1　国内外产学研互动与区域创新研究成果综述……………… 28

3.2　国内外区域协调互动研究成果综述………………………… 35

3.3　国内外流量经济测度研究的成果综述……………………… 38

3.4　国内外产学研与区域互动效应研究成果评述……………… 47

第四章　产学研与区域互动的内涵 ………………………… 57

4.1　产学研与区域互动的层次与主体…………………………… 57

4.2　产学研与区域的互动特点和形式…………………………… 61

4.3　产学研与区域的互动动力…………………………………… 63

第五章　产学研与区域协同互动发展的概念模型 ……… 68

5.1　产学研与区域的相互作用…………………………………… 68

5.2　产学研与区域的互动内容…………………………………… 75

5.3　产学研与区域的互动效应…………………………………… 82

5.4　产学研与区域的互动的可能性障碍………………………… 87

5.5　构建产学研与区域的互动概念模型………………………… 89

第六章　产学研与区域互动效应的测度体系 ……………… 92

　6.1　产学研与区域互动效应过程测度体系 …………… 92

　6.2　产学研与区域互动效应状态测度体系 …………… 108

　6.3　产学研与区域互动效应测度应用研究 …………… 113

第七章　产学研—京津冀协同互动发展实践 …………… 135

　7.1　京津冀协同发展重大实践战略的提出 …………… 135

　7.2　产学研—京津冀互动实践的条件分析 …………… 140

　7.3　产学研—京津冀互动实践的主要内容 …………… 162

　7.4　产学研—京津冀互动主体实践项目 ……………… 181

第八章　产学研互动与区域协同发展路径的选择 ………… 188

　8.1　产学研互动与区域协同发展的约束条件 ………… 188

　8.2　产学研互动与区域协同发展的建议 ……………… 202

参考文献 ………………………………………………… 224

后　记 …………………………………………………… 242

第一章 导 论

本章介绍了研究背景、研究价值、研究对象、主要内容、研究方法、技术路线以及撰写思路与结构框架。

1.1 时代背景与研究价值

随着全球化的发展，国家间的竞争已逐步演变成为城市或区域腹地间的竞争，城市或区域腹地间的竞争力越发依赖于整体效能的发挥。在中共十八大上，党中央提出了"深化科技体制改革，推动科技与经济紧密结合，加快建设国家创新体系，着力构建以企业为主体、市场为导向、产学研相结合的技术创新体系"的发展思路。习近平总书记 2014 年 2 月 26 日在北京座谈会上强调实现京津冀协同发展。2015 年 4 月 30 日，中央政治局会议审议通过了《京津冀协同发展规划纲要》，这不仅将京津冀协同发展上升到重大国家战略层面，也是京津冀经济圈经济和社会发展的关键动力。所以，关于产学研与区域的互动关系与互动效应，已成为地方政府、管理机构、学者和民众共同关注的问题。

1.1.1 时代背景

（1）研究契合了学术研究的趋势和热点。

产学研互动和区域协同发展逐渐成为学术界研究的热点之一，国内外学者从多个研究视角对其进行了研究。早期研究主要围绕理论研究展开，主要包括产学研存在的问题、发展思路、管理模式、制度创新和产学研与区域相互作用等方面。近三年的研究内容从定性分析逐渐向定量分析转移，涉及产学研竞争能力、创新能力、产业集聚的测度等内容。目前既有的相关研究成果有四方面局限：第一，定性研究多于定量研究；第二，针对产学研本身进行的综合分析与测度只能够反映产学研自身的发展变化或体系内部的差异，不能直接体现产学研发展对所在区域的影响；第三，既有研究多是对产学研与所在区域互动状态或者互动可能性的测度，几乎没有互动过程的测度研究；第四，偏重于研究产学研对腹地城市经济发展的贡献，较少涉及社会、空间等方面的区域互动效应。因而，本研究契合学术研究的趋势和热点，有助于扩展产学研与所在腹地互动发展的研究思路和方法。

（2）研究契合了国家和区域发展战略需求。

美国林肯总统曾指出，明确目前状态是决定前进方向和行进方式的基本前提。随着世界贸易组织成员的增多，区域和城市的发展也必然包含在了全球一体化发展的网络体系中。在我国，基于产学研互动而形成的经济园区的快速发展一方面会不同程度地推进腹地区域的发展，另一方面也会因为有限资源要素的相互竞争引发行政限制、资源浪费和失衡发展等问题。鉴于此，"竞争与合作并存"的园区与腹地区域发展战略思维应运而生，产学研与区域及腹地的良性互动发展研究就是秉承这样的战略思维而展开的。一方面，国家"十二五"发展规划中重点支持的七个战略性新兴产业，基本都隶属于高新技术产业，需要产学研密切合作；另一方面，从省市政府的角度看，在区域一体化发展和可持续发展战略中如何消除不良因素，更好地发挥产学研的引领和示范作用，带动区域及腹地的整体发展，增强区域竞争力，也是省市政府等行政部门密切关注的问题。因此，本研究契合了国家和区域的发展战略需求。

（3）研究契合了产学研解决自身瓶颈问题和提升区域辐射功能的需求。

区域经济发展的实践和相应的理论研究成果表明，产学研互动必须根植和依托区域腹地的发展，而区域腹地的发展也需要借助于产学研的扩散和带动能力。各种类型的产学研基地（譬如高新区）最早出现在 20 世纪 50 年代的欧美等发达国家和地区，高新区的设立和发展为腹地城市带来了巨大的经济效益，从而受到了广泛的关注。80 年代初期我国也设立了第一批国家级高新区，并迅速遍地开花。历经 30 多年的发展，不少高新区都出现了发展瓶颈，一方面对既有的不良情况无力改变，另一方面找不到未来发展的动力和方向。因此，在制定产学研与腹地区域互动发展的战略和规划之前，首先要弄清楚产学研与腹地区域目前的互动发展状况以及互动过程中的优势和不足。产学研互动效应的测度研究结果有助于更好地审视产学研发展的瓶颈，积极寻找突破口，实现产学研互动与区域协同发展的理想状态。

需要说明的是，本研究虽围绕产学研互动与区域协同发展展开，但研究成果能促进区域经济创新发展，在互动内容、互动效应测度体系和测度方法上具有一定的普遍适应性。

1.1.2 研究价值

（1）学术价值。

第一，有助于产学研合作理论、区域发展理论的发展。国内外很多学者对产学研合作展开过研究，但均带有学科和应用倾向性。本书利用区域经济学、流量经济学、系统学、协同学等相关理论分析了产学研与区域互动发展的体系，明确了"产学研""区域""互动效应"的概念内涵，强调了区域互动发展中的主观能动性，规范了产学研与区域的统计口径。这不仅有助于推动产学研合作理论、区域发展理论的发展，也有利于推动产学研与区域互动量化分析研究。

第二，为产学研与区域互动发展的研究提供了新的思路和方法。本书通过文献综述和理论研究，分析了产学研与区域互动发展的内外部动力和互动效应的来源，探寻了互动发展的内容与层次（要素互动、企业和项目互动、产业互动），构建了产学研与区域互动效应的过程测度体系和结果测度体系；提出了为使产学研协同创新的产出更加可持续，应特别强调对各主体的资源整合调配，通过资源共享、风险共担、联合攻关、分工协作等方式使其形成一个有机发展的生态圈，发现发展各主体在生态圈中的位势和角色，从而进一步驱动各主体共生发展，实现从"1+1"到"1×1"的转变。

（2）应用价值。

第一，有助于解决产学研自身发展瓶颈和满足提升区域整体发展能力的现实需要。我国产学研结合历经30多年的改革发展取得了巨大成就，但也存在 些亟待解决的问题，在与区域的互动发展过程中也呈现出了"相互促进""相互博弈"和"互不相干"等多种关系。测度产学研与区域在互动发展中相互影响的程度与趋向，有助于发现互动发展过程中的优劣势，促进产学研的"二次创业""三次创业"和与区域的良性互动发展。因此，研究产学研与区域互动效应的测度问题，具有解决产学研自身发展瓶颈和推动区域良性互动发展的现实意义。

第二，为政府制定相关政策和规划提供理论依据。产学研互动对区域发展的影响是国家和省市区域政府一直十分关注的问题。研究结论可以有效测度出产学研互动是否对区域的产业结构和经济发展等方面具有积极影响作用，良性互动发展的程度如何，以及互动发展是否契合国家与省市战略规划中对区域发展的需求等。研究结论可以为国家或省市政府等行政部门制定区域发展的相关政策、法规提供理论和数据支持。

1.2　现实中提出的问题

1.2.1　新常态

2014 年 5 月，习近平总书记在河南考察工作时首次明确用新常态来概括我国经济新的阶段性特征，指出我国发展仍处于重要战略机遇期，我们要增强信心，从当前我国经济发展的阶段性特征出发，适应新常态，保持战略上的平常心态。在战术上要高度重视和防范各种风险，早做谋划，未雨绸缪，及时采取应对措施，尽可能减少其负面影响。2014 年 7 月 29 日，习近平总书记在和党外人士的座谈会上又一次提出，要正确认识中国经济发展的阶段性特征，进一步增强信心，适应新常态。习近平总书记关于我国经济新常态的重大论断对做好当前和今后一个时期的经济工作具有十分重要的指导意义。

经济的发展总是会从一种常态转换到另外一种常态。当前阶段我国经济新常态集中表现为增长由高速转换到中高速。这种转换意味着我国经济发展的条件和环境发生了深刻变化，也意味着国家整体发展战略和区域发展战略需要进行重大调整。适应经济新常态，谋划好未来的国家发展，谋划好未来的区域发展，谋划好未来良好的产学研和区域互动，是实现经济持续健康发展的必然要求。新常态下产学研互动与区域协同发展着重体现在以下几个方面：

第一，从以产业间分工合作为主转向以产品价值链分工合作为主。第二，从资源要素互补式合作为主转向创新发展互助式合作为主。第三，从以 GDP 增长为主导的区域合作转向以可持续发展为主导的区域合作。第四，从松散型合作转向机制化合作。

1.2.2　产学研互动点

在产学研相互作用的过程中，以科研为先导，推动企业（校内企业、校外企业）技术进步和劳动生产率的提高；企业发展和科研成果又反作用于教学，从而使产学研三者在机制上实现良性互动，在效果上实现校企双赢。产学研的互动点主要体现在互动层次和互动主体两个方面。

（1）互动层次。

随着全球经济一体化进程的加剧和我国可持续发展研究的深入，产学研与区域间的互动研究也逐渐从宏观角度转向了微观层面。目前我国关于产学研与区域间的互动关系研究大体可分为三个层次：第一个层次是国家级战略层面的区域互动，如我国东西部互动、沿海与内地区域的互动；第二个层次是省级区域之间的互动，如京津冀一体化发展，长三角、珠三角各省市的协调发展；第三个层次是地、市、县等小区域之间的互动发展研究。

（2）互动主体。

本书研究的产学研与区域互动发展的主体就是指在互动系统里能够承担并实现区域互动发展目标的最少类别的微观对象，本书所涉及的主体主要有各级政府、各类企业、高校科研机构、中介机构、非营利组织和居民等。互动主体是产学研与区域互动发展过程中的重要节点，是互动体系中资源流动的中心点。这些互动主体在互动体系中的地位各不相同，可以以企业、部门、区域、社团协会和政府组织等多种形式存在。多个参与主体能按照一定的规范和法则进行分工与合作，形成多种互动关系，从而形成产学研与区域互动发展的主体结构。

1.2.3　区域协同互动

（1）区域协同互动测度模型和指标。

从研究的对象来看，关于区域协同互动的研究，国内多于国外，东部沿海发达地区多于中西部落后地区；从研究形式看，理论探讨多于实证研究；从研究内容来看，主要涉及子系统之间的协调度、可持续发展和城乡协同互动发展三个方面，多是测度某一特定地区或城市不同的子系统（工业与环境、环境与经济、文化与经济等）之间的协同度，没有涉及两个区域间的发展协同性研究。

（2）区域协同互动常用测度方法。

区域协同度的测度模型和方法因为研究角度的不同而各有特点，在理论和应用研究方面都获得了一些研究成果。但存在两方面的不足：第一，已有研究多是测度某一特定地区或城市不同的子系统之间的协同度，没有涉及两个区域间的发展协同性研究；第二，既有研究多局限于对某个区域某一特定时间的协同状态测度，缺少围绕研究对象的综合比较分析或过程研究，动态和静态结合起来的测度才更全面和更有意义。

1.3　研究对象及框架

1.3.1　研究对象

本研究主题是产学研互动与区域协同发展的测度研究。对这一问题的研究，即是要通过对区域协同发展的产学研互动作用、互动内容和互动效应的测度，解决区域自身发展瓶颈和提升区域及腹地整体发展能力的现实问题，为政府制定相关政策和规划提供理论依据。

1.3.2　研究框架

本研究围绕一条主线展开：根据文献梳理和所要解决的现实问题确定把产学研互动与区域协同发展的测度方法研究作为切入点；研究区域间协同发展的层次和内容，发现区域协同的来源；然后构建区域协同发展的测度体系；最后对如何促进产学研与区域的良性互动发展提出相应的政策建议。总体研究框架如图 1 - 1 所示：

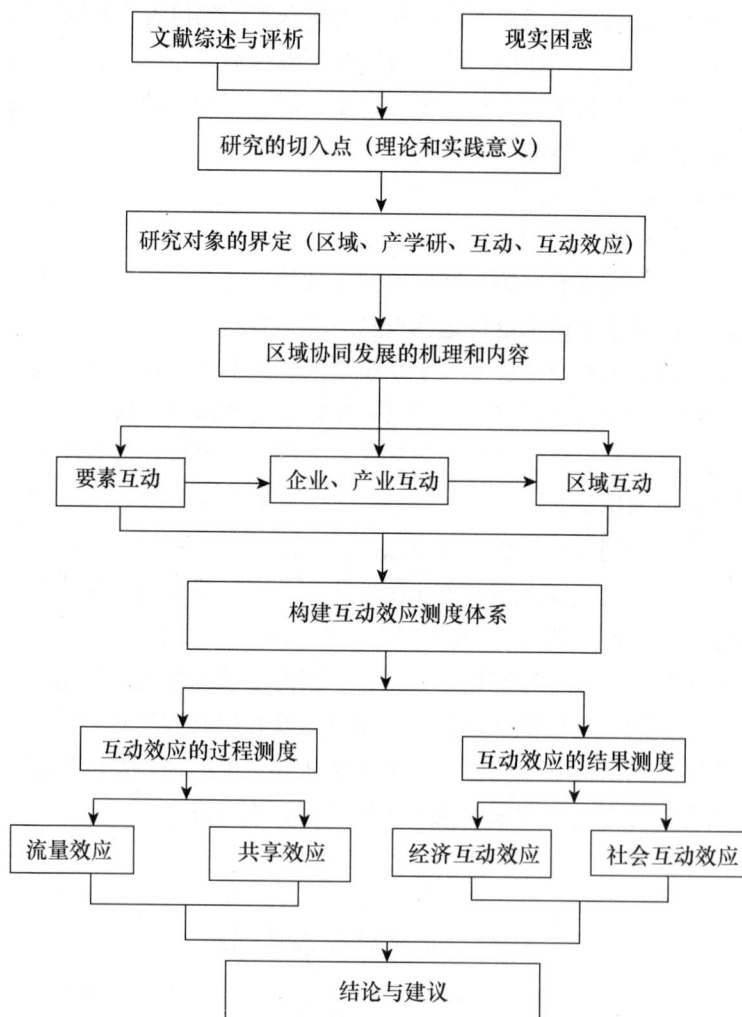

图 1 - 1　总体研究框架

1.4 主要内容及创新点

1.4.1 主要内容

（1）明确区域协同发展的产学研互动效应研究的对象和理论基础。

明确研究对象是研究展开的前提。本书在深入分析区域协同发展的产学研互动内容和互动效应之前，从相关概念的界定入手，基于区域经济学、流量经济学、系统学、协同学等视角研究区域协同发展的产学研互动的相互作用和理论基础。

（2）建立区域协同发展的产学研互动效应测度研究的分析框架。

基于文献综述和现实发展中的困惑发现本成果的切入点。本书按照先探寻区域间的互动机会和内容，继而发现互动效应的来源，最后构建区域间互动效应的测度体系的思路来完成研究工作。

（3）探寻区域协同发展的产学研相互作用和互动内容。

区域协同发展的产学研之间的互动关系和互动内容是建立区域的产学研互动效应测度体系的前提和基础。区域协同发展的产学研存在相辅相成、竞争与合作共存的互动关系。互动内容包括各种形态的生产要素互动、产业链上的企业互动、不同产业之间的互动以及重大项目的互动等。

（4）分析区域协同发展的产学研互动效应的来源。

根据区域协同发展的产学研相互作用和互动内容分析可知，区域间的良性互动发展实质上是区域间所有要素、企业和产业的合理分工与合作。各要素在区域禀赋差异和区域利润差异的驱动下，在区域协同发展的产学研间相互流动、相互补充，产生"流量效应"；同时，区域协同发展的产学研为了提高资源的利用率而展开基础设施和商业服务设施的共建共用，由此产生"共享效应"。区域协同发展的产学研互动效应就是流量效应和共享效应的整合。

（5）构建区域协同发展的产学研互动效应的测度体系。

基于互动效应的来源构建区域互动效应的过程测度体系和状态测度体系。其中，过程测度体系包括人力流、物资流、资金流、技术流和信息流的跨区域流动总量测度以及要素流动给区域带来的效应测度；状态测度体系突破了原有经济互动方面的局限，测度区域的产学研在经济、社会、空间等多个方面的互动效应。

（6）产学研——京津冀协同互动发展实践。

区域越来越成为政治与经济舞台上的一个独特空间。我国城市在发展过程中越来越认识到区域合作与协调的重要性，唯有建立多方参与的区域协同机制，才能形成强有力的驱动力。在前面研究基础上，本书以中国京津冀区域为蓝本，进一步探讨产学研与区域互动协同发展的条件及产学研互动主体实践的案例。

（7）产学研互动与区域协同发展路径的选择。

国际经验表明，区域崛起的基本条件及基础要求是大致相同的，其目标追求或目标定位却可能不趋同。面对激烈的区域竞争和国际竞争，区域的发展既不能照搬，也不能模仿。本书基于增强互动效应的目标，从组织架构、机制体制、产业布局、市场主体等多个方面提出具有可操作性的推动区域协同发展的产学研互动模式，提出区域互动效应的政策建议。

1.4.2 创新点

（1）研究理论的先进性。本书首次提出以区域协同发展的产学研互动效应的测度方法作为切入点，以"区域协同发展"战略为研究核心，探寻互动的层次、参与主体、互动特点、互动形式和现实制约因素，构建了产学研与区域互动发展的概念模型，为我国扩展区域协同发展的路径研究探索新的方法和思路，一定程度上丰富了区域发展理论。

（2）研究内容的实用性。本书构建了区域协同发展的产学研互动效应的过程测度体系。本书认为，区域协同发展的产学研互动效应其根本是由区域间要素流动引发的，进而体现为产业和企业的跨区域互动，最终带动区域间经济、社会全方面的交流互动。本书将区域间的互动发展深入到了人力、资金、技术等经济要素流层面，构建区域的产学研互动效应过程测度的指标体系和模型，对区域的产学研互动过程中的流量规模和趋势进行测度。

（3）研究结果的创新性。本书完善了区域的产学研互动效应的状态测度指标。本书将能体现区域的产学研互动效应状态的关键指标进行优化重组，构建区域的产学研互动效应的状态测度体系，测度区域互动发展的状态和结果。指标体系克服单一经济指标表达的不足，包含经济互动效应和社会互动效应两个一级指标，涉及经济规模、增长力、外向度、产业结构、财税、空间面积、设施建设等方面的测度指标，并以石家庄产学研互动为例，进行了应用性研究，验证了测度体系的实用性和合理性，探寻了一条区域协同发展的战略转型之路。

1.5 研究方法与技术路线

1.5.1 研究方法

（1）文献研究。

文献的收集、整理和分析是研究展开的前提，本书主要通过外文文献数据库、中国知网、万方数据库系统以及相关专业杂志和书籍来完成对文献的收集和整理工作。通过文献综述寻找各个研究要素之间的逻辑关系，从而构建研究问题的思路和框架。

（2）理论分析。

产学研与区域的互动是个复杂系统。本书通过区域经济学、流量经济学、系统学、协同学等相关理论分析区域互动发展的多重主体、互动层次、互动形式和产学研与区域的相互作用和互动内容，构建了产学研与区域互动发展的概念模型，为互动效应测度体系的构建提供了基础理论框架。

（3）调查研究。

积极进行实地调查，到区域进行实地调研，了解和掌握各地区在推进产学研与区域互动发展方面的经验和不足。同时开展座谈，就相关问题咨询请教城市发改委及职能相关人员和一些企业管理者，收集了第一手信息和资料。

（4）多维系统分析。

根据文献梳理和所要解决的现实问题确定把产学研互动与区域协同发展的研究作为切入点；研究区域间产学研互动发展的层次和内容，发现区域效应的来源；然后构建区域间互动效应的测度体系；以中国京津冀区域为蓝本，进一步探讨区域战略目标定位及变化趋势问题；最后对如何促进区域的良性互动发展提出相应的政策建议。

1.5.2　研究技术路线（如图 1-2 所示）

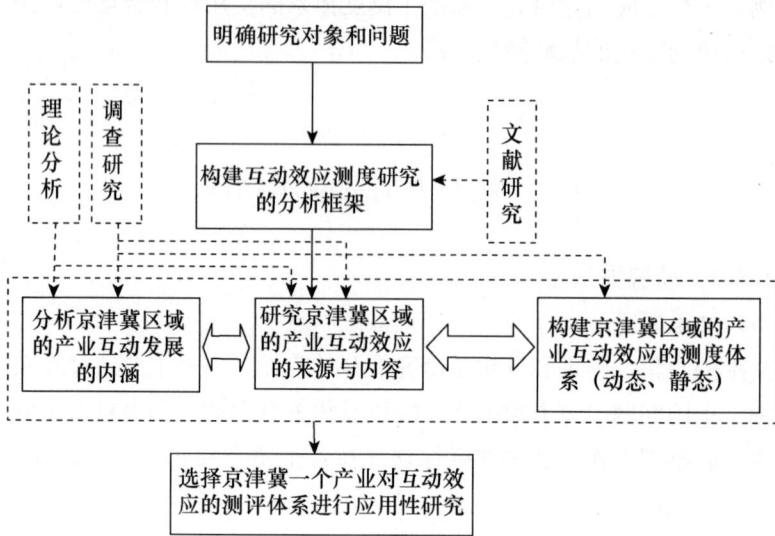

图 1-2　研究技术路线

第二章 理论基础研究

辨析与本研究相关的概念，有助于产学研互动和区域协同发展理论的收敛和发展。本书以增长极理论、中心—外围理论、空间结构理论等地理学理论，区域分工与合作理论、流量经济学理论等经济学理论，以及复杂系统理论、协同论等系统优化理论作为理论基石。

2.1 相关概念诠释

2.1.1 产学研

（1）产学研互动的概念界定。

产学研即企业、学校、科研机构各主体之间长短互补，充分发挥自身的优势，形成强大的从科研技术开发到产品开发再到产业化的合作方式，并在运行过程中体现出综合优势。产学研合作指的是作为研发需求方的企业同技术提供方的高校和科研院所之间的协作，利用一定的机制将供需主体的各种生产要素进行有效结合，以实现企业的技术创新为目的，完成高校科研机构的技术成果产业化。

在产学研合作这一系统中，各个主体扮演着不同的角色，有着不同的利益需求。其中"产"指的是企业。企业为了增强市场竞争力和达到经济效益的最大化，需要科学技术创新的支持。高校、科研机构输出研究成果为企业的发展提供了支持，同时也为高校、研究机构提供研究和人才开发的必要资源。"学"指的是高等院校。通过产学研合作，高校可以充分利用自身的实验室等技术研发设备优势和师资力量优势，同时为培养适合社会发展的人才提供了平台。"研"指的是科研机构。科研机构借助企业的良好平台及生产资源，在完成自身科研课题的同时，为企业的发展提供科学规划和技术开发，研究成果将促进企业的发展及产业的提升。总之，产学研合作是社会经济发展和社会分工发展到一定阶段的产物，是科学教育与社会生产相结合的形式，是知识时代和市场经济的必然选择，其实质是知识转化为生产力的方式。

（2）国内外产学研互动发展历程。

普遍认为1951年美国加利福尼亚州的斯坦福研究园的建立，引发了世界科技园区建设的热潮。高新技术产业园区在世界各国纷纷出现并快速发展，也推动了世界经济的增长。半个世纪以来，世界产学研互动历经了四个发展时期。

20世纪50年代，伴随着科技革命，产学研互动作为一种经济现象出现。美国斯坦福研究园和苏联新西伯利亚科学城拉开了产学研互动建设的序幕。随后，美国波士顿128号公路也出现了高技术企业的集聚现象。当时大部分园区集中在美国，硅谷、128号公路、贝德福研究与管理园、伯翰诺工业园、伯尔德工业园和三角研究园的成功创建不仅成为美国国内各州效仿的典范，也成为世界各国模仿的样板。

20世纪六七十年代，世界产学研互动进入缓慢发展时期。60年代中后期日本、英国、法国、比利时、罗马尼亚、巴西等国家纷纷开始设立高技术开发区，巴西于1965年建设坎皮纳斯科学城，1968年日本、比利时和罗马尼亚分别筹建了筑波科学城、新鲁汶科技园和皮佩拉电子城，1969年法国建立了索菲亚·安蒂波利斯科学城，英国在1972年和1975年先后建立了赫利奥·瓦特大学科技园和剑桥科技园。亚洲各国在70年代经济开始高速发展，韩国效仿日本的筑波模式于1974年建设大德科学园地。这期间全球产学研互动园区的总数只有50个，且主要分布于欧美日等发达资本主义国家，园区的带动、示范作用不是很显著。

20世纪80年代，世界经济回暖，产学研互动大规模出现并快速发展。1980年末美国拥有24个园区，到1989年末美国已设立了遍布全国的141个产学研互动园区。到1990年日本已选定18个地方兴建科技城，加强建立技术城市的步伐。同期，产学研互动在西欧一些国家也得到了比较迅猛的发展。法国自1984年以来相继在波尔多、马赛、斯特拉斯堡、里昂、图卢兹等地建立开发区。德国到1990年也已建设有70多个高新技术园。此外，新加坡、印度尼西亚、印度等一些新兴工业化和发展中国家及地区也建立了各种不同形式的产学研互动园区。到80年代末，世界高新技术园区总数增加到了641个，园区的建设和发展在腹地经济发展和产业升级中发挥着举足轻重的作用。

20 世纪 90 年代，高新技术产业园区在世界范围内的数量和分布继续扩大，至 1992 年，设区国和地区增加到 48 个，园区总数达到 1 009 个，主要分布在北美、西欧和东亚等国家的高技术区。美国、加拿大等北美园区是纯粹的市场经济产物；德、英、法等西欧园区则着眼发展本土高校技术；而日、韩东亚高技术区则多为政府规划的产物。

对于国内产学研互动发展历程，本书的划分方式如下（见表 2-1）。第一阶段从 1985 年颁布《中共中央关于科学技术体制改革的决定》开始到 1998 年，产学研互动工作主要是促进科研院所向产业的技术转移。第二阶段从 1999 年颁布《中共中央国务院关于加强技术创新发展高科技实现产业化的决定》开始到 2005 年，我们注意到这个阶段中国企业的吸收能力有一个显著的提高。该阶段，产学研互动工作主要是建设以企业为中心的技术创新体系。第三阶段始于 2006 年发布《国家中长期科学和技术发展规划纲要（2006—2020 年）》，产学研互动工作主要是突破产业前瞻性技术和核心技术。阶段转型的动力来自企业吸收能力的变革。

表 2-1　　　　　　　　　　　中国产学研联结的发展历程

分析要素		第一阶段	第二阶段	第三阶段
时间		1985—1998	1999—2005	2006 年至今
聚焦		技术转移：促进科研院所向产业的技术转移	技术创新：建设以企业为中心的技术创新体系	自主创新：突破产业前瞻性技术和核心技术
产学研联结情境	主要政策背景	1985 年：《中共中央关于科学技术体制改革的决定》	1999 年：《中共中央国务院关于加强技术创新发展高科技实现产业化的决定》	2006 年：《国家中长期科学和技术发展规划纲要（2006—2020 年）》
	基础设施发展	技术市场高新技术产业开发区	大学科技园技术市场风险投资	全面发展
企业吸收能力		低（研发强度 0.5%～0.55%）	中等（研发强度 0.60%～0.83%）	较高（研发强度 0.77%～0.96%）
大学特点		研究开发能力中等	独立知识产权研究开发能力较强	科学研究和技术创新的生力军
公共研究机构特点		研究开发能力较强	大规模企业化转制	骨干和引领作用
主要产学研联结模式		衍生企业 技术转让 合同研究	合作研发 产业工程研究中心 技术转让 合同研究	产业技术创新战略联盟 专利许可 合作研发 技术转让 合同研究

2.1.2　区域

（1）区域与腹地的概念界定。

不同学科由于研究视角不同，对于"区域"的概念解释也不尽相同，地理学是最早将"区域"作为研究对象的学科。西伯特认为区域概念是一个中间性范畴，区域的划分带有极大的随意性（Siebert H.，1969）；佩洛夫、邓恩、兰帕德与穆特四位学者认为在一定区域内地理上毗邻的地区是紧密结合的，具有某些共同的或互补的特征，并提出了明确的区域划分标准（Harvey S. Perloff, E. S. Dunn, E. E. Lampard and R. F. Muth, 1960）；西方学者采曼斯基也曾对地区、地带与区域做过明确区分（Czamanski, 1973）；美国地理学家哈特向对"区域"概念的解释确定了差异性这一标准（哈特向，1981）；1992年，美国区域经济学家埃德加·M. 胡佛对"区域"概念的界定影响较大；1999年，郝寿义、安虎森教授也给出了"区域"的定义，他们认为区域是基于行政区划以整体加以考虑的一定的空间范围，拥有组织区内外经济活动和联系的能力，多由一个或多个重要的中心城市或多个乡镇组成。

在港口研究中最早提出了"腹地"的概念。1888年，商业地理学创始人奇泽姆在《商业地理手册》中第一次引入德语"背后的土地"（Hinterland）一词，指围绕在港口周围，为港口提供进出口商品集散的区域。另一个德语词"周围的土地"（Umland）经常与"Hinterland"混用。20世纪初，相关研究延伸到了内陆地区，内陆城市经济研究中心也开始出现"腹地"字眼，如：赖利、康维斯依托"零售引力模型"深入研究了城市腹地理论，认为城市中心对腹地的影响程度与其规模成正比，与二者间的距离成反比（Reilly W. J.，1944）；德国经济地理学家克里斯泰勒提出的"中心地理论"涉及了腹地的分级问题。直到20世纪50年代，腹地（Hinterland）一词的内涵才被广泛认可，指港口或内陆地区等各类经济中心的外围附属区域，也被称为"城市贡地和城市腹地"。腹地与城市核心相互依赖，相辅相成，具有向城市核心输送人力、物力、财力和接受城市核心区辐射的双重功能。腹地区域的发展状况、所处区域的城市密度、市场规模、行政区划和自然条件、资源供给能力影响着核心区的吸引力半径、发展速度以及产业高级化程度。如1972年海格特提出的"空间相互作用理论"表明了中心区域与周围腹地间存在对流、传导、辐射的相互传递关系。我国对于城市腹地研究是从20世纪70年代才开始的，主要是根据国内各种区域的不同，提出与城市腹地相关的很多区域概念，如经济腹地、经济区、城市经济影响区等。

本书认为"区域"是指由围绕在区域内，其利益目标一致且具有同质性或互补性资源，拥有自组织和沟通合作的能力，具有向区域输送要素流和接受区域辐射双重功能的多个地域单元组成的地区。

(2) 国外区域发展历程。

首先，从单一城市研究转向城市区域研究。国外对于城市区域现象的研究始于对单一城市的研究。18 世纪下半叶开始的工业革命逐步引发了社会经济领域和城市空间组织的巨大变化，表现为城市的主导功能逐步被工业所占领，城市的规模在扩大，城市与城市、城市与区域之间的联系日趋加强，城市的社会和经济结构日趋复杂，一系列的城市病开始出现。在此背景下，人们开始将目光从城市内部转向城市以外的区域。其次，从城镇体系研究转向大都市带研究。第二次世界大战以后，随着工业社会的生产组织方式在全社会范围内的日益普及，从城镇群体角度研究城市和区域显得日益重要。城镇体系概念与随后出现的城市群、城镇密集区、大都市带概念虽有较大不同，但它们都是在区域的背景下研究城市或城市区域现象的，而且城镇体系与城市群、城镇密集区、大都市带的影响因素主要为以交通为主的传统因素。因此，城镇体系的研究思路与方法为后来的城市群、城镇密集区、大都市带的研究奠定了良好的基础。最后，从影响城市区域的传统因素研究转向现代因素研究。从城镇体系到城市群、城镇密集区、大都市带，其形成的动力机制都与交通条件等传统因素有关。布鲁恩和威廉斯在分析了人口稠密的大都市地区发展的动力机制后认为，大都市带的出现是时空耦合的空间特征之一，所谓的"填入"(filling in) 过程往往发生在连接主要节点的交通干线附近，主要城市和区域中心等节点增长会逐渐形成一种线状模式。

自 20 世纪 80 年代以来，西方国家的产业结构与全球的经济组织结构发生了很大的变化，表现为管理的高层次集聚、生产的低层次扩散、控制和服务的等级体系扩散构成了信息经济社会的总体特征。范吉提斯 (Pyrgiotis，1991)、昆曼和魏格纳 (Kunzmann，Wegener，1991) 通过对欧洲城市的研究认为，经济全球化和集团化双轨并行形成了跨国网络化城市体系，并认为该体系的主要物质基础是跨国高速公路和发达的电子通信设施 (Kunzmann，Wegener，1991)。在经济全球化与信息化背景下，主要城市的功能进一步加强，并形成一种新型的城市类型——全球城市 (global city)，在此背景下，传统的城镇体系正在演化为新的世界城镇等级体系结构。弗里德曼认为跨国资本浪潮的空间表现形式之一就是世界城市体系的出现，即世界级城市、跨国级城市、国家级城市、区域级城市和地方级城市，新型的城市等级体系以其复杂的网络结构正在代替城镇体系单一的等级概念（Friedman，1986）。

（3）国内区域发展历程。

第一，基于交通等传统因素对区域的研究。国内最早从区域角度研究城市的是宋家泰教授，他首先提出了"城市—区域"的概念（宋家泰，1980）。在一定的区域范围内，城市与城市、城市与区域的关系表现为城镇体系结构。区域有大小之分，城镇体系也有等级之分，有全国一级的城镇体系、省一级的城镇体系，也有地区级的城镇体系。20世纪80年代以后，学术界较为广泛地开展了城镇体系研究。1992年，顾朝林出版了《中国城镇体系——历史·现状·展望》一书，被认为是"国内近10年研究与实践里程碑式的总结"。顾朝林1997年又对新时期城镇体系规划理论与方法进行了总结。90年代以后，众多学者开始关注城市群、城镇密集区和大都市带的研究。城镇体系、城市群、城镇密集区和大都市带都是在以交通为主的传统因素作用下形成的城市化空间形态。它们之间的关系是：一个中心城市及其下级城镇形成城镇体系，多个城镇体系共同组成城市群，多个城市群形成城镇密集区，而城镇密集区的进一步发展则形成大都市带或都市连绵区。对于城镇体系、城市群、城镇密集区和大都市带等城市区域现象的形成条件与演化机制，传统理论认为优越的地理位置、发达的经济和完善的交通网络是这类地域形成的前提条件。因此，已有研究多关注对影响城市区域空间传统因素的研究。

第二，基于经济全球化与信息化等现代因素对城市区域的研究。经济全球化和信息化过程中产生了许多新的经济行为，主要包括生产服务业发展、跨国公司发展、国际金融和商务中心形成（顾朝林，1999）。这些新经济行为均需要强大的知识、信息系统为支撑，城市是知识产生、使用和交换的主要场所，网状城市组合结构是知识传播、交换的最佳环境（杨家文，1999）。城市之间改变原来经济割据与结构雷同的特点，开展广泛的技术合作与信息交流，城市地域系统联系和组合形态发生变化，城市区域空间关系由网络取代传统城镇体系的等级概念，形成了多中心、多层次、组团型、交嵌式发展模式。城市在城镇等级体系中的地位和作用不仅取决于其规模和经济功能，还取决于其作为复合网络连结点的作用（吴良镛，2000）。在信息网络的背景下，与传统的城镇等级体系相比，许多城市在网络结构中的地位与作用发生了一定的变化。张捷等较早地研究了信息时代地理空间及其连通性。刘卫东讨论了我国互联网发展的空间特征及其对社会经济空间组织的潜在影响（刘卫东，2002）。汪明峰、宁越敏研究了互联网对城市空间的影响作用，他们认为北京、上海、广州是全国的互联网中心城市，武汉、南京、西安、深圳、郑州、杭州、厦门等城市在互联网络中的地位有上升之势，而天津、重庆、昆明和哈尔滨的地位也较传统的中心城市地位有下降之势（汪明峰、宁越敏，2004）。可见，在互联网络城市体系中，许多城市中心性不再突出，只表现出明显的节点性。上述城市与城市、城市与区域之间新关系的出现，是在以经济全球化与信息化为背景的新经济因素作用下形成的，许多学者用城市区域来统称这类新型城市化空间组织形式，其空间结构则主要表现为都市圈结构。

第三，基于整合发展对城市区域的研究。有关区域整合发展的研究最早始于区际联系的研究。李春芬（1995）撰文指出，区际联系是区域地理学的近期前沿。牛慧恩等用定量的方法对甘肃与邻省的经济联系度进行了分析（牛慧恩、孟庆民，1998）。周一星等（2002）从航空运输网络方面对我国的城市体系网络连接性进行了较为详细的定量研究。有学者运用GIS空间分析和图形技术，就中国省（区、市）际人口迁移、铁路客流、航空客流、铁路货流、信件流等经济社会要素流动的空间特征进行了综合分析（张敏、顾朝林，2002）。上述研究拓展了区际联系的研究方法，为整合发展的研究奠定了基础。

2.1.3　互动与互动发展

（1）互动与协调的区别与联系。

协调（coordinate，harmonize），依据《新华字典》的解释，"协"指调和、调整（mediate），"调"是指调节、调匀（adjust，regulate），从字面上看，二字都体现出"和谐、平等"的含义。"协调"在《新华字典》中解释为"和谐一致、配合得当"。所以，协调的本质和原则就是要实现均衡、稳定的关系。协调不仅仅体现在静态的层面上，还应该包含在为了达到理想的平衡状态而努力的过程之中；互动（interaction），根据《新华字典》的解释，"互"是交替、相互（mutually，each other）；"动"是起作用或变化（act）。"互动"就是指多个主体之间相互影响或作用，从而促使彼此发生改变的过程。互动在字面上兼有持续的作用与回应。《麦孝瑞辞典》（*Macquarie Dictionary*）中对"互动"的一般定义是"相互作用"（action on each other）。顾明远（1990）在《教育大辞典》中将"相互作用"定义为一个因素各个水平之间反应量的差异随其他因素的不同水平而发生变化的现象。在自然科学中，物理学较早阐述了互动的概念，用以解释物体或系统之间的作用和影响。20 世纪 70 年代，互动概念开始出现在人文社会、心理学学习与远程教学中。总结起来，"互动"是指一种使对象之间相互作用而彼此产生积极的改变的行为和过程，表现为合作（配合）、反对（竞争、进步、协调）、顺应（协调）、同化（融为一体）。

（2）互动与联动的区别与联系。

"互动"与"联动"既有区别又有联系："区域联动"是以"行政区经济"为基础，主要借助行政外力发展的产学研经济交互系统，政府是其行为主体；而"区域互动"的行为主体已经逐渐过渡到了企业，是指在社会主义市场经济体制下，秉承"互需、互惠"原则，在"区域联动"的基础上向纵深推进的、良性合作互动发展的系统。产学研互动发展，主要指产学研内各个利益相关主体，本着互惠互利的原则展开全方位的良性互动合作，整合和优化配置各种资源，谋求实现经济增值、技术创新以及"双赢"发展的状态和行为过程。产学研互动与区域协同发展本质上是指在互动发展的过程中，既要保证产学研系统自身的高效增长，又能促进区域整体的发展。

（3）互动发展与互动效应。

杨士弘、廖重斌（1992）在其《关于环境与经济协调发展研究方法的探讨》一文中提出互动发展是互动与发展的集合，"发展"是系统运动的方向，"互动"是对发展行为的有益约束和规定；徐小玲（2007）在其博士论文《三江源地区生态脆弱变化及经济与生态互动发展模式研究》中指出，互动发展符合科学发展观，强调相关要素之间在和谐发展的基础上，以互利为目标积极地互相作用和变化。综合和梳理前人的研究成果，本书认为"互动发展"是一种以互利为目标展开的多元发展，是指通过积极促进因素、产业、企业和制度等各方面要素的跨区域相互流动与合作，使原来关联性不强的区域实现有机融合，达到规划同筹、交通同网、信息同享、市场同体、产业同布、旅游同线、环境同治的一体化境界，形成区域间沟通、交流与互促机制，在提升各个子区域生产力的同时逐步实现区域整体平稳发展的动态演化过程。在互动发展过程中，区域之间、区域子系统之间或系统组成要素之间在互动演化过程中彼此作用和互相影响而产生的和谐一致的程度被称为互动效应。互动效应是测度区域之间经济、社会、人文环境是否处于良性互动发展状态的定量指标，互动效应不仅可以反映区域发展的各方面综合实力，更重要的是它还可以显示出区域多重主体之间互动发展的同步性和协调性。

以上辨析了"产学研""腹地""互动发展"等关联概念，经理论提炼得出"互动效应"是同产学研与区域互动效应测度研究相关的核心概念，是测度区域之间经济、社会、人文环境是否处于良性互动发展状态的定量指标。互动效应不仅可以反映区域发展的各方面综合实力，还可以显示出区域多重主体之间互动发展的同步性和协同性。

2.2　产学研互动与区域协同发展的理论支持

2.2.1　地理学理论

（1）增长极理论。

法国经济学家弗朗索瓦·佩鲁 1955 年在《略论增长极概念》一书中提出了"增长极"理论。他认为经济发展是以不同的强度首先出现在一些增长点或增长极上，即出现在具有区域支配和推动作用的重要经济部门或关键产业上，然后通过不同的途径向周围扩散，并最终影响整个区域经济的发展。佩鲁的增长极理论强调聚集和吸引效应，具有很强的实际指导意义和广泛的适应性。但他构建的经济空间基础太过抽象，忽略了增长极的负面效应。瑞典经济学家冈纳·缪尔达尔（Gunnar Myrdal）、美国经济学家艾伯特·赫希曼（Albert Hirschman）、法国经济学家布代维尔（Boulderville）弥补了其理论缺陷（安虎森，1997）：冈纳·缪尔达尔于 1957 年率先提出了"循环积累因果原理"（principle of circular and causation），他认为极化效应、扩散效应和回波效应三种效应共存于区域梯度发展中，单纯的市场机制会导致回波效应大于扩散效应，地区间的经济差距继续扩大从而形成"地理上的二元经济结构"。缪尔达尔期盼政府能出面进行积极的宏观调控，利用政策工具的引导和刺激促进经济发展的不均衡区域间的互动，缩小区域间的经济差距。后有学者将上述情况总结为"自发的发展极"现象和"诱导的发展极"现象。1958 年，艾伯特·赫希曼在《经济发展战略》一书中提出了"极化—涓滴"效应（polarization-trick-ling down effect），深入分析了中心城市和周边腹地之间的相互关系。他认为极化效应在经济发展初期发挥着主导作用，导致了区域经济差异扩大，但随着经济的长期发展，涓滴效应（既扩散效应）会缩小地区间的经济差异。最为重要的是，赫希曼注重关联效应和资源优化配置效应，提出了区域不均衡发展的战略。他认为发展中国家应该尽量选择和优先发展国民经济产业结构中关联效应最大的产业，通过主导部门和优势产业的发展带动其他部门或产业迅速发展。之后法国经济学家布代维尔推动了佩鲁增长极理论的进一步发展，在《区域经济规划问题》（1957）和《国土整治和发展极》（1972）等著作中，将增长极概念应用到了空间结构关系研究中。此后，增长极理论开始广泛应用于发达国家和发展中国家的区域规划和发展战略制定方面。

（2）"中心—外围"理论。

1966 年，美国城市与区域规划专家约翰·弗里德曼（J. R. Friedmann）在《区域发展政策：以委内瑞拉为例》一书中系统化地提出了"中心—外围理论"（center-periphery paradigm），1972 年又在其代表性论文《极化发展的一般理论》中对该理论做了进一步的拓展。"中心—外围"理论认为由于区域自然禀赋的不同、生产要素分配不均衡和技术水平存在差异等原因，经济发达的"中心"地区（center regions）会率先发展起来，而周围其他区域由于发展缓慢成为"外围"区域（periphery regions）。总体上，核心区域凭借资源、要素和技术优势居于区域统治地位，条件较差的外围区域处于从属地位，依赖于核心区域的创新发展和技术扩散。中心和外围区域的空间结构地位不是固定不变的，会随着生产要素在区域间的流动和区域经济发展水平而不断进行调整和变化，最终实现区域互动发展的空间一体化。

（3）空间结构理论。

空间结构理论主要包括点轴开发理论和网络开发理论。20 世纪 70 年代，松巴特（Sombart）等提出了生产轴理论，随后波兰经济家撒伦巴和马利士提出了点轴开发理论，点轴开发理论延伸了增长极理论和梯度转移理论。在我国，点轴开发理论被学者陆大道于 1984 年最早提出，并在其1995 年出版的《区域发展及其空间结构》一书中形成了较为完整的理论体系。陆大道认为点轴开发模式就是在一定区域范围内规划出不同层级的、具有发展优势和条件的线状轴线，进而着重发展线轴上的中心城市或重点区域，以期能形成点轴的交错和扩散，实现区域的整体协调发展。1995 年，魏后凯提出了网络开发理论，2002 年在《加入 WTO 后中国区域经济发展的新趋势》一文中做出了进一步的阐述。该理论将区域经济发展视为一个动态过程，任何区域的发展都将逐步呈现"点—轴—网"三个不同的阶段。各个点通过自身的示范和带动作用促进附近区域的经济发展，多个点相互关联，在空间上往往沿着交通线连接成轴线，轴线的经纬交织形成经济网络。因此，不同经济发展状态的区域应根据自身特点分别采取增长极点开发、点轴开发、网络开发的发展模式。

地理学相关理论为产学研互动与区域协同发展提供了理论基础。首先，增长极理论顺应了工业发展必须在空间上集聚成点、发挥集聚效应的要求，产学研互动便是腹地的增长极和发展重要方式；其次，"中心—外围"理论支持园区辐射带动作用的发挥，产学研互动的建立和快速发展会通过极化效应、扩散效应和回波效应影响腹地区域的发展，最终实现产学研与腹地区域的良性互动、同步发展；最后，空间结构理论有利于在园区之间、区域之间、产学研与腹地之间建立多方位的联系。

需要注意的是，产学研对区域的带动和辐射作用不是自然而然就能产生的，它需要达到一定的规模，并具备一定的内外部条件，如相关企业集聚程度、技术创新特征、辐射力度和区域的接收能力等。否则，产学研不但不能发挥其辐射功能，甚至会对区域产生逆向的溢出效应。

2.2.2 经济学理论

（1）区域分工与合作理论。

区域分工也被称为区际分工、地域分工等。亚当·斯密的绝对成本学说、大卫·李嘉图的比较成本学说，以及赫克歇尔与俄林的要素禀赋论等是西方古典经济学中的主要区域分工理论。古典经济学家亚当·斯密在其经典著作《国富论》中提出"绝对成本优势"（absolute advantage）理论，认为一个国家输出的产品一定是相对于进口国占有生产优势和较低成本的产品；大卫·李嘉图 1817 年在其著作《政治经济学及赋税原理》中提出"比较成本优势"理论，其理论遵循"两优取其重，两劣取其轻"的原则。然而，绝对成本学说没有解释清楚无任何绝对优势可言的区域是如何参与分工并从中获利的。比较区域学说拓展了区域分工理论，但它不能对比较优势原理的形成做出合理的解释，它与绝对成本理论一样是以生产要素不流动作为假定前提的，与实际情况不相符。1848 年约翰·穆勒承上启下，补充了李嘉图的比较优势理论，在《政治经济学原理》一书中提出"相互需求论"理论，解释了贸易双方利润分配中的配比问题；1919年，瑞典经济学家赫克歇尔在《对外贸易对收入分配的影响》一文中提出了要素禀赋论的基本论点；俄林于《区际贸易和国际贸易》一书中探讨了国际贸易产生的深层原因，创立了"要素禀赋论"。要素禀赋论又称要素比例学说，指狭义的赫克歇尔-俄林理论（H-O理论），其认为各地区要素禀赋的差异性最终导致区域分工的产生。要素禀赋论弥补了斯密和李嘉图理论的不足，但其前提假设各要素的生产效率是一样的，在分析中所包含的生产要素不够充分，未考虑需求因素、贸易和政府的影响。

20世纪30年代以后，新的区域分工理论应运而生，50年代形成了独立的新学科。新的区域分工理论一方面拓展了古典区域分工理论的假设条件，另一方面将资本、人力要素之外的影响条件考虑了进去。主要有要素替代理论、技术差距理论、基于产品生命周期和区域生命周期变化的动态比较优势理论、基于规模经济和需求偏好相似的产业内贸易理论和波特的竞争优势理论。要素替代理论是西方区域空间经济学的创始人沃尔特·艾萨德在1956年出版的《区位与空间经济》一书中提出的。要素替代理论尤其适用于研究发展水平和结构类似或相近区域间的分工合作问题。该理论主张在分析区域生产成本优势时，应该分析各区域最佳投入组合方式计算出的成本，而不是简单比较统一的项目成本。要素是否可以替代由要素边际替代率和要素在不同区域的价格来共同决定。1961年，美国学者M. V. 波斯纳在《国际贸易与技术变化》一文中提出技术差距理论，该理论将技术因素作为独立要素，探讨技术对国际贸易的影响，被认为是H-O理论的拓展。波斯纳认为具有创新技术和生产新产品的区域在生产方面具有暂时性的优势，一旦其他区域开始仿制，创新区域就会慢慢地丧失优势和产品的主导市场地位。排除区域经济开放程度或相关政策的影响，保持持续创新力是区域可持续发展的有效途径。1966年，美国哈佛大学教授雷蒙德·弗农（Raymond Vernon）在其《产品周期中的国际投资与国际贸易》一文中首次提出"产品生命周期理论"；同年，汤普森在《经济地理》杂志中发表的《对制造业地理的几点理论思考》一文提出了"区域生命周期理论"。规模经济理论起源于美国，其典型代表人物有阿尔弗雷德·马歇尔、张伯伦、罗宾逊、贝恩等。该理论认为禀赋相同的区域因规模经济而降低成本，进而产生新的比较优势，揭示了批量生产的经济性规模效应。哈佛大学商学院教授迈克尔·波特（Michael E. Porter）于20世纪80年代在其代表作《国家竞争优势》中提出了竞争优势理论。他认为生产要素、需求状况、相关产业以及企业战略和组织是影响区域产业竞争优势的重要因素，该理论基于"钻石结构"系统中的诸因素，解释了如何才能造就并保持可持续的相对优势。

20世纪30年代，资本主义国家的许多地方均已出现结构性衰退，经济危机爆发后，区域极化进一步加剧。英国经济学家约翰·梅纳德·凯恩斯1936年在《就业、利息和货币通论》一书中提出，政府调控和市场经济相配合才能消除区域两极分化，实现经济的均衡增长。如美国设立田纳西河流域管理局，就是政府直接干预经济发展的成功案例。20世纪中后期，很多学者和机构对区域合作实例进行了大量的实践研究，包括英国、美国、日本和印度的优秀科技园区，意大利、德国、瑞士、美国加州的纺织业、钢铁机械产业、钟表产业和葡萄业等产业园区，以及德国鲁尔区、英国默尔郡等老工业基地。研究结果表明，不同行业与产业内部的企业、经销商等参与者之间均存在密切关联，企业集群、产业集群在区域发展方面发挥着重要作用。

在区域经济合作实践方面，欧盟是国际性区域合作组织的成功的典范。欧盟是目前世界上最大的单一市场，实行统一的贸易规则，具有完善的管理和协调机构（欧洲理事会、欧洲议会、欧盟理事会、欧盟委员会、欧洲法院），还组建有区内中央银行等配套机构。我国的"珠江三角洲""长江三角洲"和"环渤海地区"等经济合作区也为区域分工与合作的研究提供了实例参考。总结发现，国内这些知名合作区域均具有以下特点：第一，地方政府的沟通与合作是区域间协调发展的催化剂；第二，地理位置相邻，具有发达的基础设施和交通网络，各地要素禀赋存在差异；第三，重视发挥各类经济园区和产业基地的作用；第四，能形成一个利益共享、成果多赢的共生型的管理体系和协调机制。

总之，区域分工与合作理论充分阐明了在区域互动中的各个层级的子区域都应该找到并明确自身的比较优势，并依托其比较优势积极参与到区域的分工与合作之中，以实现区域间的良性互动和一体化发展。区域分工与合作主要遵循市场机制，以区域共同利益为目标，突破区域界线，基于资源共享、优势互补和互利互惠而形成一种区域互动方式，有利于促进区域经济发展的整体性和协调性。

（2）流量经济学理论。

从全球经济发展进程来看，流量经济的诞生和发展与物流产业密切相关。20世纪90年代后期，欧美等物流业发达的国家逐渐发现仅仅通过整合物流产业链上的多个环节来提高物流效率、降低成本是不够的，需要优化整合与物流相关的资金、人才、技术和信息等其他资源要素才行。这一发展就是流量经济的雏形。21世纪末期，美国社会学家曼纽尔·卡斯特等提出未来的空间结构是"流动空间"，区域间的空间关系将依托区域间的各种流以及流之间联系的强度来判定（Castells M. and Hall P.，1994）。卡斯特还将流动空间划分为电子通信网、物质要素网（主要包括人力、信息、商品和知识的流动）和精英网三个层次，认为其中第二次层次至关重要。我国学者周振华最早提出了"流量经济"的概念（周振华、韩汉军，2002）；孙希有博士在《流量经济》一书和论文《对流量经济理论的进一步探讨》中对"流量经济"进行了进一步研究和阐述，他认为流量经济是一个地区以相应的平台和条件，吸引各种要素流的集聚，经过重组和整合来促进和带动所在区域相关产业的发展，并能够以更大的能量向周边区域乃至更远的地区辐射（孙希有，2003）；任胜钢、孙业利指出区域流量经济的增长模式由三个引擎（流行性、集聚与扩散、产业结构）和三个因素（信息、制度、机遇）共同组成（任胜钢、孙业利，2003）；张海峰将流量经济载体划分为三个层次，即国际流量经济主体、国内区域间流量经济主体和中小型企业（张海峰，2009）。在实践中，国外的纽约、伦敦、东京等国际大都市凭借流量经济发展上所积累的优势，成为在世界经济发展中具有举足轻重作用的国际经济中心城市。在国内，北京、上海、广州、深圳、天津、南京、武汉、成都等城市也提出了建设各类国际物流中心、金融中心和交通枢纽的设想。

总之，流量经济包括物资流、人才流、资本流、信息流与技术流五大要素，以要素的区域势差为前提，以要素的区域利润差为动力，依托发展平台在区域间展开流动，各种要素流通过高效、有序的流动，在充分实现自身价值的同时也通过循环增值来不断扩展规模和辐射作用，从而达到带动周边地区共同发展的目的。

借助经济学理论来研究产学研互动与区域协同发展是基于一种动力学解释。从该理论角度来看，区域之间的各种互动都是要素流跨区域流动的体现。由此可见，产学研互动与区域协同发展就是在宏观调控下，通过区域、产业、企业和项目的分工与合作来完成各种要素资源的重新组合和优化配置的过程，从根本上彼此促进，实现良性互动发展。

2.2.3　系统优化理论

区域系统优化理论是指将新的区域发展要素或新要素组合引入一个国家或一个特定区域的区域系统，创建一种新的、更高效的资源配置方式，从而更有效地使用该地区的经济的资源，提高区域的创新能力，促进产业升级，形成区域竞争优势，实现该地区的整体、快速发展。主要包括一般系统理论、复杂系统理论和协同论。

(1) 一般系统理论。

系统一词来源于古希腊语，是由部分构成整体的意思。一般系统论产生于 20 世纪二三十年代，美籍奥地利人、理论生物学家 L. V. 贝塔朗菲是系统论的代表人物，他分别于 1928 年和 1932 年在《关于形态形成的批判理论》和《理论生物学》中提出了"机体系统论"，1937 年又提出了"一般系统理论"的概念。1968 年，贝塔朗菲的专著《一般系统理论：基础、发展和应用》的出版使该理论得到了认可和推广作用。20 世纪 80 年代以后，中国科学家钱学森提出了系统论是系统科学和哲学之间的中介理论（苗东升，2010）。系统是指处于一定环境中，由若干可以相互区别、相互关联与相互作用的要素所组成，具有某种结构和特定功能，以达到某种预定目标的有机整体（陈旸，2011）。系统具有整体性、关联性、等级结构性、动态平衡性和环境适应性等特征：首先是整体性，是指组成系统的各要素间存在有机的联系，构成一个综合的整体，系统的整体功能要优于各要素功能简单相加之和（陶嵘、姚树桥，2004）；其次是关联性，主要指系统内的要素之间、要素与系统之间、系统与外部环境之间都具有相互作用、彼此制约的特点；再次是等级结构性，指系统可以分解为若干个子系统，子系统又可以分为更小的子系统直至要素，而每一个系统又往往隶属于一个更大的系统，具有等级结构性；接下来是动态平衡性，体现为系统具有生命周期，系统的发展是一个有方向的动态过程，不同阶段呈现不同的形态与特征；最后是环境适应性，指的是系统适应外界环境变化的能力，环境适应性能力表现为反馈、自适应和学习等行为（王力年，2012）。

(2) 复杂系统理论。

复杂系统理论是系统科学的一个前沿方向，产生于 20 世纪 80 年代左右。复杂适应系统理论是由美国约翰·霍兰教授于 1994 年提出的，是目前系统科学的一个主要研究热点。该理论认为系统内部的变化是系统演化的根本动力，微观主体的相互作用会生成宏观的复杂性现象，"适应性造就复杂性"是核心思想。该理论可以动态地解释主体与主体之间、主体与周边环境之间的协同互动关系，将体系发展视为一个不断发展变化和完善的过程，有着其他理论不能比拟的优势。本书认为产学研互动发展体系是一个具有高度复杂性、不确定性、开放性和多层次性的复杂系统，存在着复杂的非线性相互作用。如经济增长和资源消耗都不是线性的，大的生产规模并不代表较高的经济效益。各要素之间不是简单的因果关系和线性依赖关系，而是既存在正面的反馈也存在负面的反馈。而且，产学研互动体系是动态的，处于不断变化调整之中。

（3）协同论。

区域协同发展是为了获得协同效应，因此，要借鉴和学习协同学。协同学也经常被称为"协同论"或"协和学"，是以系统论、信息论、控制论、突变论等为基础发展起来的一门新兴交叉学科，由物理学家赫尔曼·哈肯在 20 世纪 70 年代创立。协同论研究了开放系统如何通过内部子系统的协同作用而形成有序的结构机理和规律。协同论包括自组织原理、协同效应和伺服原理三个核心内容：自组织原理是指在一定外部要素输入条件下，内部的子系统彼此作用，遵循一定的原则自动形成一个新的时间、空间或功能系统；协同效应是有效利用资源的一种方式，是指子系统之间通过彼此作用而产生的总体效果或集体效应，是系统有序结构形成的内部驱动力量，简单地说就是"1＋1＞2"的效应（孟昭华，1997）；伺服原理指的是快变量要服从于慢变量，序参量支配子系统行为（赫尔曼·哈肯，2005）。总之，协同发展是系统内部以及拥有不同资源的各个子系统，朝着共同的目标，彼此相互适应、协作、配合和促进，实现共同发展的双赢和多赢局面。协同发展不是某一方面或者某一子系统的事情，而是一种整体性、综合性和内生性的聚合，是系统中所有子系统间的相互关联、作用的动态反映（穆东、杜志平，2005）。

综上所述，产学研互动与区域协同发展研究应该注重以下四个方面：第一，产学研是区域系统中的有机组成部分，因而应以整体观念来研究产学研互动与区域的关系。第二，产学研和区域又分别是独立的有机子系统，每个子系统内部结构清晰、层次分明，存在多个主体。第三，各子系统在互动发展的同时与周边外部环境之间始终存在着相互影响、相互作用的动态关系，进行着多种物质和能量的交流。第四，面临着复杂多变的内外部环境，协同是产学研互动与区域发展的必然要求，只有各子系统的参与主体都围绕目标，积极发挥各自的效能，通力配合，才能促进整个系统从无序的不稳定状态向有序的稳定状态发展，最终产生协同效应（见图2-1）；反之，系统内的相互掣肘或摩擦会造成系统的内耗，使整个系统陷入一种混乱无序的状态。

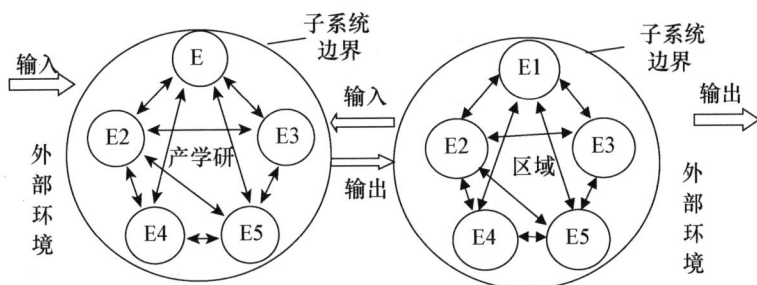

图 2 - 1　产学研与区域互动系统示意图

本章辨析了"产学研""腹地""互动发展"和"互动效应"等与产学研与区域互动效应测度研究相关的概念，指出互动效应是测度区域之间经济、社会、人文环境是否处于良性互动发展状态的定量指标，互动效应不仅可以反映区域发展的各方面综合实力，还可以显示出区域多重主体之间互动发展的同步性和协同性。

本章从增长极理论、中心—外围理论、空间结构理论等地理学理论，区域分工与合作理论、流量经济学理论等经济学理论，以及复杂系统理论、协同论等系统优化理论三个方面，研究了产学研与区域互动发展的相互作用和理论基础。产学研是区域发展的增长极和中心区域，其自身的快速发展会通过极化效应、扩散效应和回波效应影响区域的发展，最终实现产学研与区域的良性互动发展。产学研与区域互动发展过程实质上是劳动力、资金等多种要素流在区域间进行合理的流动和配置，区域间产业、企业积极搞好分工与合作的动态过程。产学研与区域良性互动行为的发生，应该把产学研和区域放在一个大的体系中整体考虑，借助系统论和协同学的观念，围绕共同目标充分发挥产学研和区域城市各自的优势和特点，推动系统要素之间、多个参与主体之间、子系统之间、系统与环境之间的协同发展，使区域在经济发展、产业联动、社会生活及人文环境等方面广泛融合，形成"相互依托，优势互补，以城带区，以区促城，共同发展"的良性互动局面。

第三章　文献综述研究

在经济发展新常态下，我国正着力推进区域发展总体战略，构建区域发展新棋局，为经济转型升级打造广阔空间。在当今中国，区域协同发展已经成为经济发展的主导趋势，产学研互动与区域协同发展研究是一个崭新的课题。鉴于此，本章对国内外的相关成果进行综述，厘清了既有相关成果的脉络和不足，以寻找本书研究的切入点。

3.1　国内外产学研互动与区域创新研究成果综述

区域创新体系的建设对于积聚区域科技资源、培育区域科技创新能力、提升区域竞争力等均具有重要作用。而产学研合作既是企业提高技术创新能力、增强自身竞争力的重要途径，又是有效构建区域创新体系的关键环节。

以"产学研"（industry-university-research cooperation）（university-industry）（academic-industry）、"互动"（cooperation）（collaboration）（interaction）、区域发展（regional development）（area development）、（district development）、区域创新（regional innovation）（district innovation）为检索词，在 PubMed、Medline/Ovid、Elsevier、JSTOR、ProQuest 等外文数据库，中国期刊全文数据库、中文科技期刊数据库、万方等中文数据库，以及有关的书籍和网站上检索相关研究成果，检索时间为 1976 年至 2015 年。

3.1.1　国内研究现状

（1）文献现状。

共检索到关于产学研与区域发展的中文文章 9 篇，这些研究的时间跨度为 2008—2014 年，其中大多数研究集中在 2014 年，理论研究和实证研究都有，具体研究见表 3-1。

表 3-1　　　　　　　产学研与区域协同发展的国内研究列表

研究时间	文章题目	作者	研究类型	发表期刊
2014 年	产学研合作与区域经济发展互动理论研究	余孟辉	理论研究	中国高校科技
2014 年	产学研服务区域经济自主创新的思考	蔡建英，王辉，张丽娜	理论研究	统计与管理
2014 年	再谈创新产学研机制与区域经济社会发展	孙卫国，周海峰，覃梦河等	理论研究	决策咨询
2014 年	京津冀区域经济一体化背景下秦皇岛产学研合作问题研究	孙菊	实证研究	科技视野
2013 年	区域产学研合作创新效率对产业升级的影响研究	刘体哲	实证研究	硕士学位论文
2013 年	政产学研结合推进区域协同创新的机制研究——以武汉光谷为例	刘颖	实证研究	硕士学位论文
2012 年	产学研两阶段 R&D 投入链视角下的中国区域经济增效实证研究	冯峰，李天放	实证研究	管理学报
2010 年	广东省部产学研合作与区域创新体系的建设	赵丹萍	实证研究	科技管理研究
2008 年	高职院校产学研与区域经济互动的实现途径	廖克玲	实证研究	中国成人教育

（2）研究总结。

产学研互动与区域协同发展研究总结。在产学研互动与区域协同发展研究方面：从研究列表可看出，这些研究关注的角度较为广泛，涉及从产学研合作与区域经济发展的理论研究、产学研合作对区域经济发展的影响（具体到产业升级方面），到高职院校中的产学研与区域经济互动的发展方面等，研究地区集中在京津冀、广东、四川等地区。

产学研与经济发展研究总结。在产学研与经济发展方面的研究时间较长，研究成果较多，文献资源也较为丰富。国内学者针对我国产业经济特点，开展了许多产学研结合方面的研究，这些研究已经形成较完善的体系，主要概括为以下几个方面：1）产学研合作的重要性；2）产学研合作案例经验的总结；3）产学研现状、问题以及对策研究；4）推动产学研合作的机制研究；5）产学研合作框架理论；6）产学研合作的利益分配机制；7）产学研合作过程中的知识转移；等等（王成军，2005）。以往的产学研结合工作，大多采取业余兼职、咨询服务、单一性成果转让或合作开发等形式，建立起比较松散、目标单一、短期、"点对点"式的合作关系。省部产学研结合实施以来，通过推动产学研结合示范基地建设、省部产学研战略联盟建设、联合创新平台建设、高校和专业镇整体对接等方式，大幅提高了产学研结合的紧密化、集约化程度。例如，省部合作积极构建以市场为导向、企业为主体、部属高校为主要技术支撑，强强联合、优势互补、互惠共赢、长期合作、共同发展的产学研战略联盟。2007 年，围绕广东支柱产业、新兴产业，已组建起第一批由 28 所国家重点建设高校与广东省内 120 个企业共同合作的 14 个省部产学研战略联盟，包括数字电视产学研战略联盟、数字家庭产学研战略联盟、机械装备产学研战略联盟、白色家电产学研战略联盟等。省部产学研联盟均制定了具体的联盟发展目标、阶段任务和实施方案，贯彻落实好联盟章程、合作协议等，进展和运行良好。如由中山明阳电器有限公司、清华大学、北京航空航天大学、天津大学、华南理工大学、广东装备制造工业研究院等单位共同组成的大型风电机组整机及关键部件研制技术产学研战略联盟，已经成功研制出 1.5MW 国内主力风电机组，推动了广东清洁能源产业的发展。明阳电器有限公司作为联盟牵头单位，与西安交通大学合作成立中山明阳西安交大智能电器技术中心，与清华大学联合成立了中山明阳清华大学电力电子研发中心，与天津大学联合开发高压异步电动机三电平矢量控制变频调速系统，与北京航空航天大学合作开发大型风力机复合材料叶片等，推动了风电机组设备的技术升级。

目前，省部产学研结合的模式不断增加，主要合作模式包括：建立大学研究院模式、设立大学分校模式、校办企业模式、大学科技园区模式、联合研发中心模式、企业附属研究院模式、校地官产学研全面合作模式和项目联合开发模式。同时，产学研结合功能不断拓展，从解决具体技术问题，转化单个科技成果，转向完善区域和企业技术创新体系、建立科技孵化体系、共同培养人才、改进高校教学方式等综合性功能（广东省教育部产学研结合协调领导小组办公室、广东省政府发展研究中心联合课题组，2007）。

我国大部分省市都十分重视对产学研结合的协调领导和积极推动，山东、福建、广东等省份均成立了由省长或副省长挂帅，由各有关部门参加的产学研联合领导小组，下设办公室，为长期有效地开展产学研结合工作提供了组织保证。目前，山东省产学研办公室已与全国 200 多所高校和科研机构建立了信息网络，与省内各行业部门、信息情报部门和 1 000 多家企业建立了密切的联系，成为科技成果重要的集散中心；广东、江苏等省份也在多个所属城市成立了产学研联合领导小组或办公室，负责制定本地区产学研合作开发的发展战略、政策和计划等工作。

政府行为在我国产学研结合过程中起到了非常明显的作用，"政府搭台企业唱戏"的现象已普遍存在，这体现了政府职能的转变，为产学研结合各方提供良好、有效和发展的机会，受到企业、高校和科研机构的普遍欢迎。各省市的产学研结合实践中，几乎每个省市都有举办或参加信息交流会、成果交易会、项目洽谈会等活动，尤其是深圳的"高交会"、上海的"工博会"和北京的"科博会"等交易会，层次较高，影响较大，内容丰富，并取得良好的效果。上海市产学研办公室组织建立了 16 个产学研结合工作示范点，并及时总结经验推广，多次召开全市性产学研联合工作大会。上海市还注重推动区政府与所在区的高校、科研机构进行全面合作，形成点面联合发展的局面，如徐汇区政府与上海交通大学全面合作，又如虹口区政府与同济大学签订了建立紧密科技战略伙伴关系协议，并拟建"宝石产学研联合体"。

3.1.2　国外研究

共检索到关于产学研与区域发展的英文文章 40 余篇，这些研究的时间跨度为 1996—2015 年，以实证研究居多。可以看出，关于产学研互动与区域协同发展的相关研究国外要早于国内，研究的数量要多于国内。

产学研互动及其对区域发展及经济社会影响的相关研究包括：产学研结合的模式（Wu Weiping，2007）（Sadegh Rast，Navid Khabiri，2012）（Isabel Maria Bodas Freitas，2013）（Margherita Balconi，Andrea Laboranti，2006），各个模式的具体评价（Carolin Plewa，2013），结合的原因（Agusti Segarra-Blasco，Josep-Maria Arauzo-Carod，2008），互动效率（Pornpimol Sugandhavanija，et al.，2011）（Rick Welsh，Leland Glenna，2008）（Pek-Hooi Soh，Annapoornima M. Subramanian，2014），提高互动效率的策略（M. S. Liew，T. N. Tengku Shahdan，E. S. Lim，2012），产学研互动对于区域发展的影响（Allison Bramwell，David A. Wolfe，2008），某个产业或某些核心技术中产学研互动的影响因素探究（Alessandro Muscio，Gianluca Nardone，2012）（Yasuyuki Motoyama，2014），也有学者着眼于对产学研互动中的障碍进行梳理（Johan

Bruneel，Pablo D'Este，Ammon Salter，2010）或针对某一个障碍因素进行详细探索（Mohamad Faizal Ramli，Aslan Amat Senin，2015）。

有学者对区域发展中产学研结合中的具体问题——技术转移进行详细探索，检验了美国研究机构在产业创新中的具体作用（Yong S. Lee，1996）。

政府—企业—高校之间的关系是经济发展和技术进步的关键因素，在技术创新体系理论基础上，有学者运用标杆管理（benchmarking method）方法在伊朗的能源部门进行研究，以加强政府—企业—高校之间的关系，结果显示政府建立的研究机构（Niroo Research Institute，NRI）可在产学研体系的 R&D 管理和技术发展方面发挥有效作用（Naser Bagheri Moghadam，Seyed Hossein Hosseini，2012）。

关于学术研究在产学研互动中的定位和作用，学者在多个地区开展了实证研究，包括美国、罗马尼亚和肯尼亚等。在对学术参与（academic engagement）进行科学定义后，有学者对 1989—2011 年关于学术参与的文章进行了系统综述和归纳（Markus Perkmann，Valentina Tartari，Maureen McKelvey，2013）。还有学者对肯尼亚 142 家企业与学校的合作程度进行了研究，发现企业在学校的任职人数与产学研的互动次数密切相关（Aslan Sendogdu，Ahmet Diken，2013）。另有学者对罗马尼亚的高新技术产业和知识密集型产业进行系统分析，揭示出大学在区域经济群发展中的重要作用（Adriana Reveiu，Marian Dardala，2013）。

关于项目类产学研互动的效果研究中，有学者对 20 世纪 50 年代以来日本生物技术领域的大学生和研究生项目进行研究，运用统计学方法来分析这些项目对产学研互动的贡献及其程度，研究发现大学与企业的这些项目促进了产学研互动发展，而且这种合作项目促进了产学研的成果转化和技术转移（Masatoshi Kato，Hiroyuki Odagiri，2012）；也有学者通过项目合作过程及其效果的展示说明了项目激励在韩国区域和经济发展中对于产学研互动的推动作用（Han Woo Parka，Loet Leydesdorff，2010）。

中国学者在归纳概括区域发展系统相关研究后，运用随机前沿模型对中国各地区的经济增长差异进行分析，结果发现政府支持、R&D 投入绩效和区域产业创新环境是区域创新效率的显著影响因素；由于各地区企业创新绩效的显著差异，产学研互动中研究机构过渡到企业的产学研成果转化差异也随之扩大，从而导致区域间的创新效率地区差异（Li Xibao，

2009)。有学者对 1978 年改革开放以来中国的产学研合作模式进行了研究，在横截面数据基础上分析了 R&D 合作模式和联合产出结果。研究发现，产学研互动的发展取决于以下几个因素：R&D 发展趋势、R&D 风险、R&D 促进因素，诸如国家激励政策、创新激励、技术获得和 R&D 共担成本等国家优惠政策（Muhammad Fiaz，2013）。

通过产学研结合推进区域协同创新是一项十分复杂的系统工程，涉及国家创新系统各要素及其相互联系和作用，涉及经济、社会的方方面面。国外学者一直以来十分关注政产学研结合对经济与社会发展带来的推动作用。Henry Etzkowitz 和 Loet Leydesdorff 提出以"三重螺旋"的方式组织政产学研合作体系，并形成了具体的制度和理论框架；Yong S. Lee 描述了政产学研合作过程中大学科研和成果转移之间的具体边界，为制定相关政策提供了重要参考（连燕华、马晓光，2001）。

在美国，为提升区域创新能力和国际竞争力，政府改革了管理体制、组织机制，并且制定了一系列政策法规，用来引导和整合各方面的创新要素，实现产学研紧密结合，形成协同创新机制。自 19 世纪开始，美国政府设立的政策法规就有力促进了产学研的结合。1862 年，美国国会颁布《莫雷尔法案》，由政府免费提供土地用以创办"赠地大学"，并允许大学将这些土地变卖，作为运行经费。成立于 1865 年的康奈尔大学就是因赠地法案的出台而形成的一所著名的大学，该大学在实施康奈尔计划时明确提出要"通过对商业、管理和人际关系的研究服务于社会"。同期出台的法案要求通过赠地法案建立的大学必须开展农业技术教育、农业科学技术研究和实用农业技术的推广。1906 年，美国辛辛那提大学的赫曼·施纳德教授首次提出：学生一年中至少有 1/4 的时间到相关领域的企业实习，以获取必要的专业知识。这种新的合作教育模式提出后，美国各州的大学纷纷效仿，并根据本校的实际情况制定合作教育计划，产学研结合的教育模式快速得到发展。截至 1957 年，全美共有 55 所大学采用了合作教育计划模式，并以不同形式、不同层次开展实施，此类院校已达到 1 000 多所，合作教育的专业基本涉及所有的学科领域，是美国首次形成较为系统的产学研结合模式（叶向东，2007）。

20 世纪 50 年代，美国加州大学前副校长特尔曼教授创建斯坦福大学科学园，标志着美国产学研合作进入繁荣期。1950 年，美国国会通过了"国家科学基金"法案，表明美国的科研体制完成了从"小科学"到"大科学"的转变。这使美国大学的科研受政府科技政策、法规及导向的制约，国家战略目标成为美国大学科研的首要选题来源。自 1971 年起，美国国家科学基金会（National Science Foundation，NSF）陆续制定了包括"大学工业合作研究计划""工业与大学在生物技术和高级计算机研究方面的合作计划""工程研究中心计划""大学工业在材料研究方面的合作计划""小企业等价研究计划"等在内的 7 个促进产学研合作的计划，通过这些计划的实施把基础研究、应用研究和产业发展紧密结合。1990 年，美国为了建立实验室与市场之间的联系，出台了先进技术计划（ATP），由联邦政府商务部负责实施。之后十年期间美国政府投入资金达到 16.4 亿美元，共资助了 522 个项目，有 176 所大学参加了一半以上资助项目的研究工作。

日本学者 Motohashi Kazuyuki 结合大量数据分析了创新性企业在国家创新体系中的作用，并指出政产学研结合在日本经济发展中扮演重要角色（Motohashi Kazuyuki，2005）。日本政府为促使高校与企业能够有更加频繁的交流与互动，建立了包括委托培训制度、委托研究制度、研究室制度等制度，通过这些制度的建立，促使企业向高校提供了更多的资金，高校也更加主动地向企业提供技术。1998 年《大学技术转移促进法》通过实施后，认定了不少于 41 家技术转移机构，促进了大学科技成果的转化，也为科技成果的专利化、商品化和实用化研究做出了巨大贡献，在高校与企业之间发挥了桥梁作用。目前，日本经济产业省和文部科学省为了充分发挥中小企业的作用，促进企业和大学科研机构的合作，正在日本各地联合推进"产业集群计划"和"知识集群计划"，并吸引大型企业参与，使日本的产业集群作为技术创新的基础充分发挥作用。日本政府 2006 年在"第三期科技基本计划"中明确提出：政产学研的沟通机制在研究课题立项阶段就必须建立，同时，在合作的过程中，必须建立有效的持续发展的政产学研合作体系，这种合作被视为日本实现创新的重要手段（袁韶莹、杨瑰珍，1999）。

英国的产学研活动采取了三重螺旋模型的重叠模式，其主要特点是由政府推动，具有极浓的官方色彩。在政府一系列政策的支持下，英国剑桥市围绕剑桥大学，建立了 1 200 多家高科技企业，年贸易额高达 40 亿英镑，生产总值保持了持续 20 年的增长，使得该地区成为欧洲最为成功的高科技产业集聚区，在国际上这一现象被称为"剑桥现象"（李敬波，2005）。

3.2 国内外区域协调互动研究成果综述

协调互动是对区域互动状态的一种描述，指的是区域或城市之间合理、和谐的互动发展行为。因此，国内外学者分别从不同的角度建立了不同的模型展开研究。

3.2.1 区域协调互动测度模型和指标

Young-Seok Moon 基于内生增长模型探讨了能源消费与经济增长的关联度，认为政府具有较强的调控作用（Young-Seok Moon，1996）；汤兵勇基于大系统的理论与方法，对区域经济协调发展的大系统控制途径进行了研究，构建了协调发展指数模型、协调预测模型和协调控制模型等一系列数学模型，以便能更好地对协调发展的现状和将来进行定量评估、预测与采取措施应对发展中不协调的因素，促进区域经济的可持续发展（汤兵勇，1998）；陈静等应用复相关系数、协调度、协调发展水平和灰色 GM（1，N）模型对社会、经济、资源环境系统进行测度和分析（陈静、曾珍香，2004）；杨春妍等以深圳为例构建了经济与环境协调发展测度模型，并确定了 6 种不同的协调程度及其协调度取值区间（杨春妍、曾辉，2006）；樊华等基于模糊数学的隶属度概念，采用数据包络分析法构建了复合系统协调度评价模型（樊华、陶学禹，2006）；张彩霞等构建了区域人口、环境、资源与发展（PERD）综合协调度评价指标体系，指标体系包括 3 个层次、5 个方面和具体 24 个指标（张彩霞、梁婉君，2007）；刘翔等以长株潭城市群为例，采用主成分分析法对长株潭三市的经济、资源、环境子系统之间的相关性和协调性进行了综合测度（刘翔、曹裕，2011）。

综上所述，从研究对象来看，关于区域协调互动的研究国内多于国外，东部沿海发达地区多于中西部落后地区；从研究形式看，理论探讨多于实证研究；从研究内容上来看，主要涉及子系统之间的协调度、可持续发展和城乡协调互动发展三个方面，多是测度某一特定地区或城市不同的子系统（工业与环境、环境与经济、文化与经济等）等之间的协调度，没有涉及两个区域间的发展协调性研究。

3.2.2 区域协调互动常用测度方法

目前，区域协调互动的测度方法大体可分为宏观和微观两种方法。简介如下：

（1）宏观方法。

系统动力学方法（system dynamics，SD）。20 世纪 50 年代中期，该方法由麻省理工学院福雷斯特教授（J. W. Forrester）在其经典著作 *Principles of Systems* 中提出（许光清、邹骥，2005）。系统动力学是自然科学的理论（如系统论、控制论信息论等）与经济学的综合、交叉学科，它将信息反馈概念应用于社会经济系统。系统动力学方法和仿真模型追求整体目标最优化的实现，强调子系统间的和谐互动，适用于动态性的、长期性的、具有战略性质的定量研究，在解决现实复杂问题、测度子系统协调性方面具有其他方法不具备的独特优势。

灰色系统评价方法。该方法包括灰关联度评价方法、灰色聚类分析方法等，1982 年由华中理工大学邓聚龙教授率先提出（邓聚龙，1993）。灰色系统评价方法能够简明地反映区域系统间的协调状态，在测度区域系统间的协调状况方面被广泛应用。该理论的基本思想是根据待分析系统的各特征参量序列曲线间的几何相似或变化态势的接近程度判断其关联程度的大小，但是该方法在详细刻画子系统间的整体协调水平方面存在不足。

数据包络分析方法（data envelopment analysis，DEA）。1978 年，美国著名运筹家查恩斯（A. Charnes）等学者提出了数据包络分析方法和模型，至今已有 30 余年（A. Charnes et al.，1978）。DEA 方法是一种评价决策（decision making unit）相对业绩的非参数方法，在不同行业及部门中得到广泛应用，尤其在处理多指标投入和产出方面具有得天独厚的优势。

综合指数法（synthetical index method）。该方法是系统间协调度评价中一种常用的分析方法，即建立一套合理的测度指标体系，通过协调发展综合指数的计算来反映区域间的协调发展水平。综合指数法解决了协调度测度指标性质、量纲相异的问题，提升了原始指标数据的效用。该方法涉及了测度指标赋权的关键环节，很容易因为赋权方法的主观性或随意性行为而影响测度结果的科学性。

主成分分析法（principal component analysis）。该方法是一种数学变换的方法，在有些文献中被称为主分量分析法，它把给定的一组相关变量通过线性变换转成另一组不相关的变量，这些新的变量按照方差依次递减的顺序排列，旨在利用降维的思想，把多指标转化为少数几个综合指标。该方法操作简单但易受到选取指标和数据的影响，计算结果的科学性和准确性有待进一步提高（张明举、李敏等，2003）。

（2）微观方法。

在微观层面主要有以下三种测度方法：

离散系数。又称变异系数，用 CV（coefficient of variance）表示，是统计学当中的常用统计指标，主要用于比较不同水平的变量数列的离散程度及平均数。代表性离散系数指标有：全距（极差）系数、平均差系数、方差系数和标准差系数等。离散系数协调度测度模型常用来测量多个子系统间的协调度系数，是统计分析中变异系数和协调系数的具体应用（张效莉，2007）。它是一个相对数，没有单位，用百分数表示，反映总体各单位标志值离散的相对程度，值越小，表示离散程度越低，表明两个变量的协调程度较高、变异程度较低；反之亦然。

模糊隶属函数。隶属函数在模糊数学理论中占有十分重要的地位。在实际问题中，我们总是先初步确定粗略的隶属函数，再通过学习和实践来修整和完善，从而使隶属函数满足拟合要求。常用模糊统计法、德菲尔法、二元对比排序法、综合加权法、指派法来确定隶属函数。就区域互动发展而言，其是个内涵明确而外延模糊的概念（戴西超、谢守祥、丁玉梅，2005），区域两个子系统之间的互动效应是个连续变量，不是分类变量。因此，该测度方法能够具体测量系统或者变量间的互动协调程度。

重标极差协调度。该测度方法由英国水文学家赫斯特（H. E. Hurst）于 1951 年创立并应用（H. E. Hurst，1951）。重标极差法（rescaled range，R/S）可以定量分析时间序列特征，一般情况下时间因素对重标极差的影响较大，测量时间区间越长则 R/S 值越大。赫斯特指数（Hurst exponent，H）通常用来描述给定时间序列。重标极差协调度测度模型能够对各种现象和时间序列进行比较，得以广泛应用。

总之，区域协调度的测度模型和方法因为研究角度的不同而各有特点，在理论和应用研究方面都获得了一些研究成果，但存在两方面的不足：第一，已有研究多是测度某一特定地区或城市不同的子系统之间的协调度，没有涉及两个区域间的发展协调性研究；第二，既有研究多局限于对某个区域某一特定时间的协调状态测度，缺少围绕研究对象的综合比较分析或过程研究，而动态和静态结合起来的测度才更全面和更有意义。

3.3　国内外流量经济测度研究的成果综述

"流量经济"最早从浦东的发展现象中提出，目前已发展形成一个全新的经济范畴内的区域发展理论。既有研究成果主要集中在理论体系的研究和流量经济效应定量测度两个大的方面：理论方面深入研究了流量经济的概念、特征、流动要素与效应、流量经济的结构体系和运行机制等方面的内容，建立了比较完善的流量经济理论体系；关于流动经济的定量研究和实证研究由于数据的限制，研究成果较少，主要集中在以下方面：

3.3.1　流量经济发展的测度指标

Michael J. Hiscox（2002）认为要素流动程度指的是生产要素的所有者在不同区域或行业间转移要素的能力和倾向。区域间要素的流动程度不仅仅取决于交通和通信系统的进步，也会受到引发生产方式变革的技术和资本的影响（Michael J. Hiscox，2002）。不论是斯托尔伯-萨缪尔森模型（Stolper-Samuelson theorem）还是李嘉图-维纳模型（Ricardo-Viner model），为了模型简化，讨论的都是极端的情况，要么要素完全流动，要么完全不动。应该把生产要素的流动作为一个受到一系列经济、技术和政治变量影响的连续变量来考量。

（1）单一要素流动测度指标。

根据现代西方经济学的观点，产学研与区域之间的要素互动主要包括人力、资本、技术、信息四种对总产出影响较大的生产要素。早期传统文献较多关注于人力和资本变量。Krueger 和 Summers（1988）与 Ragan（1984）分别选取"工资差额"和"人力资源的流动率"为测度指标，测度劳动力的流动程度（Ragan James F.，1984）；Grossman 和 Levinsohn（1989）与 Ramey 和 Shapiro（2001）选取"股票市场回报率分析"和"固定设备二级市场价格"等指标测量资本要素的互动效应（Ramey，Valerie and Matthew Shapiro，2001）；我国学者杨云彦等（2003）认为我国的人口跨区域流动实质上是一种就业型的流动（杨云彦、徐映梅、向书坚，2002）；Fujita 和 Henderson 等（2003）认为区域人口变动总数与全国人口平均变动总数之差可以度量人口流动（M. Fujita and P. Krugman，2004）；林理升、王晔倩对 Fujita 的方法进行了改良，利用每个区域人口变动总量减去该区域自然增长人口，再减去全国人口变动总数得到的区域人口净变动来测度劳动力跨区域流入规模（林理升、王晔倩，2006）；赵伟、李芬按受教育程度（大专学历）将劳动力划分为高技能劳动者和低技能劳动者，探讨了异质性跨区域人力流动对经济集聚及区域人均收入差的影响（赵伟、李芬，2007）；胡立君等选择了大中型企业内年末从业人数等不同年份劳动力流动增量指标，各年度产业、企业从业人员增长率等比率指标和各年度企业年末从业人员占全行业在职人数的比例等百分比指标来共同测度劳动力的流动情况（胡立君、郑艳，2006）。

二战后人们开始逐步认识到技术进步对国民经济的巨大促进作用，国内外学者也纷纷对技术转移和扩散进行了研究。如方新选取了有形技术的转移（技术密集产品贸易额、高技术产品贸易额、国外直接投资）、无形技术的转移（专利、许可证贸易、技术咨询与服务、政府和公司间的技术协定）和科学交流（外国学生交流、学术交流、合作研究、科技出版物及其应用）3个一级指标、16个二级指标来测度技术转移的情况和趋势（方新，1989）。信息要素也是至关重要的生产要素之一，但由于缺乏通用性的代表性指标和数据统计技术的限制，目前还没有得到认可的信息测度体系和模型。

（2）要素流动整体测度指标。

区域或城市之间的流动和交往一般会发生在多个层面，通常很难能够同时搜集到能够覆盖各个流动层面的数据。所以，由于各个学者研究角度各异，关于某个区域或城市流量经济的测度指标体系的指标选取也不尽相同。

国外文献中的既有实证研究大多是利用企业内部的组织结构（办公网络）和区域间基础设施数据两大类来展开研究的。根据实证数据的可获取性和获取类型，全球生产者服务企业和跨国公司是企业组织空间分布实证研究的主要选择样本，其中以 Taylor，Waller 和 Beaverstock 等学者为主要代表。他们认为企业是区域间流动要素的重要载体，利用企业的办公网络（即企业总部—地区分布—分支机构）或者跨国公司的组织空间（总部—各地分支机构），来测量数据信息、资金、技术和人力资源在企业各个机构间的流动效应。从20世纪80年代后期开始，还有些学者利用区域或城市之间的交通、邮政、通信等设施网络数据为基础进行实证研究，以 Smith（1995）、Derudder（2005，2008）等学者为代表。如：通过区域或城市间的航空旅行游客数量、互联网（宽带）基础结构数据和电信通信容量数据来检验区域或城市间的联系。相比较而言，区域间基础设施数据研究法应用并不广泛，Derudder 等（2005）认为这些基础数据隐含国家中心主义思想，分析框架不恰当。

　　国内学者的指标体系大都是基于流量经济的要素种类构建的：袁恩祯等在《浦东开发的八大经济效应》一文中提出流量经济应包括资金流、资产流、商品流和人才流，其中，证券公司、期货市场、外汇交易中心、同业拆借中心等是资金流的重要载体；国内大企业和外商在浦东投资时是拉动资产流的重要力量；遍布各处的大商厦、连锁超市、便利店、规模化物流配送中心、贸易保税区等商品交易中心的建立承载了区域商品流；聘请、吸引来的海内外科学家、企业家、海外留学人员和大批国内民工和游客组成了浦东的人才流（袁恩祯、万曾炜，2001）。不过袁恩祯等在其文章中并没有进行实际数据的分析和实证研究，无法说明测度体系本身的合理性和通用性。肖现平认为流量经济的主体要素包括物流、资金流、人才流、技术流和信息流五大要素。他设计的流量统计指标体系把上述五要素作为一级，以下包括 16 个层面的二级指标和 131 个三级具体指标（肖现平，2002）。如将物流划分为国内外贸易的海陆空运输、仓储、配送和分拨 4 个方面，将资金流细分为金融保险证券、吸引外资、内资以及产权期货交易等层面，将技术流细分为技术交易、转让和技术开发转换成果 3 个方面，用硬件载体、信息传播以及电子商务推广 3 个方面的指标来测度信息流的状态。肖现平构建的测度指标体系既分析了流量经济的成果状态，也将其发展条件纳入到了测度体系内，所有测度指标均划分为条件指标和成果指标两个层面，测度内容丰富、全面。但是美中不足的是，指标过于纷杂，在实践性中不易获取，而且条件和成果指标间的相关性和逻辑性关系都有待于实践的检验和修正。张海峰认为区域流量经济发展的评估应该从流量经济发展的主体、载体、平台与环境和发展阶段判定四个方面去测度中心城市流量经济，共包括 16 项具体指标（张海峰，2009）。他构建的区域流量经济测度指标体系首先包括人口、物资、信息、技术、资金五个主体：人口流选取了公路、铁路及民航三种主要交通方式的"客运量"作为测度指标；货物和商品流通是物资流的集中体现，取值于"公路、铁路及民航的货运量"；信息流依托完备的邮政、通信设施才能展开，采用"本地电话、移动电话、互联网用户数及覆盖率、数字数据用户"等统计数据来实现；资金流是区域内外资金等价值量的流动，是一个比货币流通更为广泛的范畴，选择"城市年末金融机构存贷款""居民可支配收入"和"外商直接投资"来反映区域或城市的资金流动情况；取值"专利交易额"和"区域对外经济技术协作项目"来体现技术流状态。其次，在国内外各种类型和各种规模的公司、企业和机构中选择"工业企业数量和产值""商品销售数量和销售额"等指标来测度流量经济的载体。再次，在流量经济的平台和环境测度方面，选取"年末实有城市道路面积""年末实有公共汽（电）车辆数""年末实有出租汽车数"和"人均城市道路面积"等指标来进行测度。最后，基于要素流动的主导类型、影响范围等方面的对比，对一个区域或城市的流量发展阶段进行判定。一般情况下，物流主导阶段的流量经济发展阶段偏低，信息流主导阶段流量经济发展阶段较高。凭借区域输出的是高新技术还是初级加工品也能帮助判断区域流量经济的发展阶段。张海峰构建的测度指标体系，跳出了要素流的限制，站在了更为宏观的角度对一个区域或城市的流量经济进行了综合测度，结论会更为全面和客观。但是，测度指标体系未能分析出流量要素的动态演变过程，如货流的内部物资结构和人口流动中的人口迁移等。罗守贵利用火车和长途汽车的公路客运量、公路运输量、互联网的显性参数测度了城市间的人流量、物流量和信息流量。他的测度方法比较简单，容易统计计算，而且比较灵活，各地可以根据产学研与腹地的实际空间位置选取特定的交通工具区测算。但该测度方法也具有一定的不足：第一，在人流量、物流量的测算上没有将通过开私家车、骑电动车等方式在两区域间流动的人员和物资包含在内；第二，这种测度方式有些粗糙，单纯的流动人口总量和货运量测算对产学研与腹地城市的互动发展意义不大。王红霞以长三角区域为例，分别选取了客流强度指数（游客周转量）、地区间货物流强度指数（货物周转量）和城市间经济联系强度作为测度指标，考量了长三角区域人口、货物和综合经济活动的动态状况和发展趋势（王红霞，2011）。王红霞实证考量了城市或区域之间的互动关系，但受制于城市间互动关系数据的不易统计和获取等困难，其研究没有形成人口、经济、资本等多个流动要素的关系数据，研究结论对区域发展态势的体现有限。还有一些国内学者也向欧美等国家学习，利用企业组织和航空、城际铁路客流等数据来实证研究我国多个区域或城市间的关联网络结构。如顾朝林基于人流、物质流、技术流、信息流和金融流数据分析界定了济南城市经济影响区（顾朝林，1992）；张闯和孟韬以中国连锁百强企业的一般性三级店铺网络（企业总部—区域分部—门店）为样本，研究了我国城市流通网络的整体层级和属性（张闯、孟韬，2007）。

　　总之，流量经济的既有研究有三方面的不足：第一，经常以同一类型的人效率相同、等额经费产出相同、技术产出与投入水平正相关为假设前提，这与实际情况不符；第二，研究都是围绕单个城市或区域，将流量输送方和接收方两个区域放在一起来综合研究；第三，对于同一要素的测度指标，不同的研究学者因为研究目的和选取的标准不一样而存在差异，指标选择的多寡也存在较大的随意性，测度结果差距大且不具有可比性。

3.3.2　流量经济发展的测度方法

　　国内外学者主要利用引力模型、城市流强度、势能理论和空间自相关分析等方法来测度区域或城市间的关联性。简单介绍如下：

　　(1) 引力模型 (gravity model)。

　　引力模型以牛顿的万有引力公式为基础，是应用于空间相互作用分析和预测的模型，后被不断修正和拓展，应用于多个领域。1929 年，赖利 (Reilly) 引用牛顿力学引力模型探索零售关系；G. K. Zipf 于 1946 年率先将万有引力定律引入到城市空间体系相互作用的研究中 (G. K. Zipf, 1946)；Harris (1943)、Nelson (1995) 等学者研究和探讨了城市的功能联系和外向服务功能；Djankov (2002)、Matsumoto (2004) 利用重力模型分别研究了苏联几个区域的贸易流变化和航空流作用强度；经济学家 Tinbergen (1962) 和 Poyhonen (1963) 在 20 世纪 60 年代将引力模型应用到了经济贸易领域，他们认为区域或城市间的经济联系强度与区域经济规模、人口规模正相关，与交通距离负相关，分别取值为区域 GDP、人口数和区域间的直线距离，构建了一个简便、完整的经济学引力模型。区域间的经济联系受到很多因素的影响，在分析区域或城市间的经济联系强度时仅考虑 GDP、人口规模和交通距离，研究结论必定存在很大的局限性，因此需要添加模型的调节系数。20 世纪 90 年代以来 Russon 等很多学者也开始利用引力模型来进行相关研究，对变量因素进行了修正和扩充 (M. G. Russon, 1995)；刘雪妮 (2009) 和王红霞 (2011) 分别采用贸易引力模型和城市引力模型作为区域流量经济研究的测度方法，定量分析了我国临空经济区流量经济发展的影响因子和长三角城市之间的空间经济联系指数。

　　模型的调节系数基于实际应用，已经涵盖了教育、城镇化水平、经济密度、人口密度、社会消费品零售总额、劳动报酬等方面的考虑，使研究结论尽量体现实际应用性和通用性。基本引力模型如下：

$$L_{ij} = \frac{\sqrt{P_i V_i}\sqrt{P_j V_j}}{D_{ij}^2}$$

其中，L_{ij} 代表地区 i 和 j 之间的经济联系强度，P_i 和 V_i、P_j 和 V_j 为某年 i 市和 j 市的人口和 GDP，D_{ij} 为两市直线距离。

基于引力模型，为衡量各城市或区域接受经济辐射强度的大小，引入经济联系强度隶属度（F_{ij}）计算公式：

$$F_{ij} = L_{ij} / \sum_{k=1}^{n} L_{ij}$$

式中，n 代表接受经济核心辐射的区县个数。

（2）城市流强度模型。

城市流是指各种要素流在城市或区域间的双向和多向流动现象。城市流强度指的是在城市群中各城市间的联系中，城市外向功能（集聚与辐射）所产生的影响量，是体现一个城市或区域与外界联系的数量指标。宋飏等（2007）、姜博（2008）和赵林（2012）分别以东北三大城市群、辽中南城市群和中原经济区为实证对象，采用城市流强度的测度方法，测算分析了城市群中各城市的区位商、外向功能量和城市流强度。城市流强度越大，则城市对外联系与辐射的能力越大，该城市与其他城市和区域间的关联就密切；反之亦然。

假设 F 代表城市流强度（反映城市经济影响力），N 代表城市功能效益（即各个区域或城市间单位外向功能量所产生的实际影响力），E 代表城市的外向功能量。则城市流强度公式可表示为：

$$F = N \times E$$

在实际应用中鉴于指标的代表性和可获取性，通常选取"城市从业人员数"作为城市功能量的测度指标。则 i 城市 j 部门从业人员的区位熵 LQ_{ij} 反映了一个区域或城市是否具备了外向功能量，计算公式为：

$$LQ_{ij} = \frac{Q_{ij}/Q_i}{Q_j/Q} = \frac{Q_{ij}Q}{Q_i Q_j} \quad (i=1,2,\cdots,n;\ j=1,2,\cdots,m)$$

式中，Q_{ij}、Q_i、Q_j 和 Q 四个变量分别代表 i 城市 j 部门的从业人员数、i 城市全部从业人员数、全国 j 部门从业人员数和全国从业人员总数。当 $LQ_{ij} > 1$ 时，则表明在 i 城市的总从业人员中 j 部门所占人员比例高于全国的分配比例，j 部门在 i 城市中相对于全国是专业化部门，则 i 城市 j

部门存在外向功能。反之，i 城市的 j 部门不存在外向功能。因此，i 城市的 j 部门的外向功能量 E_{ij} 可表示为：$E_{ij}=Q_{ij}-Q_i(Q_j/Q)$。

若 i 城市有 m 个部门，则 m 个部门的总外向功能量 $E_i=\sum\limits_{k=1}^{m}E_{ij}$。

i 城市的功能效率 N_i 用从业人员的人均 GDP 表示，即 $N_i=\dfrac{GDP_i}{Q_j}$。

综合起来，i 城市的城市流强度 F_i 则表示为：

$$F_i=N_i\times E_i=\frac{GDP_i}{Q_i}\times E_i=GDP_i\times\frac{E_i}{Q_i}=GDP_i\times K_i$$

式中，K_i 为 i 城市外向总功能量占总功能量的比例，反映了 i 城市总功能量的外向程度，称之为城市流倾向度。

（3）势能理论模型。

势能（potential energy）最初是物理学定义，又被称为"位能"，其本质是由于各物体间存在相互作用而具有的、由各物体间相对位置决定的能量（章全、张文标、郭小辉、温惠英，2011）。一个区域或城市所具有的势能，指的是该区域或城市对资本、技术、市场具有吸引力，具有支撑制造、销售、储备、运输等产业发展和竞争的良好基础，包括地理优势、自然结构势能和环境势能等方面（杨勤业、吴绍洪、陆大道，2003）。朱杰等（2007）采用城市中心性指数和交通时间成本对传统的势能模型进行了修正，并分析了江苏省城市格局变化特征。城市的引力势能是一个综合指标，受到区域交通因素、人口规模、经济规模、社会品消费额等多个方面的影响，考虑到模型的适用性和严谨性，可根据实际应用的需要对传统势能模型做进一步的修正和调整。势能模型如下：

$$F_{ij}=\frac{S_j}{D_{ij}^2}(i\neq j)$$

其中，F_{ij} 和 S_j 分别代表中心城市 j 对 i 点的引力势能和中心城市 j 的规模（通常排除农业人口数），D_{ij} 表示点 i 距中心城市 j 的直线距离。

国内学者一般利用胡佛的概率模型对其进行去量纲化处理，来确定上式求出的势能量纲：$F_{ij}=S_jD_{aj}^a/\sum\limits_k(S_kD_{ik}^a)$。

由此求出的 F_{ij} 就是 i 地点归属于中心城市 j 的概率数，F_{ij} 与中心城市规模正相关，与两者间的直线距离 D_{ij} 的 a 次方负相关。在城市群或经济区内的 k 个中心城市中对比找出最大的 F_{ik}，它就是地点 i 的归属。

（4）空间自相关模型。

空间自相关指空间中的一个物体的相似性或相关性，可以用来发现空间的异质性和空间集聚。空间自相关分析（spatial autocorrelation）是探索性空间数据分析（ESDA）中的重要方法之一，是用来检验变量在空间上是否相关以及相关程度的，可深度剖析研究对象间的空间相互作用机制。吕安民等（2002）和 Trisalyn 等（2005）利用全局 Moran 指数分别研究了中国省级人口增长率的空间自相关性、成树与幼树间的精确分类以及遥感特征变量的空间分布。张海峰（2009），白永平、王培安（2012）将空间自相关分析等定量分析方法引入流量经济效应分析之中，并分别以西宁市和浙江省为例，对其流量经济发展区域背景条件、流量经济发展平台与环境等进行了分析。张松林（2007）、陈彦光（2009）等学者认为全局空间自相关是比较典型且适用性较强的一种方法。空间自相关分析，通常用"空间自相关系数"来表示，一般包括取样、测算空间自相关系数和检验自相关显著性三个步骤，具体又可划分为全局空间自相关和局部空间自相关两种方法。

全局空间自相关。1948 年，Moran 提出了全局 Moran 指数，全局空间自相关是对属性值在整个区域的空间特征的描述，是通过邻近空间位置观察值的相似程度比较来测量的。全局 Moran's I 和全局 Geti-Ord G 是众多表示全局空间自相关指标中最常用的。

1）全局 Moran's I。

$$
\begin{aligned}
I &= \frac{\sum_{i=1}^{n} \sum_{j=1}^{n} W_{ij}(x_i - \overline{x})(x_j - \overline{x})}{\sum_{I=1}^{n} \sum_{j=1}^{n} W_{ij}(x_i - \overline{x})^2} \\
&= \sum_{i=1}^{n} \sum_{j=1}^{n} W_{ij}(x_i - \overline{x})(x_j - \overline{x}) s^2 \sum_{i=1}^{n} \sum_{j=1}^{n} W_{ij}
\end{aligned}
$$

式中，n 为样本量（空间位置的个数），$\overline{x} = \frac{1}{n} \sum_{i=1}^{n} x_i$，$x_i$ 和 x_j 是区域 i 和 j 的属性值，W_{ij} 是空间权重值，反映区间单元 i 和 j 的相互影响关系和变化情况。全局 Moran 系数 I 的取值范围在 ［－1，1］ 区间，Moran's $I=0$ 表示不相关，Moran's $I>0$ 且越接近于 1 则表示单元间关系越密切、性质越相似，Moran's $I<0$ 且越接近－1 则表示区域单元间差异越大。

对于全局 Moran's I 指数，其空间自相关的显著性水平可以用 Z（I）

来检验，$Z(I)$ 的计算公式为：

$$Z(I) = \frac{1 - E(I)}{\sqrt{Var(I)}}(i \neq j)$$

其中 $Var(I)$ 是全局 Moran's I 指数的理论方差，$E(I) = \frac{-1}{n-1}$，是全局 Moran's I 指数的理论期望。当 Z 为正且显著时则性质相似的观察值高值集聚或低值集聚，当 Z 为负且显著时则相似的观察值趋于分散分布，当 Z 为零时则观察值独立、随机分布。

2）全局 Geti-Ord G。

由于根据 Moran's I 指数不好判定出空间数据是高值聚集还是低值聚集，Geti 和 Ord 于 1992 年提出了全局 G 系数。全局 G 系数的空间自相关的测量方法与全局 Moran's I 类似，只是临近空间位置观察值近似程度的测量方法有差别，其计算公式为：

$$G(d) = \frac{\sum_{i=1}^{n}\sum_{j=1}^{n}W_{ij}(d)x_i x_j}{\sum_{i=1}^{n}\sum_{j=1}^{n}W_{ij}x_i x_j}(i \neq j)$$

式中，d 为距离，$W_{ij}(d)$ 是单元 i 和 j 之间的点之间的距离权值。同全局 Moran's I 指数类似，对 G 指数进行标准化：$Z(G) = (G(d) - E(G(d)))/\sqrt{Var(G(d))}$。$Z(G)$ 大于零则存在高值聚集。$Z(G)$ 小于零则存在低值聚集。这是全局 Geti-Ord G 的优势所在，但是它并不能很好地识别负空间的自相关情况。

局部空间自相关。全局空间自相关的假定前提是空间同质（同趋势），该方法只是对整个研究空间的一个总体描述，能从整体上探测研究对象是否在研究区域上存在聚集性，却无法准确定位聚集范围。在现实中，由于环境、社会等外界因素的差异导致研究空间内并非均匀同质的，而且可能会随着位置的变化而变化，甚至可能会存在"空间异质性"，而上述情况利用全局空间自相关分析是无法实现的，局部空间自相关分析法则应运而生。局部空间自相关分析可以在不存在全局空间自相关时，寻找可能被掩盖的局部空间自相关的位置；在全局空间自相关存在时，可以通过局部空间的显著性和聚集点图等图形来确定具体的聚集区域和聚集范围。局部空间自相关分析最常用的是 Moran 指数和 G 指数，其计算和标准化方式与全局空间自相关方式基本一致。

总之，上述介绍的流量测度方法并不能直接测度区域或城市之间的互动效应，只能通过模型计算得到区域或城市之间的关联性、城市对外联系与辐射能力强弱或区域之间的势能差距，关联性越大、辐射能力越强或是势能差距越大则两个区域互动发展的机会可能性就越大。

3.4　国内外产学研与区域互动效应研究成果评述

1951 年美国创办了世界上第一个专门化的科学研究园——斯坦福研究园，其在推进新经济发展的进程中发挥了重要的作用。1988 年，北京市新技术产业开发区创立，开创了我国高新区发展的先河。国家产学研的发展既是我国改革开放的伟大成果，又顺应了国际高新技术发展的潮流。通过文献回顾发现，国内外学者在国家产学研与区域互动发展方面已经有了较为广泛和深入的理论和实证研究成果。

3.4.1　产学研与区域的互动关系研究

关于产学研和区域的相关作用和关系，国内外许多专家学者都进行过研究。纵览文献，既有积极的声音也有反对的论调，主要观点如下：

（1）正向影响。

高新技术产业园区依托产业集聚、技术创新和知识外溢，从经济增长，产业结构优化，拉动就业，拓展空间和促进区域城市化、国际化五大方面融合了产学研和区域的互动关系。美国地理学家乌尔曼首先提出了空间相互影响的理论；Monck 和 Segal（1983）与 Stankiewicz（1984）研究认为科技园促进了新型学术风险公司的诞生；1985 年，又有学者提出产学研的作用主要体现在两个方面，一是园区是高校和产业科学间的桥梁，二是园区是经济并合理和理想的解决方法；Marksmenetal（1986）提出科技园在扩大区域就业和技术发展中发挥着重要作用，并以美国为例做了实证检验；Van Tilburg 和 Vorstman（1994）以荷兰为例证明了园区的企业成本降低，经营成功率较高；Westhead 和 Storey（1995）与 Colombo 和 Delmastro（2002）研究发现科技园区的出现和发展刺激新技术公司的出现，能使得学术人员更容易地探索企业管理理念；Lofsten 和 lindelof（2003）将科技园区内外的公司进行了对比分析，发现进驻园区企业的销售和就业增长率要明显高于园区外企业；Paolo

Landoni 等（2010）以意大利最重要的的里雅斯特科技园为例，以出版物、专利和项目数量为测度指标，评估科技园区对腹地科技发展的贡献度。

　　自 90 年代中后期开始，我国学者也广泛涉猎该领域。有学者以陕西省为例讨论了园区建设和城市发展的密切关系，高新区的产学研是城市功能的延伸和提高，是对城市的扩大和再开发。还有学者根据增长极理论和孵化器理论来分析产学研对区域发展的影响，认为区内企业的繁衍及其相互的产业联系是产学研自身发展程度的标志，也是影响区域的主要力量。有人主张利用产学研的技术创新与产业辐射能力，带动区域的技术进步和产业结构优化。朱华友、郝莹莹（2004）着重研究了园区对长春市经济发展的总量贡献和结构贡献。王慧等（2004）通过二维结构分类表，从城市、开发区影响以及二者综合作用三方面分析讨论了开发区对我国城市经济与空间位序结构影响方式的差异，并就开发区对中国城市在城市体系位序结构变化的影响进行了聚类分析。研究发现，开发区的建设发展对我国城市在城市体系中的位序结构影响显著。王宏伟等（2004）研究探讨了开发区驱动城市化的机制、特征和存在的问题。范晓屏（2005）研究了区域的产业集群、网络治理和社会资本这些因素是如何影响园区的创新能力、资源运筹能力和市场引导能力的。徐维祥（2005）认为一方面园区内的产业集群会推动腹地产业结构的有序演变进而实现城市化，另一方面区域的城市化对园区产业集群的演变具有支撑、拉动和载体等作用。王战和、徐玲（2005）分析了高新技术产业开发区与城市经济空间结构演变作用关系和空间表现，认为经济空间机构的变化将会带来城市空间效益的提升。曾另琼（2007）在《园区经济对区域经济推动作用的思考》一文中提出园区经济是区域经济新的增长点，园区经济可以促进区域经济工业化、城镇化的进程以及工业化和城镇化的结合，推动区域经济向国际化发展。杨忠泰（2007）以陕西关中高新带为例，探讨利用其特有的聚集、辐射功能有效地推动区域经济社会的发展。杨莉莉、王宏起（2008）从产业集聚与区域综合经济实力、区域经济结构调整与升级、区域技术创新和区域品牌等方面对产业集群与区域经济发展的互动机理进行系统分析，揭示二者的内在联系。

　　（2）负向影响。

　　同时还有一些学者提出了反对声音，他们认为高新区的产学研对于腹地的作用并不是完全积极的。1982 年美国国家科学基金会研究了科学园区与产业的关系，结果发现美国超过 50％的园区不符合最初的设立构想，对技术转让的刺激作用不强；Sirbu 等（1976）认为园区良好的商业环境、居住区、文化设施和便捷的交通等要素可能是一种假象，这些要素只有达到一定的标准才能发挥积极作用；Mille 和 Cote（1987）在《成长下的一个硅谷》一书中，暗示出大多数科技园区都是头脑发热、追求局部利益的产品，与黯然的现实形成了强烈的对比，最终会面临很多的问题；Menck 等（1988）通过一项由英国科技园协会主办的调查发现科技园区比较优势有待重新评估，而且园区企业与高校的联动水平并不显著比园区外企业高；Bakouros 等（2002）和 Mensted（1997）研究发现园内外企业在创新活动水平上并没有任何统计上的显著差异。

综上所述，无论产学研还是区域间的关系是正向的还是负向的，都说明产学研与区域的发展是相互影响、彼此关联的。对产学研与区域互动效应进行研究有助于将它们之间的关系从定性分析的基础上延伸到定量测度，能够更深入、更有力地解释关系维度。

3.4.2 产学研与区域互动效应的测定方法

产学研与区域互动效应的测定是一个动态的发展过程，不同的国家和地区在不同发展阶段，采用的测度模型和方法也都有所不同。国内外针对产学研自身的定量研究较多，主要集中在产学研发展能力和水平、产业集聚评价、产业创新能力、竞争力和产学研发展可持续性五个方面，关于产学研与区域的互动效应研究成果相对较少。朱华友、郝莹莹（2004）运用转移份额法着重研究了长春经济技术开发区对长春市经济发展的总量贡献和结构贡献，研究发现园区在增强经济总量、优化所有制结构、提升工业化水平、促进城乡一体化发展等方面对腹地城市均具有显著影响。李俊莉等（2006）运用系统聚类分析方法分析发现，园区建设和发展状况直接影响着腹地城市的发展状况和发展潜力，且园区对城市发展的影响在不同区域其侧重方面也不同。有学者基于产学研对区域十年的动态数据进行了实证分析，结果证明区域的竞争力和创新能力与产学研的扩散能力密切相关，与产学研的区位因素无直接关联性。陈家祥（2009）运用转移份额法从经济结构水平、经济发展潜力、经济发展活力和宏观经济效益 4 个方面分析了南京城市开发区群的综合经济效益及其对南京经济发展的贡献；从产业空间、城市化率、城市空间等方面分析了南京城市开发区群对南京城市空间布局的影响和作用。刘重力等（2010）基于 C-D 生产函数和 Solow 模型，用 2002—2006 年的城市数据和国家级经济技术开发区数据，从资本、劳动力、技术等方面定量分析了园区的增长溢出效应。刘晓宁（2010）基于系统聚类分析方法，以山东省经济开发区为例，将园区对母城经济发展的影响作用模式分为四种类型并提出了对策。主要方法总结介绍如下：

（1）模糊综合评价方法（fuzzy comprehensive evaluation method）。

1965 年，美国的查德（L. A. Zadeh）教授提出了"模糊集合"（fuzzy set）概念。模糊综合评价是一种基于模糊数学的综合评价方法，是一种十分有效的、可以对受多种因素影响的事物做出全面评价的多因素决策方法。该方法的评价结果是一种模糊的反映，不是绝对肯定或否定的结果。模糊综合评价方法经常与 AHP、DEA、GRA 等方法配合使用，有助于一些模糊的、难以量化的问题的解决。建立模糊综合评价模型的具体过程如下：

第一，建立因素集 U。

$U=\{u_1, u_2, \cdots, u_m\}$，注意因素能从各个方面描述所要考虑的对象属性，抓住主要因素。

第二，建立评判集 V（评价集）。

$V=\{v_1, v_2, \cdots, v_n\}$，其中 V_i 代表第 i 个评价结果，n 为总的评价结果数。以评判者对评判对象可能做出的各种总的评判结果作为元素集合，即被评价对象的一个变化区间。可以表示为〔强、中、弱〕，也可以描述为〔好、较好、一般、较差、差〕等。

第三，建立评判矩阵 R 的设定，确定从 U 到 V 的一个模糊映射，模糊关系用 R 表示：

$$R=\begin{pmatrix} r_{11} & r_{12} & \cdots & r_{1n} \\ r_{21} & r_{22} & \cdots & r_{2n} \\ \vdots & \vdots & \ddots & \\ r_{m1} & r_{m2} & & r_{mn} \end{pmatrix}$$

在矩阵中，r_{ij}（$i=1, 2, \cdots, m$；$j=1, 2, \cdots, n$）表示某个被评价对象从因素 U_i 矩来看对 V_i 等级模糊子集的隶属度。

第四，建立权重集。

为了体现出各因素的重要程度，给各因素配备一个相应的权数 a_i（$i=1, 2, \cdots, m$），通常要求 a_i 满足 $a_i \geqslant 0$，$\sum a_i = 1$，由各权重重新组成的一个模糊集合 A 就称之为权重集。

第五，模糊综合评判。

R 的第 i 行反映了第 i 个因素影响对各个判断元素的程度；R 的第 j 列反映了所有因素影响评判对象对第 j 个判断因素的程度，因此每个列元素之和：

$$\sum_{i=1}^{n} r_{ij}(j = 1,2,\cdots,m)$$

$$B = A \times R = (a_1,a_2,\cdots,a_n) \times \begin{pmatrix} r_{11} & r_{12} & \cdots & r_{1n} \\ r_{21} & r_{22} & \cdots & r_{2n} \\ \vdots & \vdots & \ddots & \vdots \\ r_{m1} & r_{m2} & & r_{mn} \end{pmatrix}$$

$$= (b_1,b_2,b_3,\cdots,b_n)$$

其中，b_j 代表模糊综合评判指标，评判集 B 为 V 上的模糊结合。

运用层次分析法和模糊数学法时应注意指标的权重分配和指标间关系，以保证测度结果的科学性和合理性。熊德国（2003）等分别在《模糊数学与军事决策》一书中和论文中对模糊综合评价法做出了评价，他们认为该方法可以通过精确的数字来评判模糊对象，为定性指标定量化提供有效的方法。模糊综合评价的结果不是一个点值，而是一个包含丰富信息的向量，既可以较为准确地评价测度对象，又可以进一步再加工，得到其他参考信息。但是，模糊综合评价法计算复杂，不能解决相关指标间信息重复的问题，指标权重向量的确定有很强的主观性，在进行多目标评价时不太容易做好隶属函数的确定。基于此，就要求在这些问题的处理上应秉承严谨、慎重的态度，结合实际的应用环境，在深入分析具体问题的基础上，合理确定各种参数和算法或者对原始算法进行改进或补充，以使评价结果尽可能科学、合理、客观，更好地服务于实际案例。

（2）转移—份额分析法（shift-share method，SSM）。

转移—份额分析法，也有学者译为"偏离—份额分析法"，是由美国经济学家 Daniel（1942）和 Creamer（1943）率先提出的，Perloff、Dunn、Lampard、Muth（1960）等学者在 20 世纪 60 年代逐步对其进行了总结和完善，使其发展成为研究区域经济增长有效的统计方法之一。SSM 方法因其良好的综合性和动态性，已成为国际学术界广泛认可的分析区域发展差距变动决定因素的基本方法。

1）基本原理。转移—份额分析法认为区域经济的变化是一个动态的过程，用于分析产业结构变动对区域经济增长的影响，也可以测度带动腹地整体经济增长的主要区域。在选定的时间和区域内，以更大范围的行政区域的经济均衡增长作为比较基础，将某一时间段内区域的经济总增长量分解为"分享增长"和"转移增长"两个分量，进而将转移增长划分为"比例性（结构偏离分量）"和"差异性（竞争力偏离分量）"两大类，并基于此分析区域经济发展或衰退的原因，找出腹地具有相对竞争优势的产业部门或区域，为确定腹地未来经济发展的合理方向和产业结构调整提供依据。

2）模型构建。假设一个区域 i 在时间段 ［0，t］ 之内的经济总量和结构都发生了改变。Y_{i0}，Y_{it} 分别表示区域 i 初期（基年）和末期（截止年 t）的经济总规模。Y_{ij0}，Y_{ijt} （$j=1，2，\cdots，n$）表示区域 i 第 j 个产业部门在初期与末期的规模。Y_0，Y_t 表示腹地大区域在相应时期的经济总量，Y_{j0} 与 Y_{jt} 表示腹地大区域第 j 个产业部门在初期与末期的经济规模。设 G_i，N_i，S_i，P_i，D_i 分别为区域 i 的总产值增量、分享增长量、总转移增量、结构转移分量和差异性增长量，则：

$$G_i = Y_{it} - Y_{i0}$$
$$N_i = Y_{i0} \times Y_t / Y_0 - Y_{i0}$$
$$S_i = Y_{it} - (Y_t / Y_0) \times Y_{i0} = P_i + D_i$$
$$P_i = \sum \left[(Y_{it}/Y_{i0}) - (Y_t/Y_0) \right] \times Y_{ij0}$$
$$D_i = \sum \left[Y_{ijt} - (Y_{it}/Y_{i0}) \times Y_{ij0} \right]$$
$$PD_j = P_j + D_j$$

由此，各类增长对区域经济增长的贡献度可表示为：

分享增长贡献度：$H_n = N_i/G_i \times 100\%$

结构性增长贡献度：$H_p = P_i/G_i \times 100\%$

区位性增长贡献度：$H_d = D_i/G_i \times 100\%$

美国专家查尔斯·R. 戈尔德耐（Charles R. Goeldner，1999）等在其著作《旅游业教程：旅游业原理、方法和实践》中系统介绍了 SSM 方法在旅游市场变化趋势研究中的运用。国内学者杨开忠（1989）、汪宇明（2000）等于 20 世纪 90 年代开始研究和应用此方法。他们认为转移—份额分析法相对于其他方法具有较强的动态性和综合性，能有效地揭示结构变化的原因和确定未来发展导向，广泛应用于产业结构、市场结构、竞争优势分析方面。但同时也应注意，SSM 模型智能提供的趋势性信息，仍属于定量描述性模型，不能对深层次原因进行完全解释，分析结果与获得数据系列的完备性、客观性和真实性相关性强，具有一定程度的不确定性，可以用针对性的市场调查来补充。

（3）系统聚类分析方法（hierarchical clustering methods）。

聚类分析是研究如何将对象按照多个方面的特征进行综合分类的一种统计方法。聚类分析方法有效地解决了科学研究中多因素、多指标的分类问题。系统聚类法（也称层次聚类法）是目前实践中使用最多的方法，它的基本思路就是依据样本间的某些相似性或差异性指标，对样本间的亲疏关系进行定量研究，并根据结果进行样本聚类分析。根据类与类之间的距离计算方法的不同可将系统聚类分析方法分为五大类（胡雷芳，2007）。系统聚类分析方法具体如下：

1）数据的处理。假设聚类的对象有 m 个，且每个聚类对象都由 n 个要素构成。由于被聚类的对象常有多个，且具有不同的单位和量纲，数值的变异可能是很大的，从而影响分类结果，因此当分类要素的对象确定之后，在进行聚类分析之前，首先要对聚类要素进行数据处理，常用的聚类要素的数据处理方法如表 3-2 所示。

表 3-2　　　　　　　　　　聚类要素数据处理方法一览表

处理方法	公式及说明
总和标准化	分别求出各聚类要素所对应的数据的总和，以各要素的数据除以该要素的数据的总和。$$X'_{ij} = \frac{x_{ij}}{\sum_{i=1}^{m} X_{ii}} \ (i=1,2,\cdots,m;j=1,2,\cdots,n)$$ 且 $\sum_{i=1}^{m} X'_{ij} = 1 (j=1,2,\cdots,n)$
标准差标准化	$$X'_{ij} = \frac{X_{ij} - \overline{x}_j}{S_j} \ (i=1,2,\cdots,m;j=1,2,\cdots,n)$$ $$\overline{X}_j = \frac{1}{m}\sum_{i=1}^{m} X_{ij} \quad S_j = \sqrt{\frac{1}{m}\sum_{i=1}^{m}(X_{ij}-\overline{X}_j)^2}$$ 且 $\overline{X}_j = \frac{1}{m}\sum_{i=1}^{m} X'_{ij} = 0 \quad S_j = \sqrt{\frac{1}{m}\sum_{i=1}^{m}(X'_{ij}-\overline{X}'_j)^2} = 1$
极大值标准化	$$X'_{ij} = \frac{X_{ij}}{\max_{i}\{X_{ij}\}} \ (i=1,2,\cdots,m;j=1,2,\cdots,n)$$ 经过这种标准化所得的新数据，各要素的极大值为 1，其余各数值小于 1。

续前表

处理方法	公式及说明
极差的标准化	$X'_{ij} = \dfrac{X_{ij} - \min_i\{X_{ij}\}}{\max_i\{X_{ij}\} - \min_i\{X_{ij}\}}$ $(i=1,2,\cdots,m; j=1,2,\cdots,n)$ 所得的新数据，各要素的极大值为1，极小值为0，其余的数值在0与1之间。

2）距离的计算。距离可以测量样本之间的差异化程度，是系统聚类分析的依据和基础，主要方法如表3-3所示。

表3-3　　　　　　　　　　距离计算方法一览表

计算方法	公式
绝对值距离	$d_{ij} = \sum_{i=1}^{n} \lvert X_{ik} - X_{jk} \rvert$ $(i,j=1,2,\cdots,m)$
欧式距离	$d_{ij} = \sqrt{\sum_{i=1}^{n} (X_{ik} - X_{jk})^2}$ $(i,j=1,2,\cdots,m)$
明科夫斯基距离	$d_{ij} = \left[\sum_{i=1}^{n} \lvert X_{ik} - X_{jk} \rvert^p\right]^{\frac{1}{p}}$ $(i,j=1,2,\cdots,m)$
切比雪夫距离	当明科夫斯基距离 $p \to \infty$ 时，有 $d_{ij} = \max_k \lvert X_{ik} - X_{jk} \rvert$ $(i,j=1,2,\cdots,m)$

综观文献，虽然在产学研与区域的定量研究中已有众多测度模型和方法，但也存在以下方面的不足：第一，到目前为止并没有一个测度方法获得了广泛认可和好评。每个方法都各有侧重，如模糊综合评价方法经常用来给测度指标增加权重，对不能直接测量的指标给予测度；聚类分析方法能有效地解决测度研究中多因素、多指标的分类问题；转移一份额分析法有助于分析带动腹地整体经济增长的主要产业或区域。第二，多是时间节点的测度与比较，没有过程测度。因此，产学研与区域间的互动效应的测度方法仍具有很强的研究价值。

3.4.3　产学研与区域互动效应的测度指标

Marksmen 等（1986）率先从园区对区域经济发展作用的角度展开研究，认为园区扩展了区域的就业和技术的发展，并以美国科技园区为例选取了经济发展、大学与技术的发展、就业岗位和机会三大类14项指标进行了测度。Roland Van Dierdonck，Koenraad Debackere 和 Michael A. Rappa（1991）以比利时和荷兰的大学科技园为例，选取企业类型、运营年限、研发项目类型、从业人员结构来更好地研究大学科技园区在技术、知识扩散中的作用。胡珑瑛、王建华（2001）建立了高技术园区对区域经济辐射和带动的评价指标体系，包含"总量效应""产业效应"和"社会效应"3个主因素层指标，下属的子因素层设有园区对区域经济增长贡献率、园区吸收就业人数和园区在区域内就业的诱发额共9个具体指标。朱华友、郝莹莹（2004）选择了经济发展水平（人均GDP、经济密度、第二产业产值占总产值的比重）、经济发展潜力（固定资产投资率、全员劳动生产率）、经济发展活力（GDP指数、实际利用外资额与GDP之比、出口商品总额与GDP之比）和宏观经济效应（投资效果系数）4个方面的指标来评价园区为腹地带来的综合经济效益。有学者设计出一套量化评价园区建设对城市发展影响作用的指标体系，指标涉及腹地城市产业规模（产学研与腹地城市工业总产值之比）、空间规模（开发面积之比、规划面积之比）、经济外向度（二者出口额之比、实际利用外资之比）、工业增长力（产学研与腹地城市工业增加值之比）、财税贡献（二者上缴税收之比）和就业（产学研与腹地城市从业人员数量比）6个方面，8个具体指标。陈家祥（2009）从经济发展（经济总量、经济效应、经济结构）、社会发展（基础设施和生态环境、高素质人才比例）及空间发展（产业空间、城市化率、城市空间）3个方面的关系，系统分析园区对南京市城市发展的作用和影响。刘重力等（2010）分别从资本、劳动力、技术等方面定量分析了园区的增长溢出效应。指标分别采用国内生产总值年增长率、固定资产投资年增长率、实际利用外资年增长率、从业人员年增长率、技术进步率。刘晓宁（2010）采取统计取舍法和满意度相结合的方法，设计出一套能够就园区对母城经济发展的影响贡献程度（简称影响度）进行定量化评估的指标体系。该体系由产业规模（园区与腹地城市工业总产值之比）、经济外向度（园区与腹地城市进出口总额之比、实际利用外资之比）、工业增长力（园区与腹地城市工业增加值之比、固定资产投资额之比）和财税收入（上缴利税之比）4个方面，7个相关具体指标，以及1个综合平均指标（上述7项指标的平均值）构成。

综上所述，既有的测度指标体系在以下三个方面存在不足，有待完善和提高：第一，将产学研等经济类园区视为一个封闭的系统进行研究。第二，过多局限于测量产学研与腹地城市经济方面的互动效应，虽然也涉及社会、空间环境等方面的互动效应，但缺乏定量研究。第三，指标选择缺乏通用的准则。对于同一研究问题，不同研究学者选取的指标可能不一样，指标的归属也不一样。

以上国内外丰富的研究成果为本书的撰写提供了很好的参考资料，也指明了本研究需要创新的地方：

首先，从研究内容来看，一方面文献研究内容涉及产学研与区域互动的动力、类型、模式、机制以及互动途径和影响因素等方面，关于互动效应测度方面的研究较少；另一方面，已有研究多围绕一个城市和区域展开流量测度或状态评估，很少涉及两个区域间的互动发展研究。产学研与区域互动效应测度研究在实践层面上还有深入研究的空间。

其次，从测度指标来看，有以下可研究空间：第一，现有研究大多将园区视为一个封闭系统而进行园区自身竞争力、创新能力等方面的研究。实际上，参与园区与区域互动的多个主体之间、和外部环境之间均呈动态依存关系，应该将园区和区域放在一起来研究，将产学研与区域的互动体系设定为一个动态的开放体系。第二，既有研究过多集中于产学研与腹地城市互动效应的状态评估，两个区域互动发展过程中的流量效应测度非常少，没有建立起区域间多个流动主体的关系数据。第三，既有的测度指标集中于区域间的经济互动效应，较少涉及社会、人文环境等方面，测度体系缺乏整体性和全面性。产学研与区域互动发展是一种广泛而复杂的地域发展过程，涉及经济、社会和人文环境多个方面。其中，经济要素流的跨区域流动是区域互动的基础，产业、企业互动是依托，社会和人文环境的互动是产学研与区域实现高效、良性、可持续互动发展的条件和保障。这几个方面相辅相成，共同组成产学研与区域互动发展的效应体系。

最后，从测度方法来看，一方面既有研究多采用定性研究方法，定量研究的比重偏小；另一方面，多局限于对区域互动系统某一特定时间点的静态评价，比较少有时序性评价。产学研与区域互动效应的测度研究应该采用定性分析与定量分析相结合的方式，注重理论与实践相结合，既有互动状态测度又有互动过程考量。

第四章　产学研与区域互动的内涵

在完成对文献梳理和再认识的基础上，挖掘内涵是寻找和发现产学研与区域互动的来源，进而测度互动效应的基础。因此，对产学研与区域互动的层次、互动主体、互动特点以及内外部动力的研究有助于了解相互作用的机理，为构建产学研与区域互动的概念模型和测度体系提供理论支撑。

4.1　产学研与区域互动的层次与主体

4.1.1　互动层次

目前我国关于产学研与区域间的互动关系研究大体可分为三个层次，图4-1中双箭头线表示的是主体之间的互动关系。

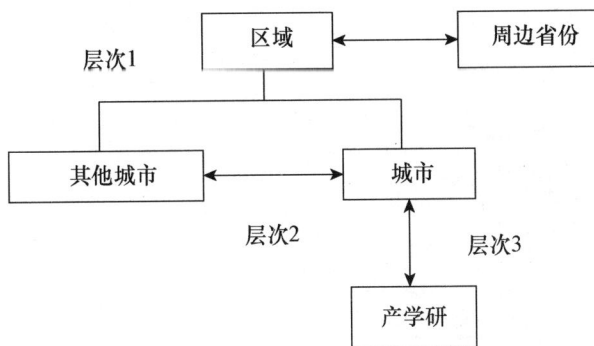

图 4-1　产学研与区域互动层次图

4.1.2　互动主体

1983年第一版的《现代汉语词典》对"主体"一词给出了两个释义：事物的主要部分；从哲学上指有认识和实践能力的人。历经发展和完善，

2013 年第六版的《现代汉语词典》将"主体"的含义扩展到三个，除了上述两个解释外，还认为主体"法律上指依法享有权利和承担义务的自然人、法人或国家"。

在复杂系统理论中也有关于主体的解释，即 agent。关于 agent 和 multi-agent 目前都没有形成统一的释义，美国人工智能科学家马文·明斯基（Marvin Minsky）于 1988 年率先在其图书《思维的社会》（*The Society of Mind*）中提出了 agent 的概念，他认为 agent 是社会中可通过协商解决问题的个体；Lane（1994）认为 agent 是一个问题求解机制的计算单元；Woodridge（1995）和 Russell（1995）提出了 agent 的"强、弱定义"，他们认为 agent 是在特定环境下具有感知性、目标性和自运行能力的计算实体或程序。这些定义都具有普遍性，agent 可能是一个部门、一个程序、一台智能机器，也可能是现实生活中的人。综合起来，agent 应具有以下特点：具有一定的资源和技能，或能提供某种服务；能感知环境并做出适应性反应，甚至能通过自身行动改变环境；可以与其他 agent 沟通、交互；能不凭借外力自主控制自身行为和内部状态，能根据目标在合适时机自行采取恰当性行为。多个独立的 agent 便组成了 multi-agent 系统，系统中的 agent 利用自身资源和优势，依靠相互间的协商合作，自主性向既定或最优目标不断趋近。

本书研究的产学研与区域互动发展的主体就是指在互动系统里能够承担并实现区域互动发展目标的最少类别的微观对象，如图 4－2 所示。

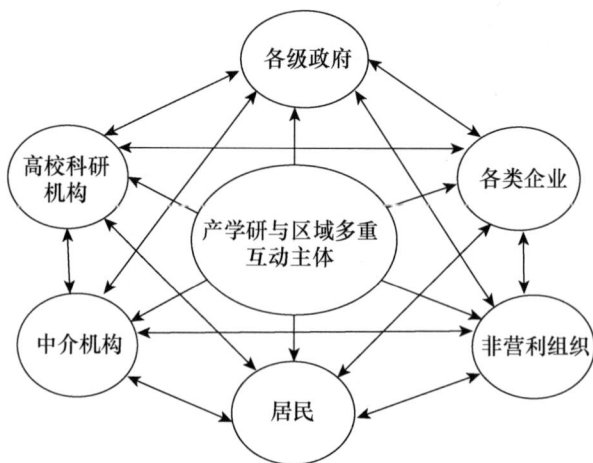

图 4－2　参与产学研与区域互动的多重主体

（1）政府。

区域各级政府是产学研与区域互动中不可或缺的行为主体，它们主要采用以下三种方式参与其中：第一，直接参与到产学研与区域互动之中，谋求自身辖区利益的最大化；第二，贯彻执行中央或上级政府制定的相关法律法规，搞好区域管理和公共配套设施建设，为产学研与区域互动提供政策、要素、公共咨询服务等方面的支持和帮助，营造和维护一个良好的互动与协同的外部环境；第三，政府可凭借自身较强的号召力充当起各主体之间沟通的桥梁，利用援助机制、补偿机制、激励机制、法律机制等一些机制杠杆，配合上级政府做好产学研与区域互动多主体间的协调和规范工作。

（2）企业。

企业是产学研与区域互动过程中承载要素流最多的、最重要的经济活动主体。企业在产学研与区域互动网络中的地位各不相同，包括原材料或半成品的生产商、供应商、分包商、制造商、销售商以及信息咨询、设备维护等服务型企业。在市场机制作用下国有企业、合资企业、民营企业等各种类型和不同规模的企业均为了实现各自"利润最大化"的单纯目的，积极参与到产学研与区域互动的进程之中，企业主要通过资本合作和技术合作两种方式参与进来。

（3）高校科研机构。

在知识经济背景下，创造能力已成为各个区域竞争力提升和优势体现的重要力量，而区域创新能力与区域高校、科研机构的发展水平和科技基础息息相关。高校科研机构是高层次科技人才培养的摇篮，是促进高科技产业、技术发展的重要基地。高校和科研院所在研究方向、仪器设备、技术、人才等方面各有所长、相辅相成。随着产业和企业在区域内聚集，大量高水平的先进实验室和研发中心也在区域内落地建设，这些高校科研机构为区域协同发展提供了有力的技术支持和内在推动力。

（4）中介机构。

关于中介组织的定义，不同学者、不同组织都有很多种表述。美国学者莱斯特·赛拉蒙教授于 1994 年提出社会中介组织具有正规性、非利润分配性、自我管理性、志愿性和公共利益性的特征，是独立于政府之外的一种社会经济组织（莱斯特·赛拉蒙，1994）；2003 年我国学者张云德在其著作《社会中介组织的理论与运作》中提出社会中介的概念，他认为社会中介组织是在政府、企事业单位和个人之间起桥梁和纽带作用，为社会、经济活动提供服务的各种组织、机构的总称（张云德，2003）。总之，中介机构是指活跃在政府、企业、个人之间，依法通过专业知识和技术服务，按照一定的业务规则或程序为委托人提供中介服务，并收取相应费用的组织，它们具有支持政策、自律、协调、监督等社会服务功能。中介机构是社会信用体系的组成部分，在产学研与区域互动过程中承担着相应的责任，在加速要素流动，促进社会经济活动公平、公正等方面具有积极作用。中介机构的形式和专长也是多种多样，有公正性中介、代理性中介、信息技术服务中介、科技中介、金融中介、营销中介、证券中介等38种之多。不过，我国中介也存在着发育时间短、独立性差、相关法律法规不健全、规章制度混乱、诚信度低等弊端。在产学研与区域互动过程中科技中介相对于其他中介则更为突出，科技中介机构主要从事创业投资、科技信息发布、技术评估和成果转移、转化等方面的服务。

（5）非营利组织。

非营利组织也称为第三部门和独立部门，也是产学研与区域互动的参与主体。非营利组织一般以"发展联合会""产业协会""社团"的形式出现，主要采取下列三种方式参与到产学研与区域互动的治理过程之中：第一，直接向其他参与产学研与区域互动的主体提供一些公共服务，利用自身特点弥补政府和市场的不足；第二，可以参与政府关于区域发展议题的商讨，凭借政府资金的支持在有限的范围内提供公共服务；第三，可以作为代表与政府和其他组织谈判，在产学研与区域互动过程中维护既有利益，谋求更多的好处。非营利组织参与产学研与区域互动的行为会间接地加速二者互动发展的过程。不过，目前我国的许多非营利组织内部管理和发展水平都很低，对政府部门有很强的依赖性并受严格监督，因此，该主体在推动产学研与区域互动进程中的作用是非常有限的。

（6）居民。

在产学研与区域互动中，往往忽视了在市场上处于相对弱势地位的居民的需求。民众的个体决策行动是分散的和弱小的，而民众自发或通过居民代表团体、业主委员会等寻求民众"集体"利益最大化的"集体行动"，很可能导致产学研与区域互动在土地使用、基础设施供应（如道路交通系统、市政公用设施和服务）等方面发生冲突，进而影响民众的根本利益和区域协同发展的整体利益。产学研与区域互动应在权衡政府、城市经济组织及居民的整体利益的基础上，采用公共政策、补贴或奖励的手段，实现更全面、更均衡的互动。

4.2　产学研与区域的互动特点和形式

4.2.1　互动特点

（1）综合性。

产学研与区域互动是一个综合性概念，它不单纯指一个方面的互动，而是产学研及区域间各种关系、各个主体的总和。既包括产学研与区域互动过程中经济总量、经济结构和经济关系的互动，还包括社会、空间、文化等方面的协调互动。

（2）互制性。

在产学研与区域互动过程中，任何一个因素的变化和发展都应该是以不损害对方或给对方发展造成障碍为前提展开的，而且使产学研与区域互动形成互为有利的条件。换言之，产学研与区域互动每个要素都要以不损害其他利益为自己的约束条件，并在此约束条件下进行自我调整和改变，在搞好自我发展的同时适应和促进其他地区的发展，使产学研与区域互动彼此之间相互依赖、相互促进。

（3）动态性。

互动和协同是一个动态概念，应该辩证地看待。一方面，互动是在发展的基础上展开的，是区域发展的一种过程形态，不是孤立、静止的一个时间节点，每个子系统每时每刻都在不停地与外界环境或其他子系统进行交换。另一方面，一个区域或者区域间的结构和关系会随着经济、社会的快速发展不断地发生变化。在某种条件下，某一种结构或关系是最优的，但随着条件的变化，它可能在新条件下变成次优的、非优的甚至是不合理的。所以，产学研与区域互动存在动态性的关系。

（4）层次性。

任何一个体系都有一定的层次和等级，根据产学研与区域互动的程度不同可以将其划分为不同的层次。产学研与区域互动大体可以分为两个大的层次：一是各个产学研内部各活动主体之间互动发展；二是各个产学研活动主体在各区域之间展开分工与合作，由经济互动发展成为社会层面的互动。这两个层面是相互影响、相互制约的。

（5）开放性。

综合性、互制性、动态性和层次性决定了产学研与区域互动具有开放性。要实现产学研互动与区域协同良性的发展，各参与主体之间、子系统之间、系统与外界环境之间都存在着动态的要素流动和互换。在产学研与区域互动体系中任何一个主体或要素的细微变化均会直接或间接地影响与其具有关联性的其他要素的状态。所以，应将产学研与区域互动的体系视为开放性的。

4.2.2　互动形式

（1）点式互动。

点式互动常发生在产学研和区域的互动初期，指的是产学研和区域之间偶然的合作关系，在一次次的点式互动关系中寻求彼此的合作机会和合作伙伴。由于产学研和区域的市场环境会随着时间、空间的变化而不断变化，产学研和区域前期寻找对象时并没有特定的指向性，所以导致了点式互动形式的随机性和不稳定性。又因为产学研和区域间只存在某种资源或信息的交流，参与互动的介质比较少，因而点式互动过程简单，具有短暂性、一次性的特点。随着区域间交流增加，发生点式互动的双方会逐渐走向间歇式互动。

（2）间歇性互动。

间歇式互动可看成多个点式互动所构成的一个集合，如产学研与区域互动可基于各自的发展需求而形成较为松散的互动关系。双方在有需求的时候展开互动，在互动关系结束或者未形成之前，彼此之间都不享受和承担相应的权利和义务。严格来讲，间歇式互动不是点式互动简单的积累，这种方式比点式互动稳定，随机成分少且具有目标性。间歇式互动往往包含产业链、社会关系、资金技术等多种互动介质，由于产学研与区域互动的地理相邻可降低双方互动的机会主义倾向，使得间歇式互动双方都自愿保持互动关系稳定的倾向。

（3）连续互动。

当产学研与区域都希望相互之间的合作关系能够持续、稳定地保持下去，那么"连续互动"这种互动形式就会产生。连续互动关系可以促使产学研与区域之间的物流、信息流、资金流、价值链等多方面形成交流和互动，彼此成为一个具有凝聚力的、稳定的互动整体。区域间的连续互动关系必然存在多重介质，不同介质也往往具有互补的功能。因此，连续互动比点式互动和间歇式互动具有更高的稳定性、持续性和高效性。

（4）一体化互动。

产学研与区域的一体化互动既包含具有竞争或互补关系的要素、企业等互动主体间发生的水平型互动，也包括产业链上下游之间的互动主体的垂直型互动。一体化互动是在互动体内进行的，而区域与环境的作用则通过互动体进行，包括信息流、物流、资金流都是在互动体内进行的。这种互动形成了具有独立性质和结构的互动组织或互动体，一体化互动介质和界面比连续互动具有更好的稳定性和更强的选择性。

4.3　产学研与区域的互动动力

"动力"一词在 1983 年《现代汉语词典》中有两个释义：一是指可使机械做功的各种作用力，二是比喻推动工作、事业等前进和发展的力量。产学研和区域互动发展的过程中会受到多种因素的影响，既有积极方面的同时也会存在政策、观念、空间、市场结构等方面的阻碍。本书主要研究影响产学研与区域互动发展的各种有利因素或力量，包括外部拉动力和内部驱动力。

4.3.1　外部拉动力

（1）经济环境。

外部经济环境包括 GDP 趋势、经济周期、资源分布和配比、能源供应、生产成本等经济要素。如果产学研和区域之间的经济发展不均衡，存在经济要素禀赋差异，自然需要通过彼此的分工与协作来缩小差距，实现互惠互利和区域间"经济一体化"发展的目标。产学研的发展依托于区域经济水平、物质资源、人力、资金等资源的供给，而区域的先进技术、新兴产业和研发中心等又会提高资源的配置效率，降低区域间的运输和交易成本，从而回馈于相关产业和区域，进而形成产学研互动与区域协同的经济循环体系。此外，区域的交通、医疗等公共基础设施和虚拟科技园、信息网络、图书馆等信息基础设施的建设与完善，也为产学研与区域互动提供了一个良好的经济环境。

（2）政策、法律环境。

政府在区域分工与合作实践中发挥着举足轻重的作用，以欧盟、长江三角洲、珠江三角洲、环渤海、京津冀的区域协同发展为典型代表。根据规制经济理论的观点，政府主要通过提供公共设施和服务、制定诱导性政策和行政强制干预三种方式干预区域发展。其中，相关政策的制定和法律法规的颁布是政府调控产学研与区域互动的主要手段。政策是政策主体采用调控手段以实现确定目标的行为规范，而法律环境是指一个国家或地区的政治制度、体制、方针政策以及国家或地方政府所颁布的各项法规、法令和条例等。产学研与区域互动涉及多个主体、多种关系，单纯依靠市场机制来调节是不行的，政府应该通过营造良好的政策、法律环境来有效减少或消除阻碍市场配置资源的各种制约因素，驱动产学研与区域互动。如，信贷优惠政策、税收优惠政策、市场相关政策等。

（3）社会文化环境。

区域不同、发展水平差异均为导致区域间文化与观念差异的客观存在，主要体现在价值观念、创新意识、团队合作能力和企业经营理念与模式等方面的不同。虽然文化影响在经济发展的不同阶段发挥着不同程度的作用，但可以肯定的是，和谐互助的社会文化环境有助于区域经济的高速发展。产学研与区域互动均要培育和营造出"开放、守信、诚实、合作"的社会文化环境，消除互动发展各个参与主体间的文化差异和认知隔阂，推动产学研与区域互动在各个方面顺利展开。

（4）科技环境。

产学研与区域互动的科技环境主要指产学研和区域所拥有的科技水平、科技力量、区域科技政策和科技立法。瑞典的哈根斯特朗教授于20世纪60年代提出科技创新使创新者与周围的地理空间产生了"位势差"，良好的科技环境会自动促使产业升级和企业的技术创新、转化、扩散，进而进一步刺激不同区域、不同企业、不同产业间的分工与协作，最终消除这种技术差异（T. Hagerstrand，1967）。

4.3.2　内部驱动力

（1）要素集聚与扩散。

要素的集聚和扩散指的是原材料、人力、资金、信息和科技等生产要素与部分中间经济活动产品在地理空间上集中和分散的流动过程（李小建，1999）；相关学者研究了19和20世纪期间美国、英国、法国、瑞典、加拿大和澳大利亚六个西方国家行业间要素流动的系统资料，认为要素集聚和扩散是产学研与区域互动的根本内在动力。要素的集聚与扩散渗透于产学研与区域互动的整个过程和各个环节中，只是在不同的经济发展阶段，集聚与扩散的要素种类、数量和作用强度有差别而已。

（2）产业结构优化与升级。

产业结构指的是各类产业的构成和彼此之间的联系与比例关系，产业结构的优化与升级实质上是产业结构趋向合理化和高层次的发展过程（吕拉昌，2004）。产业结构的优化与升级可以使产学研与所在区域各个产业之间展开分工与合作，进而增强区域整体产业结构的系统功能。各区域应凭借自有高新技术产业或新兴产业拉动区域的产业结构优化和升级，推动产业功能布局的调整，形成合理的产业布局，为产学研与区域互动提供产业基础。

（3）空间结构网络化。

随着全球化或跨区域交易的深入发展，区域间的边界限制逐渐弱化，区域间的互动模式开始从传统的中心—腹地模式转化为网络化模式（P. J. Taylor，2009），P. J. Taylor 等指出网络化模式以跨越腹地边界的多向联系为表征（P. J. Taylor，B. Derudder，P. Saey, et al.，2007）；Batten 认为网络化模式强调节点性，强调水平联系和中心之间的多向联系（D. F. Batten，1995）；Parr 等则认为经济空间结构网络化与中心地模式相比组织分布更为均衡（Parr，B. John，2002）；Scott（2001）认为经济空间结构网络化是区域间复杂的相互依赖和相互竞争关系。实质上，空间结构网络化是指使各种经济关系活动主体构成一个关联有序的系统，并通过其运行过程获取一种独特的网络组织功能效应（李培祥，2006），包括基础设施网络化、产业网络化、企业网络化、市场网络化、城镇网络化和信息网络化等。随着产学研与区域互动的深入和全面展开，势必会出现空间网络化结构。

（4）企业整合。

企业整合有两个方面的含义，一是行业中企业"大吃小"的兼并组合，二是基于产业链展开的，吸引其他企业的资源和能力。企业整合主要有横向整合、纵向整合和混合整合三个模式。企业的横向整合主要是指对产业链条中各个环节的企业进行合并重组，从而提高企业的集中度，扩大市场份额，提高利润率。企业纵向整合主要是指纵向处于产业链上、中、下游环节的企业，通过产量或价格控制实现纵向的产业利润最大化。混合整合是横向整合与纵向整合两者的结合，是指对和本产业紧密相关的企业进行了一体化。企业整合过程一方面促进了园区企业的集聚发展，另一方面，加强了产学研与区域之间的深度加工，增进了产学研与区域互动之间的关联性，推动了区域一体化发展的进程。

（5）制度变迁与创新。

制度有正式制度和非正式制度之分，政治、法律、经济、政策等属于正式制度，历史传统、民情风俗、文化水平等属于非正式制度；制度创新

指的是在财税、金融、教育、户籍、就业、社保等方面的改革（卢现祥，
2003）。制度创新及变迁与区域间的有效互动息息相关，比如财税制度等
有利于资源要素自由流动与优化配置的制度改革和创新会刺激劳动力、资
本、技术等生产要素在企业间、产业间、区域间进行更高效的流动和重
组，在产学研与区域互动中形成良性的互动关系。

4.3.3　动力因子间的作用机理

　　产学研与区域互动是在内部驱动力和外部拉动力相互作用下的综合体
现，只有各种动力因子协同合作才能实现产学研与区域间的良性互动和可
持续发展。市场经济环境和开放体系是产学研与区域互动的外部基础动
力，政策法律环境的完善是外部保障动力，社会文化的融合和科技进步是
产学研和区域良性互动的外部催化剂。在市场、政策等外部动力的拉动
下，产学研与区域互动的内部驱动力量也在发挥着重要作用。基于要素禀
赋和经济发展状态的差异性，土地、资本、劳动力等生产要素开始了区域
间的集聚和扩散，企业、产业进行优化整合，空间互动结构呈现网络化，
制度体制的创新会进一步提升产学研与区域互动的互动效率。

　　从产学研与区域互动下的经济类园区的发展历程来看，政策动力将逐
渐弱化，市场和技术创新等动力将在产学研与区域互动中逐步发挥主导作
用。因此，产学研与区域的互动发展不能仅仅依靠或者营造一种或几种作
用力，而是要考虑内外部动力因素集合产生的综合力，并根据区域发展的
进程对内外动力进行适当的补充和调整。产学研与区域互动发展的动力机
制如图4-3所示：

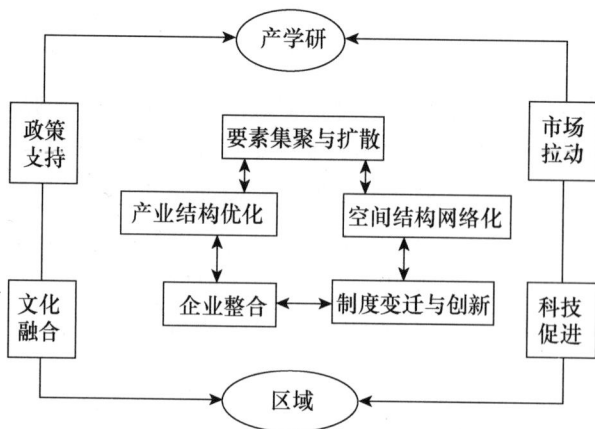

图4-3　产学研与区域互动发展的动力机制示意图

　　以上是在完成对文献梳理和再认识的基础上，从互动层次、互动主体、互动特点和互动内外部动力等方面探讨了产学研和区域的互动发展的内涵，深入分析了产学研和区域间的互动关系。研究发现产学研和区域互动体系是一个开放的系统，其发展过程既受到外部经济、政治、法律、文化和科技环境等宏观因素的拉动，又需要要素集聚与扩散、产业升级、企业整合和制度变迁等一些内在动力的强力支撑。基于复杂系统理论指出了产学研和区域的互动发展具有综合性、互制性、动态性、层次性和开放性等特征。产学研和区域在内外部动力共同作用下以点式互动、间歇式互动、连续互动和一体化互动的演进方式运行，政府、企业、科研机构、中介组织、非营利组织和民众等多个主体都参与到了产学研和区域的互动发展过程中。对产学研和区域互动内涵的研究有助于了解两者相互作用的内在机理，为构建产学研和区域互动效应的概念模型和测度体系提供理论支撑。

第五章 产学研与区域协同互动发展的概念模型

产学研互动与区域协同发展存在互相依存、互助促进的关系。通过产学研联系和互动，可以优化区域产业结构，带动教育、服务等相关产业的发展，从而增加地方政府财政收入，提高区域的整体竞争力。因此，探讨产学研和区域的相互作用，进而研究产业、企业和要素以及由此产生的互动效应，可以构建产学研与区域互动发展的概念模型。

5.1 产学研与区域的相互作用

5.1.1 产学研对区域的影响

产学研是所依托区域的一个有机组成部分，其发展方向、内容和产业布局必须服从和服务于促进区域发展这一根本目标。产学研对区域的作用主要体现在对区域的带动和辐射方面，即产学研内集聚的要素资源和企业、产业在地理空间上向区域扩散与转移的过程。产学研对区域的带动和辐射作用突出表现在以下几个方面：

（1）带动经济总量增长。

2011 年，国家级高新区作为产学研的一种表现形式，共实现营业总收入 130 922.0 亿元、工业总产值 103 458.1 亿元、工业增加值 26 604.2 亿元、净利润 8 376.1 亿元、上缴税额 6 713.1 亿元，分别同比增长了 23.6%、22.7%、24.3%、22.2% 和 23.2%，国家级高新区的经济收入增速较快。国家级高新技术产业开发区综合发展与数据分析报告显示，高新区在腹地区域的经济增长极作用显著。2011 年，在全国 88 家高新区中，占所在腹地城市工业增加值比重在 30% 以上的有 31 家，达到 35.3%；园区生产总值占腹地城市 GDP 比重在 20% 以上的有 23 家高新区，达到 26.1%。2013 年，114 家国家高新区实现营业总收入 20.3 万亿

元，工业总产值 15.2 万亿元，实现园区增加值 5.8 万亿元，占全国 GDP
的比重达 10% 以上。总之，高新区在区域发挥着极强的经济辐射带动作
用，促进了区域经济的发展。

（2）增加出口创汇收入。

产学研对区域的另一项重要作用是增加出口创汇收入，再次以国家级
高新区为例，国家级高新区通过自身软硬件条件的完备和进出口业务发
展，不仅能增强对外经济关系、增加外汇收入，而且能够吸引外资，通过
投资兴业、技术合作等手段开展国际合作，扩大国际资本的投入力度。
2011 年，88 家高新区出口创汇 3 180.6 亿美元，占同期全国外贸出口总
额的 16.8%；完成对外直接投资 1 310.2 亿元，设立海外研发机构和制造
基地分别为 166 家和 88 家。在高新区 57 033 家企业中共有三资企业 9 223
家，比例为 16.17%；有外籍常驻从业人员 4.2 万人，引入 1.2 万名外籍
专家进驻高新区工作。2011 年，我国高新区的进出口外贸依存度为
84.1%，接近 2011 年中国进出口外贸依存度（50.1%）的两倍。这些数
据充分说明高新区的外向化程度或者说高新区内对外贸易对经济发展的影
响远高于腹地区域的平均水平（科技部火炬高技术产业开发中心，2011），
高新区出口创汇效应明显。

（3）增加财税收入。

近些年高新区不断加大对创新活动的资金支持。2011 年 88 家国家级
高新区财政科技拨款 198.4 亿元，占到了高新区财政总支出的 7.7%。高
新区内企业的 R&D 经费内部支出额为 2 269.0 亿元，占全国企业 R&D
经费支出总额的 34.7%，R&D 投入强度（R&D/GDP）是全国平均水平
（1.83%）的 2.98 倍。2008 年，我国高新区 52 632 家企业共上缴税额
3 198.7 亿元。2011 年 88 家国家级高新区统计企业上缴税费 6 816.7 亿
元，是 2008 年上缴税额的两倍多。其中增值税（税基大体相当于工业
增加值和商业增加值）完成 2 728.8 亿元，同比增长 9.6%；营业税完
成 714.6 亿元，同比增长 44.3%；所得税（税基是企业利润总额）完
成 1 471.8 亿元，同比增长 32.1%。高新区企业营业税和所得税的大幅
增长体现出了高新区内服务产业的高速发展和企业利润总额的增加。总
之，产学研互动下的高新区财税额度的大幅增长势必会增加腹地区域的
财政收入。

（4）产业、企业带动作用。

产业集聚通常用来描述产业及相关产业的组织或机构在空间上集中分

布的现象（吴伟年，2002）。产学研的产业、企业集聚效应会对区域产生如下影响：第一，产业、企业的集中布置可以最大限度地利用各种基础设施，节约原材料和物流费用，降低使用成本，同时降低交易成本和搜索成本，提高企业的互补收益。此外，产学研内配套产业、企业发展的研发、检测、设计、知识产权和技术服务等一大批公共服务平台和科技服务体系的逐步建立和完善会进一步促进科技资源的开放共享，有效推动园区企业的孵化和创新发展。第二，高新技术产业是知识密集、技术密集型产业，其经济和社会效益远高于一般产业，在区域发挥着增加产业附加值、带动其他产业发展的重要作用。高新技术产业一方面可以直接产生经济效应，带动生产总值增长。2011 年，我国高技术产业的企业营业总收入为38 690.4亿元、利润为2 493.7亿元、上缴税费为1 719.4亿元、出口创汇为1 935.7亿美元，分别占园区相应指标总额的 29.0%、29.3%、25.2%和60.9%，且所占比重逐年递增（见表 5-1）。另一方面还可通过知识、技术的"外溢效应"不断向区域相关产业进行渗透，帮助区域企业获取"学习经济"，提升区域整体经济发展能力。产学研对区域产业、企业的带动不仅涉及工业、农业等物质产品的生产行业，同时也能带动交通业、建筑业、通信业、商业、金融、教育等相关产业的发展。第三，产学研产业和企业的集聚可以吸引劳动力和资金等要素的聚集，产生集聚管理效益和技术效益。总之，产学研产业、企业集聚实力迅速增强无疑会辐射和推动区域产业结构调整及优化。

表 5-1　　　　　国家高新区企业集聚变化一览表（2009—2011 年）

年份	企业总数	上 100 亿元企业数	高新技术企业数量	上市企业数量	企业平均资产
2009	51 764 家	153 家	12 629 家	785 家	16 008.1 万元
2010	55 243 家	168 家	13 180 家	870 家	20 196.4 万元
2011	57 298 家	217 家	16 122 家	996 家	24 793.2 万元

资料来源：2009—2011 年国家高新技术产业开发区综合发展与数据分析报告. 中国科技产业，2012（10）.

（5）科技创新辐射作用。

产学研始终与科技创新紧密相连，目前，产学研互动已成为我国知识经济、高新技术产业、科技创新、科技成果转化和科技企业发展的重要方式。随着企业、产业的集聚和高新产业的发展，产学研的科技创新取得了丰硕成果，产学研的科技创新辐射效应显著。一方面，产学研积极拓宽企业参与创新活动的方式和渠道，鼓励和支持企业搞发明创造，通过利用新工艺、研制新产品和承担政府科技计划项目来不断提升自身的创新能力和产品市场竞争力。国家高新技术产业开发区综合发展与数据分析报告统计显示，88 家高新区内 57 033 家企业 2011 年开发生产的新产品销售收入达到了 34 581.5 亿元人民币，占到产品销售收入总额的 32.7%。参与的科技项目数量达到 19.6 万项，专利申请量达到 169 161 件，其中发明专利申请 79 693 件，授权专利 88 238 件，分别占全国发明专利申请量的 15.2%和全国企业授权发明专利的 50.7%。每万人拥有有效发明 97 件，是全国就业人员平均水平的 10.7 倍，比 2008 年（74.8 件）增加了 20 多件，企业的创新能力真正转化成为创新效益。产学研的知识企业也纷纷通过知识的生产、传播和应用获取经济效益。另一方面，产学研企业还积极参与到各类产品标准的制定活动中，2011 年有 175 家企业参与制定并形成了若干国际标准，1 660 家企业参与制定并形成了若干国家或行业标准，产学研企业通过科技创新活动显示出较强的技术实力和行业竞争力。与此同时，科技企业孵化器已经不再仅仅局限于高新区内部，而是在更大范围内推广发展起来，并且出现了大学科技园、留学生创业园等新的孵化器组织形式，积极带动了腹地企业的技术创新和优化。而且，在产学研互动下诞生的很多新科技、新成果一旦获得了市场的认可和青睐，便会引发区域甚至全国性的模仿，这充分说明产学研在技术创新和成果转化方面具有一定的辐射带动作用。

（6）人力、社区的示范带动作用。

产学研不仅带动了区域经济的发展，而且促进了社会多个方面的进步。首先，实现了人力集聚。产学研对区域的人力效应主要体现在提升就业总量和集聚高端人才两大方面（见表 5 - 2）：其一，根据比较优势的原则，产学研凭借自身优势和优厚政策吸引了大批企业集聚和项目入驻，同时也刺激和带动了配套企业、服务业的发展，从而会出现很多新的就业岗位和机会，引起就业总量的增加。据统计，2008 年末高新区总从业人数为 535 万人，至 2011 年末从业人数上涨为 1 073.6 万人，增加了 50%。2011 年国家级高新区吸纳高校应届毕业生 44.1 万人，较上年增加了 2.7 万人，有效地缓解了腹地的就业压力。其二，从人力素质结构看，国家级高新区不仅造就了一批像柳传志、任正非、王文京、施正荣这样的科技企业家和领军人物，还汇集了我国很多高端人才。2011 年末 88 家高新区内的从业人员中有大专以上学历的共 548.0 万人，占从业人员总数的

51.0%，其中硕士、博士分别占比 4.3%和 0.5%。从职称角度看，从业人员具有中高级职称人员 136 万人，占从业人员总数的 12.8%。从技术角度看，有 174.4 万人从事科技活动，占从业人员总数的 16.2%，其中 R&D 人员为 91.4 万人，占从业人员总数的 8.64%。总之，产学研互动人才效应明显，产学研互动的发展对促进区域提供就业机会缓解就业压力、优化人力结构均起到极为重要的作用。其次，"以人为本"的企业管理理念和文化日益受到产学研互动企业的重视，形成了自由创造、积极向上、团结合作与公平竞争的园区氛围和工作理念。最后，随着产学研互动的加深，公共基础设施逐渐完备，教育、医疗等配套设施不断完善和优化。高新技术产业的发展也改变了家庭的生活方式，促进了人们生活质量的提高，产学研互动逐步成为区域发展的增长极，并进一步加速腹地区域工业化、城镇化进程。

表 5 - 2　　我国产学研从业人员及结构（2007—2011 年）比较表　　单位：万人

指标	2007 年	2008 年	2009 年	2010 年	2011 年
从业人员	535	716.5	810.5	960.3	1 057.7
大专以上学历人员	275.3	324.8	384.7	475.2	543
中高级职称人员	89.7	97.2	108.6	121.1	136
科技活动人员	120.3	134.5	155.7	161.1	174.4
研发人员	66.5	77.7	54.1	86.8	91.4

资料来源：国家高新技术产业开发区综合发展与数据分析报告（2007—2011）. 中国科技产业，2012（10）.

总之，产学研对区域发展的影响反映在经济发展和社会生活的多个方面，可以总结为以下五个方面：经济总量、经济外向度和财税收入的增加；产业集聚和产业结构优化升级；企业集聚和新企业的衍生；就业人口增加、人力结构优化；空间、人文环境的变迁，基础设施的完备（见图 5-1）。

同时，我们也应看到，产学研互动的深入也不可避免地会给区域带来一些负面的影响。比如：伴随着产学研互动的深入，会增加对空间、土地和资金的需求，会引起人才、科技技术等其他区域发展也需要的基础力量的集聚。在可用资源有限的前提下，产学研与区域之间在生产要素方面不可避免地会出现竞争态势。因此，如何扬长避短，更好地发挥产学研互动对区域的积极作用是区域政府需要非常关注和研究解决的问题。

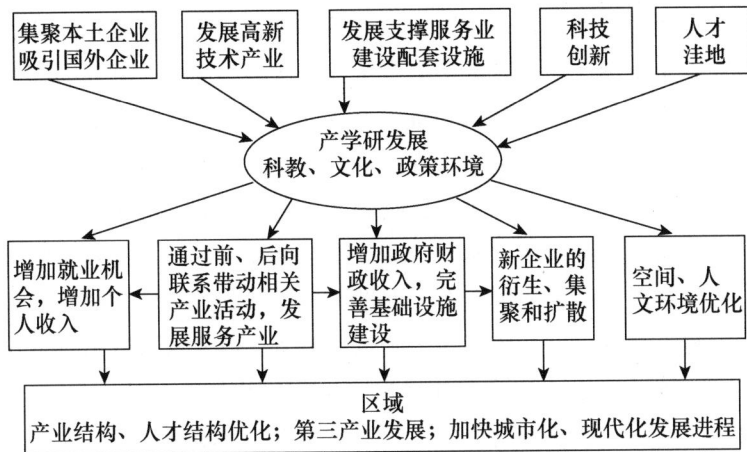

图 5-1　产学研对区域的影响作用示意图

5.1.2　区域对产学研的影响

区域是产学研发展的基础，其总体经济发展水平、对外贸易状况、产业结构、政策等因素均对产学研发展有着重要的影响作用，具体表现在以下几个方面：

（1）区域的经济发展水平和层次对产学研的影响。

区域经济发展水平和层次决定着产学研的经济发展水平和层次。一般而言，区域经济越发达，越有可能为产学研的发展提供比较厚实的经济基础和物质技术条件，产学研发展的起点也就越高。如果区域生产要素资源匮乏、经济基础薄弱，则产学研既不可能有充足的发展动力，又很难获得发展所必需的交通、通信等硬件条件和人才、技术、文化等软件条件的支撑，更不可能达到较高的经济发展水平和层次。

（2）区域的产业结构影响产学研的产业聚集。

实践证明，区域的三级产业结构比重是产学研产业集聚和发展的出发点，产学研的产业选择既要跟区域有联系又要有一定的层次差别。这样一来，一方面区域中与产学研相似和相关的产业可以为产学研产业的发展提供有力的支持和保障，另一方面也有助于产学研与区域展开产业互补性或协同性互动。比如石家庄市 2011 年三级产业结构比重为 10.1：49.8：40.1，第二产业以工业产业为主，正在改造提升纺织服装、食品轻工、建材、冶金等传统产业，对装备制造、石油化工等优势产业进行优化，对电子信息、生物医药、新材料等战略性新兴产业着重培育，逐渐形成以生物医药、装备制造、循环化工、电子信息、纺织服装为重点的现代工业产业体系。第三产业近几年整体走高，重点发展现代服务业，如商贸流通、会展、信息、金融等。而生物医药、电子信息、机械装备、新材料等恰恰也是作为石家庄产学研发展重点的特色产业。

（3）区域相关支持政策和服务促进产学研的发展。

由于我国产学研互动大多是在政府调控下产生的，区域相关支持政策对产学研发展的促进作用显著。区域政策包括促进区域经济发展的政策和促进产学研发展的政策两个方面。促进区域发展的政策包括财政政策、货币政策、对外开放政策、产业结构调整政策、一体化发展政策等，这些政策会改变区域经济发展的状态和格局，从而最终影响整个区域的经济体现；促进产学研发展的政策包括对产学研投资、土地使用、税收上的优惠政策，对创新企业和产品的补贴政策等。随着产学研的发展，产学研由依靠自然条件逐渐向依靠体制推进。一些硬件上的缺陷往往通过体制与政策的推动加以弥补，完善的市场体系、发展政策等强调软环境构建的措施有效地弥补了硬件条件的不足。此外，区域为产学研提供服务的质量和效率也会影响产学研的发展速度和效率，产学研的发展离不开所在区域利用自有条件优势为其提供金融、信息、技术支援和咨询等方面的服务和支持。

由上述分析可知，产学研与区域存在互相依存、互相促进的关系。一方面，随着产学研的互动和发展，产业和企业集聚，生产规模扩大，带动了劳动力、资金、信息、技术等生产要素的跨区域流动，通过产业联系和企业合作优化了区域的结构，也带动了教育、医疗等相关社会基础设施的发展与完善，增加了地方政府财政收入，提高了区域的整体竞争力；另一方面，伴随着区域的城市化和现代化进程，良好的投资环境、完备的基础设施、有力的支持政策等进一步提升了产学研对生产要素、企业、产业的吸引力度，有利于大幅度地降低生产成本，获取规模经济和范围经济。因此，产学研与区域之间通过要素互动、产业互动、企业和项目互动等形式来实现良性互动效应（如图 5 - 2 所示）。

在我国，产学研与区域实现良性互动效应的过程不可能一蹴而就，必然是十分漫长的过程，存在着很多制约或影响区域发展的因素，主要包括区域的经济结构和发展水平、主体内部的组织管理形式、区域互动多个参与主体间的关系以及企业间发展战略和管理体制的差异等。只有当产学研与区域各自"因地制宜、扬长避短"，相互之间产生物质的、信息的和社会的各种"流"，进而汇成"网络"时，产学研与区域才能发挥出良好、积极的互动效应。

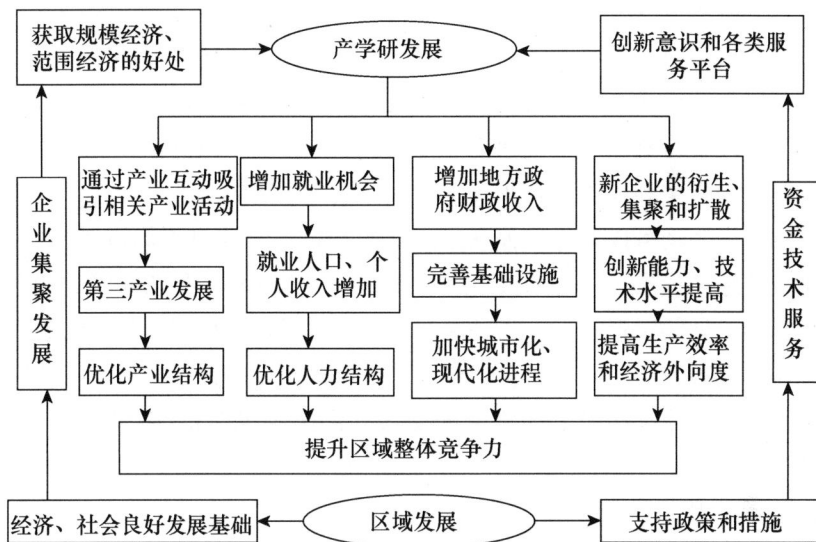

图 5-2　产学研与区域相互作用示意图

5.2　产学研与区域的互动内容

互动内容主要包括各种形态的生产要素互动、企业和项目互动、不同产业之间的互动以及人文环境之间的互动等。

5.2.1　要素互动

要素是指在经济活动中各种有形或无形的投入。根据现代西方经济学的观点，生产要素（factors of production）主要包括以土地为代表的自然资源、资本、劳动力、技术和信息等。在产学研互动与区域协同发展过程中，因客观存在要素禀赋差异势必会引起区际的贸易流和要素流。区域间要素的互动主要包括空间转移和使用权转移两个方面，一般会产生"极化"和"均衡"两种效应，要么使要素资源进一步集聚加剧区域的非均衡发展，要么弥补相互之间的差异引发区域均衡发展。要素互动强化了产学研与区域的合作和竞争，有利于区域经济一体化发展的实现。柯布-道格拉斯（C-D）生产函数 $Y_t = A_t K_t^\alpha L_t^\beta$（$0 < \alpha, \beta < 1$），其中技术参数 A、资本 K、劳动力 L 是影响总产出的重要因素。因为产学研互动与区域协同大多设立在腹地城市中或者毗邻区域，两者的自然资源差别不大，本书仅

以资本、人力、技术和信息为代表要素进行研究：

（1）资本。

产学研与区域的资本互动是生产要素互动再配置的重要环节，通过资本在地区间的流动，既会为投资者带来更大的经济效益，又会促进区域整体经济的增长。资本互动包括全社会固定资产投资、政府预算资金、银行资金、民间资本和外资、企业直接投资等在不同区域间的分配。产学研与区域的资本互动可以通过三种基本方式实现：一是通过市场机制来实现，如企业跨地区投资；二是通过金融市场完成资本互动，如企业间的资金汇兑和流动人员的工资收支；三是通过政府统筹安排，如中央政府的财政转移支付和地方政府之间的资金转移。此外，跨地区的无偿捐赠、跨地区创办社会福利事业、居民之间资金的汇入和汇出等也会带动区域间的资本流动。

（2）人力。

人力是最活跃的生产要素，区域间的收入水平差异、劳动力市场的供需要求、个人的发展空间、良好的工作条件（尤其是良好的企业文化氛围）和生活基础环境是引发区域间劳动力流动的主要原因。人才互动是指地区间人才自由流动、互换人才或相互培养人才，促进人才交流，进而推动区域经济共同发展的互动形式。产学研系统人才优势明显，拥有众多高校、科研院所、各种科技创新联盟和国家级实验室以及大批的投资者、科技人员和优秀企业家，各类人才的集聚不仅会促进产学研的快速发展，也会影响区域的人才战略（见图5-3）。总之，人才互动是产学研与区域互动的重点领域，应站在战略的高度看待人才对高新技术产业发展的支撑作用，应分别从宏观环境（城市或区域）和微观环境（企业）两方面搞好人

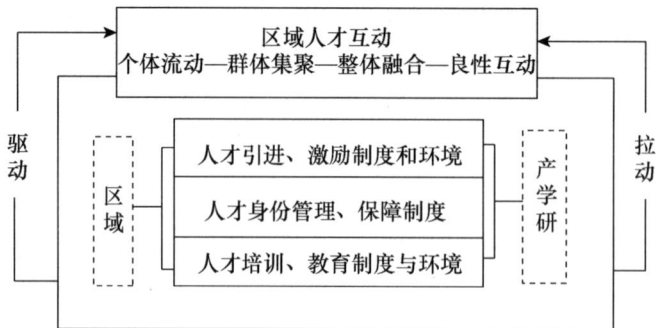

图5-3 产学研与区域人才互动示意图

才储备。一方面立足于宏观区域，发挥政府引导作用，改变传统的用人观念，营造人才聚集的环境；另一方面立足微观企业，知人善用，培育具有凝聚力的企业文化，建立有效的人才评价和激励体制，既挽留重点核心员工又不忽视一般员工。

（3）技术。

技术指的是人类利用科学知识改变或控制客观环境以满足人类需要的手段或过程（方新，1989）。技术按照其内涵可以划分为广义和狭义两类。狭义的技术通常指技术装备（技术设备、仪器仪表、技术工具等有形的技术形态）与技术成果（发明、专利、设计、论文等带有创造性发现的无形的技术形态）的总和。区域间技术互动指的是以上两种或三种因素的耦合运动（周民良，1993），强调的是区域间技术资源开发和合理配置的过程和意义。技术转移可以在区域、企业等不同层面发生，关于技术的区际流动还没有形成系统化的理论，但技术缺口理论、技术的梯度推移理论在国内外有较大影响，可以作为技术互动的理论支撑。

本书的研究是围绕狭义技术内涵展开的，产学研与区域之间的技术互动主要有技术转移（technology transfer）和技术扩散（technological diffusion）两种形式。技术转移围绕技术应用展开，是有意识、有计划、有组织地进行技术流动配置的活动。技术的梯度转递（转移、传递、协作）有多重形式，主要通过引进技术产品及技术服务、承建工厂和生产线等、专利成果转让、许可贸易协定、合资经营和合作研究、政府间技术合作计划、科技出版物的传播等方式完成。技术扩散具有自发性特点，是在控件或转移过程中的自然传播。区域间的技术扩散可以分为空间梯度式、跳跃式和双向式三种类型（曾刚，2002），区域贸易、外商直接投资和专利引用是技术扩散的三个主要途径（李平，2006）。产学研与区域的技术互动主要受两个方面的因素影响：第一，各个区域的科技水平决定了互动技术的输出能力（数量和质量）和接受能力（吸收和应用）；第二，区域管理水平和经济环境决定了技术要素的互动效率。产学研和腹地区域之间的技术互动能够迅速有效地动员和组织各个区域的优势技术力量支持重大项目完成或者关键项目攻关，能够通过技术要素在区域间的互动增进区域经济社会的协调发展，能够减少区域间的技术差距，促进产学研与区域的良性互动发展。技术互动不能盲目展开，需要遵循政策制度目标、经济与社会增长目标和稳定目标（如图 5 - 4 所示）。

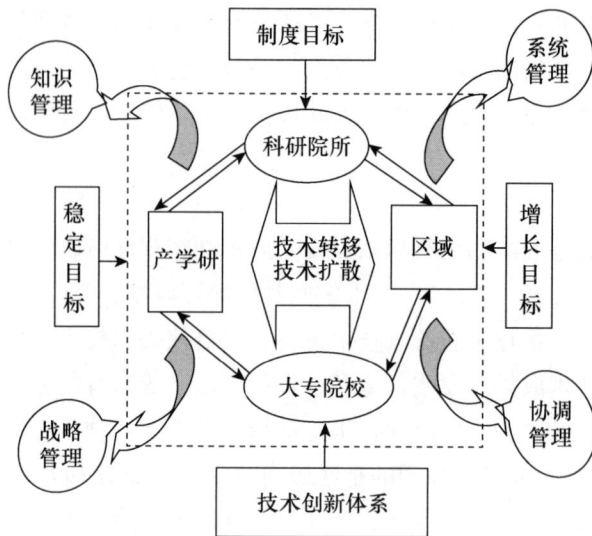

图 5-4　产学研与区域技术互动模式图

（4）信息。

随着知识经济的发展，信息已成为影响经济产出的重要因素之一。区域间信息的交流在产学研互动与区域协同发展进程中扮演着非常重要的角色。便捷的信息网络可以在很大程度上节约企业的空间和运输成本。大力推进信息一体化就是要搭建立体化信息网络，增强信息资源与信息技术的共享，加强区域间的交流通信。区域一体化综合信息体系的建立需要产学研与腹地城市双方面的努力：一方面，区域各县市要明确分工，根据各地的优势和特点，有侧重地进行信息共享网络和平台的建设。另一方面，产学研应充分利用其科技中心、技术高地及政策支持等优势，促进产学研互动的协调发展。与此同时，搭建产学研管委会与区域政府及各企业关键人员的接触平台，通过当面交流获取重要的战略信息，实现战略信息上的互动。因此，便捷的信息渠道、网络系统的优化有助于推动产学研与区域在信息资源、信息技术方面的互动与共享（见图 5-5）。

5.2.2　企业、项目互动

从区域层面看，企业是产学研与区域经济互动的行为主体，企业家能力对区域经济发展和生产力提高也具有积极作用（Coffey，1985；Eakin，2003）。企业的跨区域发展既可以打破行政壁垒促进要素和产品的区域间流动，又可以降低交易和运输成本，是产学研和区域互动发展的重要路径之一（覃成林、周娇，2010）。

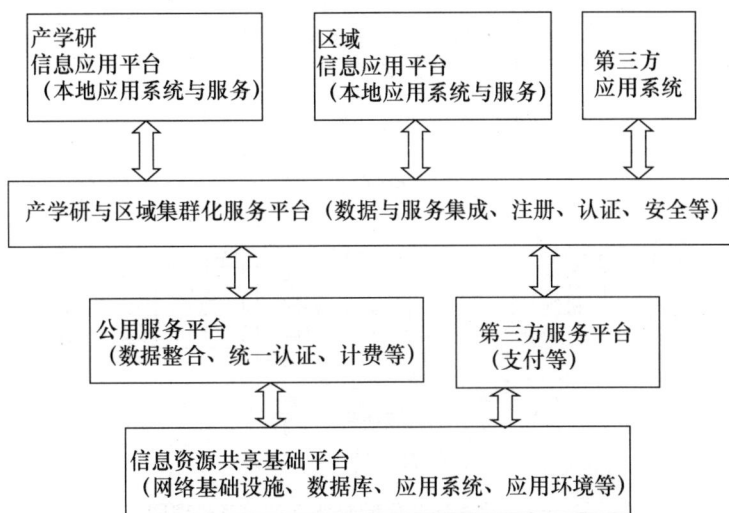

图5-5　产学研与区域信息互动共享平台框架

　　企业间基于供应链理论存在竞争、合作和依赖三种互动形式（卫海英、杨国亮，2012），产学研与区域间的企业互动发展一般表现为企业内部生产链上的管理、研发、生产、营销等环节在不同区域进行布局。企业间跨区域的交流与合作一方面可以增进企业关联，促进相关要素的跨区域流动，降低企业间的交易成本，深化产学研与区域之间的分工与合作；另一方面，有利于新产品、新工艺和新设备在区域间的推广和互动活动，也促进了区域城市功能协调，人文景观和自然景观和谐融通，腹地各项基础设施的政策法律、人文环境等软件环境与基础设施建设、资本和人才储备等硬件环境为区域企业、项目的互动提供了支撑和平台。区域的发展水平越高，就越能为产学研内的企业聚集，各种新观念、新思想的诞生，新体制、新机制的发展提供坚实的物质基础和良好的制度环境（见图5-6）。

　　我国现实中也有很多区域间企业、项目互动合作的成功案例，如：河北省沧州泊头市自2006年启动泊头对接天津滨海新区工程，通过选派发改局、商务局等相关部门的干部到滨海新区挂职锻炼的方式，吸引了天津50多家企业和商会到泊头考察，达成建厂、产品配套等合作项目60多个，2006年当年获得的天津总投资超过5亿元。2009年广州市与佛山市共同实施"广佛同城"建设项目，两地在建立健全同城化工机制、交通基础设施建设、金融同城、生态环境联合保护等方面实施了大批互动项目，在推动两个城市经济发展方面取得了很大的进展。

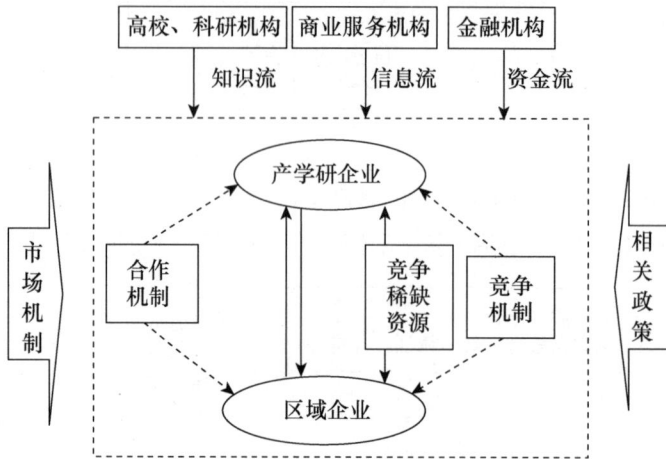

图 5-6　产学研和区域企业互动关系机理图

此外，在互动时代背景下，区域间企业和项目互动也会带来一些危机或者负面效应：一方面，外部环境不断变化，信息传播渠道具有快捷性和多样化的特点，企业在互动过程中稍有不慎就可能快速坠入危机之中；另一方面，企业在多重目标的追求上容易顾此失彼，引发内部问题，从而制约企业的发展。如何在企业、项目互动过程中预防和处理产学研与区域企业、项目互动带来的危机也是需要关注和研究的问题。

5.2.3　产业互动

自 20 世纪 60 年代至 80 年代，美、日、德等国家先后进行了产业结构调整，将传统劳动密集型产业转移到其他国家和地区，自身则重点发展计算机、医药、通信、汽车等能源和原材料消耗少而附加值高的技术密集型产业。20 世纪 90 年代，随着改革开放进程的深入，我国产业互动和转移在沿海与内地之间，一线城市和二、三线城市之间，产学研与区域之间广泛展开。

产学研互动下的各类经济园区是我国产业转移的亮点，园区以其信息共享、资源利用效率较高、服务功能齐全等特点，具备了充当承接产业转移载体的条件，使得园区成为产业转移的良好载体。产业互动是促进区域产业结构调整及协调发展的重要途径，在现实经济活动和理论研究中都具有重要意义。产业互动的形式有很多种，包括基于集聚理论和产业价值网理论基础的不同产业间的互动，基于产业价值链、供应链理论之上的同一产业内上下游环节的产业纵向互动和同一产业内同一环节上的产业横向互动，还有跳跃式点对点的产业互动。产业互动行为受市场拉力、政府、企业需求、要素流动成本、基础设施等多种因素影响（如图5-7所示）。

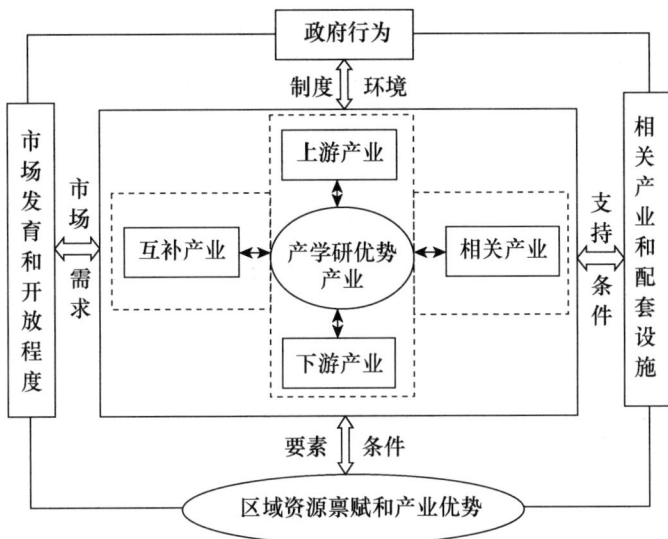

图5-7　产学研与区域产业互动模型

　　另外，根据不同产业特点存在着各种不同类型的园区或产业基地，不同功能定位的产业园区和基地可以通过互动活动实现功能互补，从而促进区域间的产业互动。产业园区和基地的互动更多地需要地方政府、高新区管委会和其他各种类型园区管委会进行总体部署、协调与促进，在我国产学研建设和区域经济发展的实践中，已形成了合作共建模式、扶持共建模式、托管建设模式、股份合作模式和产业招商模式等多种行之有效的产业园区互动模式。

5.2.4　人文空间环境互动

　　人文环境的互动是促进产学研互动与区域协同发展的重要手段，和谐的人文环境是产学研与区域良性、可持续互动发展的有力支撑和保障。每个城市对各自人文环境的维护和管理都具有外部性特征，经常会出现相互影响、危害转嫁的情况，因此，产学研与区域人文环境的统一规划与治理势在必行。产学研的兴起和发展势必会扩大所在区域居民的生活空间，影响其生活状态和人文认知，进而影响区域城市化、现代化进程。因此，产学研与区域人文环境的互动效应的测度指标可以设定为区域在产学研互动过程中设立的医院、学校、银行等配套设施总数量和住宅建设项目之比等。总之，产学研与区域的人文空间环境的互动应以区域协调发展的战略规划和政策法规为行为准则，各地区联合起来切实解决区域互动发展所面临的各种人文空间环境问题，培育和增强产学研和区域之间"利益共享、权责分担"的互动发展意识，避免出现文化观念隔阂、投入产出不对等、"搭便车"等不良问题。同时，探索建立加强产学研与区域人文生态保护的补偿和融资机制、企业治污补贴和市场化的排污收费机制，联手着力促进节能减排，全面完成重点企业治污和生活污水、垃圾处理等项目。

5.3　产学研与区域的互动效应

根据上述产学研与区域的相互作用和互动内容分析可知，产学研和区域间的良性互动发展实质上是其所有要素的合理分工与合作过程。各要素在产学研与区域禀赋差异和利润差异的驱动下在产学研与区域间相互流动、相互补充产生"流量效应"；同时，产学研和区域为了提高资源的利用率而展开基础设施和商业服务设施的共建与对接，由此产生"共享效应"。产学研和区域的互动效应就是流量效应和共享效应的整合，即互动效应＝流量效应＋共享效应。

5.3.1　流量效应

依据现实生产，产学研和区域间的各类生产要素不是孤立存在的，而是在生产系统网络内相互作用、相互配合的。区域的生产能力不是简单的要素相加，也不是最优要素的求和，而是一定的生产组织遵循"以最少的投入获取最大的产出"原则，把相关要素按照一定的素质要求、组合规模、聚集状态、时间配置、关联方式、关联结构等耦合而成的一种整体力量（聂锐、高伟，2008）。总之，要素在不同空间位置、不同所有权或不同经营管理范围间的这种排列组合、优化配置的互动过程就形成了产学研和区域间的生产要素的流动。流动的生产要素包括生产资料、劳动力等物质性要素和技术、知识、管理等非物质要素在内的所有生产投入的组合。流量效应是要素在产学研和区域间对流所产生的各种效应的集合，主要包括物流、信息流、技术流、人才流和资金流五大流，产学研和区域间企业、产业的集聚和扩散也是在五大要素流的基础上发生的。要素流量效应的发挥受到社会、政治、经济和文化环境方面的影响，与产学研和区域流量经济的发展载体、发展平台和发展环境息息相关（如图 5-8 所示）。

产学研　　　　　　　　　　　　　　　　　　　区域

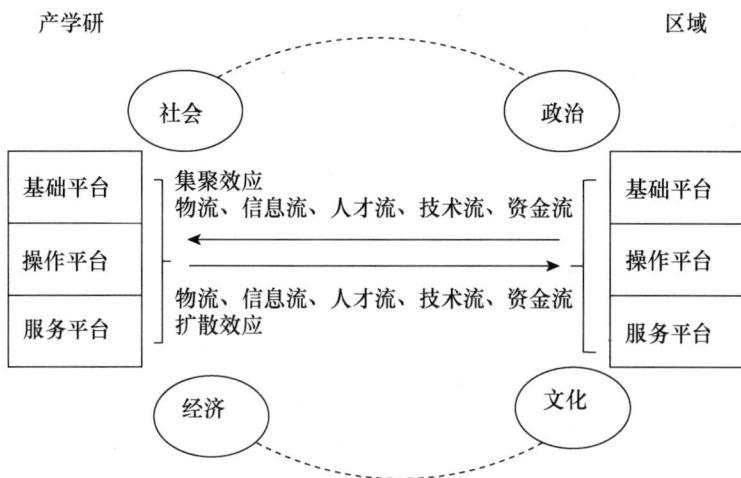

图 5 - 8　产学研与区域流量效应分析框架图

经济要素跨区域和在产学研之间流动可以有效利用资源，缩小区域间的差距，推动区域经济一体化的发展；也可能带来集聚不经济的结果，导致产学研和区域差距加大。产学研与腹地区域互动发展流量效应的分析大体分两步走：一是分析要素在产学研和区域之间流动的原因，二是深入剖析各个经济要素的流动效应。

（1）人力流动。

人力要素是产学研和区域发展及流量经济要素中最活跃的，人力流动泛指产学研和区域间劳动力的流动，依据流动时间可以有长、短期之分，依据流动范围可以分为区内和跨产学研与区域流动，依据流动方式可以分为人口迁移（伴随居住）和跨产学研与区域就业两种形式。目前，我国产学研和区域间的人力流向基本是从农村到城市、从内陆地区到沿海城市、从欠发达地区到经济发达区域。本书讨论的产学研与腹地城市的人力流动效应不包括农民工、基础操作工等一般劳动力的流量，而是针对优秀学者、留学人员、企业家等高层次人才的流动。

每个劳动者都具有一定的社会角色，不仅仅以追求利益为目的，人力要素流动进程的流动效应受很多因素的影响。经验和理论研究表明，产学研和区域间综合福利水平的差异是驱动人力资源跨产学研和区域流动的主要原因。综合福利包括：工资收入，住房（住宿）条件，个人发展空间，产学研和区域人口政策，人文环境，教育、医疗等公共基础设施等。一般而言，人力要素趋向于向环境舒适、工资收入高、个人发展空间大、公共基础设施完善的产学研和区域流动。与此同时，劳动者的身体素质、年龄、个人意愿、受教育程度、技能水平和工作能力等也会影响人力要素的跨产学研和区域流动程度。通常素质高、技能好、工作经验丰富的劳动者可流动半径较大，较容易被综合福利好的产学研和区域接纳。此外，我国档案、保险、户籍制度不完善，信息不均衡等因素也制约着产学研和区域间的人口流动。

（2）物资流动。

物资的跨产学研和区域流动是以追求利益的最大化为目的而展开的，即产学研和区域间的物资利润差是物资流动的根本动力。产学研和区域间物资的流动效应受运输费用、交通可达性以及干扰机会等因素的影响。这里以 A 和 B 两区域举例说明，假设 A 和 B 满足交通可达性，不存在干扰机会。物资在 A 区域的收益为 I_a，在 B 区域的收益为 I_b，运输费用为 c（与距离和运输方式相关的函数），人工费和维修费等其他费用为 d，当 $(I_a+I_b)>(c+d)$ 时，物资会从 A 区域流向 B 区域，但随着运输距离的增大，$(I_a+I_b)=(c+d)$ 时物资流动的收益为零，物资一般就不会在 A 和 B 区域间再流动了。

（3）资本流动。

资本在经济学上是指能够创造或带来新增价值的价值附着体，如生产所需的资金、厂房、设备等物质资源。资本在金融财会领域主要以货币或金融资产形式存在，包括全社会固定资产投资、政府预算资金、民间资本和外资及企业直接投资等。资本的跨产学研和区域流动也是在投资收益的驱动下展开的，通常情况下资本总是从收益低的产学研和区域流向收益高的产学研和区域。资本的跨产学研和区域流动受国家或全球经济形势、货币政策、金融政策、产业政策及资金周转周期影响。资本要素的收益包括投资金融资产收益和企业利润收益两大类。其中，资金（以货币形式）是在产学研和区域间资本流动中最为灵活的，所以，产学研与腹地城市间的资本流动主要以资金流动作为研究对象。

（4）信息流动。

信息技术自 20 世纪 80 年代以来迅猛发展并得到广泛应用，信息化已成为目前推动经济社会发展和变革的重要技术力量，体现了一个国家和区域的现代化水平。在流量经济体系中，信息要素与其他要素密切关联，是各要素沟通交流的纽带。在市场上，信息的交互行为将不同的区域、不同的企业紧密连接在一起，打破了因为信息不完全形成的市场垄断和恶性竞争。因此，信息的跨产学研和区域流动主要是在各方面需求的驱动下展开的，信息流动的效应受通信基础设施建设水平、信息技术、信息软件等因素的影响。邮政、通信（移动、网通、电信）和互联网平台是产学研与腹地信息区域流动的主要载体。

（5）技术流动。

科学技术是提高生产能力和效率最直接、有力的要素，本书以狭义技术为主要研究对象，即技术装备（技术设备、仪器仪表、技术工具等有形的技术形态）与技术成果（发明、专利、设计、论文等带有创造性发现的无形的技术形态）的总和。技术在产学研与区域间的流动是在科学发展推动、政府保障和市场需求劳动三重作用下产生的，其流量效应主要受两个方面的因素影响：第一，产学研和区域的科技水平决定了互动技术的输入能力（数量和质量）和接受能力（吸收和应用）；第二，产学研和区域管理水平和经济环境决定了技术要素跨产学研和区域流动的效率。此外，政府的知识产权保护政策和技术本身的复杂性、转化为生产力的难易程度等也会影响技术要素的跨产学研和区域流动进程和效果。技术流动一般依托技术人员、研发项目等技术载体的跨产学研和区域移动而实现，其流量效应可以选取产学研与区域间的技术交流活动情况和产学研与区域间的技术合作项目数据来考量。总结各种流量要素的特点（如表 5-3 所示）。

表 5-3　　　　　　　　各经济要素流的特点一览表

要素流	流动动力	流动内容	特性	流动方式	流动性
物资流	区域间利润差异	原材料、半成品、最终产品（商品）	附加值有大小之分，原材料和半成品在生产过程会有改变	依赖公路、铁路、航空、港口等交通工具和设施	与运输方式和距离相关大，流动性一般
资金流	区域间投资收益差异	货币	有多少之分，流动中无状态变化	金融网络	流动性强
人力流	区域间综合福利差异	普通劳动者、高层次人才	有层次之分，流动中无状态变化	依托公路、铁路、航空、港口等交通设施移动	与交通方式和距离相关大，流动性一般
技术流	科学推动、政府保障和市场需求拉动	技术设备、知识、技能、工艺等	有价值大小之分，流动中的状态可能变也可能不变	依托技术载体实现	普通技术流动性较强，高新技术流动性一般

续前表

要素流	流动动力	流动内容	特性	流动方式	流动性
信息流	需求驱动	语言、声音、文字、图表、图片、数据、符号、音频等	有信息密度和价值大小之分，流动中状态容易改变	依托互联网、通信网、邮政网、广电网络和物流网实现	流动性强

从五大经济要素的流动动力、内容、特性、流动方式和流动性对比分析可以发现，资金流和信息流是流动性最强的要素流；人力流和物资流依托于公路、铁路、航空、港口等交通设施和工具来实现，与选择的交通方式和流动距离息息相关；人口流与资金流在流动过程中不发生变化比较稳定，而信息流则是最不稳定的要素流；技术流的流动性有待进一步提高。

5.3.2　共享效应

很多国内外学者研究发现，产学研和区域间公共基础设施的建设和对接与产学研和区域间的互动发展关系密切，是产学研和区域间长期、稳定互动的重要平台，是经济增长和社会发展的坚实基础（Aschauer，A. David，1989；李泊溪、刘德顺，1995；C. D. Vijaya，S. Cynthia，R. K. Lawrece，1999）。产学研和区域间的互动不仅有经济要素的流量效应体现，也表现为产学研和区域间的设施、设备和技术共享等方面的效应。共享效用也被称为共用效果，指因资源共享与共用而出现的节省或因共享与共用而产生的增值（邱国栋、白景坤，2007）。共享效应是伴随产业、企业、生产要素等各种经济主体或经济活动在空间上发生的集聚效应和扩散效应而产生的。经济组织在产学研和区域的集聚会产生很大的集体效应，将分散的经济活动集中，降低了交易成本，促进了社会经济基础结构的建立。随着经济要素流在产学研和区域的集中，国家和当地政府对产学研和区域的交通、水电暖、通信等基础设施和文化、娱乐等设施加大了建设和投入力度，扶持发展了大批金融、物流、餐饮等服务业和教育、医疗行业。然而这种集聚效应不是永恒不变的，当产学研和区域发展到了一定程度或规模后，集聚成本便会逐渐提高，集聚产生的经济效益会慢慢减弱，继而出现扩散效应，即集聚的企业、产业和生产要素发展到了一定程度和阶段，就会像"滴水细流"一样逐步向周围地区（关联产业或企业）产生扩散作用，利用扩散流量带动周围产学研和区域的共同发展，缩小产学研和区域间的发展差异（安虎森，1997）。

共享共用的资源包括公共设施、设备、厂房、土地等实体资源，也包括智力、技术、品牌等隐性资源。在产学研和区域互动发展的过程中，共享共用的隐性资源大多蕴含在要素的产学研和区域对流中，在这里主要讨论实体资源的共享效应。根据 1994 年世界银行在《为发展提供基础设施》报告中的分类，基础设施可分为经济性基础设施（公用事业、公共工程、交通部门）和社会性基础设施（文教、环保、卫生保健）两大类。根据产学研和区域的特点和实际情况，本书研究的互动过程中的共享效应主要包括产学研和区域的特点与实际情况，本书研究的互动过程中的共享效应主要包括产学研与腹地的公用设施共享和商用设施的共享。其中，公用设施包括交通网络、水电暖管网、邮政通信网络和金融、教育、医疗以及咨询、餐饮服务等；商用设施主要包括会展中心、仓储中心、会议中心、研发实验室等设施。

　　研究产学研和区域间的共享效应有以下三方面的意义：第一，随着交通、信息网络的发展，很多大型公共设施、公共服务设施和商业服务设施的承载能力和服务半径都得到了拓展，超越了原有产学研和区域的边界限制。产学研和区域间公共资源的共享能避免各个产学研和区域各自重复建设造成的资源浪费。第二，产学研与区域共享公共设施和商用设施有利于寻找建设的最优方案或最佳技术路线。任何公用设施和商业服务设施的建设都需要投入大量的人力、物力和财力，实现公用设施的效能最大化和商务设施的物尽其用，形成良好的使用循环是产学研和区域政府、企业等投资主体都十分关心的问题。所以，在市场经济条件下加强基础设施的共建共享，研究产学研和区域间的共享效应有利于通过产学研和区域整体规划、城乡统筹来整合产学研和区域资源，形成公共设施建设的最优方案和技术路线。第三，公共设施是否能在产学研互动和区域协同发展过程中实现共享，将受到项目受益方、受害方和受影响群体等多个利益相关群体直接或间接的影响，这样就形成了多个利益群体间的博弈。因此，在产学研和区域公共设施规划、建设时要充分考虑各方利益点，使不同利益群体都能理解并支持项目的共建共享，同时，做好利益协调和补偿工作，冲破"各自为政"的行政壁垒，推动产学研互动和区域协同发展联盟管理体制的建立。

5.4　产学研与区域的互动的可能性障碍

　　产学研与区域的互动发展不会是一帆风顺的，会出现政策层面、实践层面、观念层面的各种制约。只有预防和消除区域互动过程中的可能性障碍，才能保证互动发展的顺利推进。

5.4.1 实践层面

（1）区域合作博弈。

区域合作博弈，致使市场失灵。通常情况下产学研和区域包括多个行政层级和机构，这是"诸侯经济"的根源，在产学研和区域互动发展的过程中，存在着政府间的竞争和博弈。在现有的行政区划分割下，由于地方行政考核体系以本地发展为主，各市县会尽可能地采用地方保护手段把所有生产要素留在本地，阻止本地生产要素资源外流，而不会考虑资源的最优配置问题，这种各自为政的封闭式发展导致区域整体发展的不经济性和不可持续性。

（2）市场体制。

市场体制不健全，致使要素市场被分割。目前我国生产要素市场虽已初步建成，但市场封闭、流动性差、运行效率低下等不足仍很明显。如现行户籍制度、人事管理体制、金融体系的宏观控制都限制着劳动力、资金的流动和最佳配置。

（3）产业聚集程度。

产业聚集程度不够，规划和配套协作欠佳。各区域产学研虽然总体实力逐年增强，但差距明显。很多园区还在追求小而全的产业构成，缺少较大规模的龙头企业，限制了区域企业及产品的做大做强和对外辐射，也抑制了一定量的外来投资。

5.4.2 政策层面

（1）互动制度。

区域互动制度不完善。随着区域一体化发展的展开，区域间的互动朝着微观化和精细化方向推进，早期提出的区域协同互动政策已不再适用，跨区域产业组织合作和区域性基础设施项目的协同建设都由于合作、补偿、分配、协同等机制体制的不完善而难以很好地实施，急需新的相应政策和制度的出台。

（2）法规保障。

区域互动缺少法律保障。改善法制环境，提升区域法律地位要增强政府、企业和个人的法制保障意识，大幅提高合同的履约率和降低违约合同的执行率。要加强区域法律协调，各行政执法部门要对现有的地方性政策和法规进行梳理，尽快建立政府、企业、社会共同运作的诚信体系。建立健全责任追究制度。

5.4.3　观念层面

产学研和区域间的文化认知与价值观念在客观上是存在差异的。产学研和区域在渴求发展的同时，思想观念上却缺乏全局观念和长远眼光，残存着"小农意识"和"短视经济"思想。

（1）价值观念。

一些地方政府和企业存有"想赚钱，又不想担风险""想人才，又怕人才"等想法，这些思想往往会导致产学研与区域的互动合作存在认识偏差，阻碍二者良性互动行为的展开。产学研与区域应该达成"合作共赢、求同存异"的共识，强化风险意识，用科学思想和市场观念影响和改变它们。

（2）文化认知。

不少区域都在积极申报中国珍贵遗产档案、国家重点风景名胜区、国家级文保单位、历史街区、世界文化遗产等，并出版相应的画册与书籍，编写大型历史故事剧与民间舞蹈，创作历史文化遗存的歌曲等。无疑，在区域文化建设与发展中，突出区域文化中的民族、地区特性是重要的。特别是我国许多区域具有悠久深厚的历史文化底蕴，确实需要发扬光大。无论是经济的还是社会的发展，都要保持文化的地方特色，区域发展只有与一个地方的文化相协调，才能达成整体鲜明的效果。从这一意义上讲，只有通过本土文化的深入挖掘以及对外交流而融合各民族文化的精华，才能建成宏大的全球区域大厦。

5.5　构建产学研与区域的互动概念模型

综上所述，产学研与区域的互动是由一定的经济、社会和环境等功能子系统通过复杂的人员、信息、技术、物质和资金的流通和交互活动，彼此作用、相互影响和制约而形成的具有一定功能结构的复杂系统。产学研与区域互动发展的多组参与主体已经由单纯经济机构间的互动，发展成为经济机构与行政、高校、科研院所、服务中介等多种性质机构间的合作与互动。分工与合作是产学研与区域互动发展的基础和纽带，分工主要包括产业分工、部门分工和区域分工，而合作则是区域间产业、企业、项目、经济要素和政府之间的各种关联。这种分工与合作关系既存在于基础设施、产业、企业、项目等实体之中，又存在于通信、信息等虚拟空间（如图 5-9 所示）。

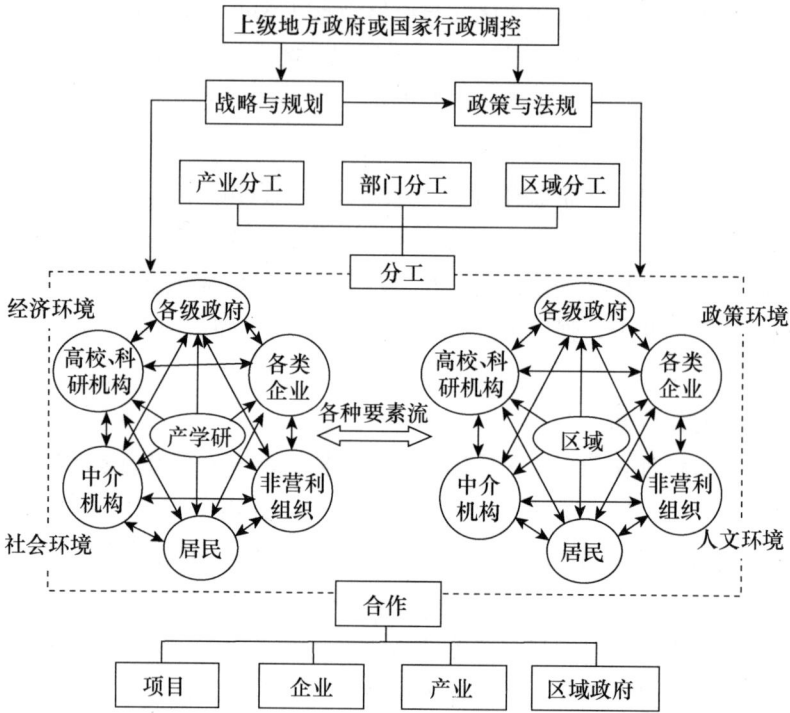

图 5-9　产学研与区域互动发展概念模型

产学研与区域存在互相依存、互助促进的关系。一方面，产学研的建设和发展带动了各种生产要素在区域间的流动，通过产业联系和互动优化了区域产业结构，也带动了教育、服务等相关产业的发展，增加了地方政府财政收入，提高了区域的整体竞争力；另一方面，伴随着区域城市化和现代化的进程加剧，良好的投资环境、完备的基础设施、有力的支持政策等反作用于产学研，进一步使产学研降低生产和交易成本，获得了规模经济和范围经济。产学研与区域之间通过要素互动、企业和项目互动以及产业互动等形式来实现良性互动发展。

区域间的良性互动发展实质上是区域间所有要素、企业和产业的合理分工与合作过程。区域之间经济要素的有序流动从根本上引发了产学研与区域的互动，体现为产业、企业的跨区域合作互动，进而增进了产学研与区域之间的经济和社会关联，促进了区域间局部或全面互动的展开。各经济要素、企业和产业在市场机制和政府调控的双重作用下展开的跨区域相互流动伴随着流量效应的产生。与此同时，由于流动带来的集聚和扩散效应促进了交通、水电、通信、医疗、教育等公共设施和商业服务设施的共享与对接，从而产生了区域互动的共享效应。流量效应和共享效应构成了产学研和区域互动效应的测度主体。基于互动内容和效应构建了产学研与区域互动发展的概念模型。

第六章 产学研与区域互动效应的测度体系

产学研与区域互动是一个动态的不断发展的复杂过程，需要建立一套科学有效的评价体系，采用合适的方法来研究二者的互动行为、互动过程和互动效应，进而依据测度结果来判断产学研与区域是否朝着良性互动的方向前进，是否建立了平等、和谐的互动关系，并根据测度结果制定政策措施以期最终实现区域间良好的互动发展。本章在确定产学研与区域活动内涵和互动效应来源的基础上，研究了产学研与区域互动效应测度的主要原则、指标体系和方法，构建了互动效应的过程测度体系和状态测度体系。

6.1 产学研与区域互动效应过程测度体系

产学研与区域发生互动行为、产生互动效应的根本原因是产学研与区域间的要素流动（Jon Sigurdson，2004），要素的跨产学研与区域流动引起产业、企业间的互动合作，最终实现产学研与区域良性互动。因此，产学研与区域互动效应的过程测度是制定其发展战略的前提。产学研与区域互动效应的过程测度有助于更深入地了解其互动发展的关联性，提高产学研与区域互动发展和要素流动之间的相互解释力。产学研与区域的互动效应就是流量效应和共享效用的整合。本书研究的互动效应是在产学研与区域间发生的，要素、企业、产业在单个产学研和区域内的互动效应不在本书的研究范畴内。

6.1.1 区域互动效应测度体系的构建原则

产学研与区域的互动发展既受到外部社会、政治、经济和文化等环境的影响，又依托于区域发展的基础平台、操作平台和服务平台等而展开。本书认为产学研与区域互动效应的测度应将静态评价与动态评价结合起来，既包括要素流（人流、物资流、信息流、技术流和资金流）在区域对流过程中产生的互动效应的测度，也包括区域互动发展带来的经济、社会、环境等各方面的互动效应。为了建立起一套较好地反映产学研与区域互动效应的测度体系，推进产学研与区域互动发展朝着互利互惠的方向发展，需要明确构建测度体系的指导原则。

（1）全面性与重要性相结合原则。

产学研与区域的互动是一个以经济活动为基础、以社会活动互动为依托、多主体参与的复杂体系。所以，所选择的指标体系应该能全面体现各有关要素、环节的关联性，能全面测度产学研与区域的互动层次和效应。重要性指的是要选取有代表性的指标，避免指标大而全、杂而乱地重复设置。

（2）现实性与前瞻性相结合原则。

在产学研与区域互动效应测度体系的构建过程中，既要基于区域发展的实际情况选择反映区域互动状态的现实性指标，也要秉承区域发展的眼光，设立一些有前瞻性的趋势指标，使测度体系更能适应发展的需求。

（3）稳定性与动态性相结合原则。

指标的合理组合才能保证测度体系结构的稳定。产学研与区域互动效应的测度体系结构应分层设立、纵横交错，能系统且准确地反映产学研与区域互动发展的目标和内涵，体现二者互动发展的效应。与此同时，产学研与区域互动发展是一个长期的动态过程，要求所筛选的指标能与区域互动发展进程协同。

（4）过程性和结果性相结合原则。

产学研与区域互动效应的测度不仅仅是互动状态测度，也包括互动过程的测度。测度体系的建立也不是一蹴而就的，需要一个构建过程。因此，测度指标体系的构建要体现过程性和结果性两方面的呼应协调。

6.1.2　流量效应测度指标体系和方法

产学研与区域互动是在各种流（资金流、信息流、技术流和文化活动）的基础上建立并发展的，互动的要素主要包括空间转移和使用权转移两个方面，要素流量效应的测度也是在上述基础上展开的。

（1）人力流量效应。

人力流动是产学研与区域互动中最活跃的一个因素，指的是产学研与区域间人力自由流动、互换或者相互培养，其流动性受到产学研与区域经济社会条件、交通条件、个人意愿和能力多方面的影响。产学研与区域间的人力流动根据学历或职称的不同有层次之分，测度产学研与区域间对流的人力结构更能反映出什么样的人才流动才能促进产学研与区域的良性互动发展，或者说产学研与区域的互动发展更需要哪些人才的互动。高层次人才的概念很抽象且包含范围很广，其内涵也会随着时代的发展和人们的认知而发生改变。学术界也并没有对高层次人才给出明确的定义，各地根据发展水平的不同对于高层次人才的认定条件和标准也不尽相同。根据《中央人才工作协调小组关于实施海外高层次人才引进计划的意见》和《中共中央、国务院关于进一步加强人才工作的决定》中提到的概念，本书认为高层次人才应当包括以下几个特征：品德好、知识层次高、专业水平高、创新能力强、社会贡献大，具体包括知识型人才、科技人才、管理人才（企业家）等。高层次人才在产学研与区域间正常、公平、合理的流动对于优化配置科技人才和促进产学研与区域的良性互动发展十分重要。高层次人才跨产学研与区域流动效应测度应该从两方面展开：第一，测度产学研与区域间人才流动规模和结构；第二，测度人才流动为流入、流出产学研与区域带来的收益（损失）程度。

1）产学研与区域对流人才总数和结构测度。人才跨产学研与区域流动是在以工资为主的综合福利的驱动下展开的，包括人才移动和人才迁徙两大类（赵乐东，2005），人才移动又包括就业流动和人才交流两大类。工业企业、行政部门、科研院所（含高等学校）以及民营企业和机构都是人力跨产学研与区域对流的主要载体。首先，根据《劳动法》的相关规定，将劳动关系或事实劳动关系的跨产学研与区域转移视为人口跨产学研与区域移动的测度指标，如区域年末从业人员中劳动关系从腹地其他区域转来的人员数。该类数据可以从各从业单位的人力资源部门或区域人力资源中心来获取。其次，人才迁徙就是指普通居民由于居住地在区域间的变更而带来的人力流动，一般可以根据人口户籍的地区间转移来测度，居委会和派出所会有相应的统计数据。最后，产学研与区域间的人才交流活动也是人才跨产学研与区域流动的一种方式，如产学研与区域间高层次人才招聘会、企业家论坛、技术交流会和学术会议等。但是这部分数据指标不好收集获取，而且这样的产学研与区域间人才互动是暂时性的，可忽略不计。

根据人才层次的划分标准和流动方式，本书构建了人才跨区流动的基本测度指标体系，如表 6-1 所示。将获得的劳动关系跨产学研与区域变更的人数和户口跨区迁移的人数按照学历（硕士及以上学历）、职称（中高级职称）和职务（中高层管理者）进行了细分，最后根据人才分类流动的比重可获得人才流动的层次结构。

表 6-1　　　　　　　产学研与区域人才互动总量和结构测度表

	分类	测度指标说明	单位
人才跨产学研与区域流动量	劳动关系变更	中高级职称专业技术人员数	人
		硕士及以上学历的人员数	人
		单位中高层管理者人员数	人
	户口变迁	中高级职称专业技术人才户口变迁数	人
		硕士及以上学历人员户口变迁数	人
		单位中高层管理者户口变迁数	人

这其中要注意两点：第一，人才标准有复合型，可能一个人既有高学历又有中高级职称，还是单位的中高层管理者，条件重合的人员应该在计算中剔除，避免重复计算；第二，既有劳动关系变更又进行户口同向迁移的人员会造成测度结果的扩大化，在计算时也应给予去除。

以产学研系统为例说明，从区域流向产学研系统的人才总量就应该是年末劳动关系或事实劳动关系从区域变更到产学研系统的非重复人员总数加户口从区域迁移到产学研系统的非重复人才数之和，然后减去既有劳动关系变更又进行了户口同向迁移的人员数，则得到从区域流动到产学研系统的人才净流量。假设劳动关系或事实劳动关系从区域 i 变更到产学研系统的从业人员按学历、职称和任职情况分的人数集合分别为 P_{1i}，P_{2i}，P_{3i}；户口从区域 i 迁移到产学研系统的居民集合也根据学历、职称和职位分为 Q_{1i}，Q_{2i}，Q_{3i}。则区域间的人才净流量可按以下步骤计算得到：

从区域流动到产学研的人才总量。劳动关系或事实劳动关系从区域 i 变更到产学研系统的从业人员集合 P_i 可表示为：$P_i = | P_{1i} \bigcup P_{2i} \bigcup P_{3i} |$。

户口从区域 i 迁移到产学研系统的居民集合 Q_i 可表示为：$Q_i = | Q_{1i} \bigcup Q_{2i} \bigcup Q_{3i} |$。

既有劳动关系变更又进行了户口同向迁移的人员集合表示为 $P_i \bigcap Q_i$，则从区域流向产学研系统的人才净流量 A 则可表示为：

$$A = \sum_{i=1}^{n}(\mid P_i \mid + \mid Q_i \mid - \mid P_i \bigcap Q_i \mid) \tag{6.1}$$

从区域流动到产学研的人才结构。从区域流动到产学研系统的中高级职称人才比例 R_1、硕士及以上学历人员比例 R_2、中高层管理者比例 R_3，可分别表示为：

$$R_1 = \frac{\sum_{i=1}^{n}(\mid P_{1i} \mid - \mid P_{1i} \bigcap P_{2i} \mid - \mid P_{1i} \bigcap P_{3i} \mid)}{A}$$

$$R_2 = \frac{\sum_{i=1}^{n}(\mid P_{2i} \mid - \mid P_{2i} \bigcap P_{1i} \mid - \mid P_{2i} \bigcap P_{3i} \mid)}{A} \tag{6.2}$$

$$R_3 = \frac{\sum_{i=1}^{n}(\mid P_{3i} \mid - \mid P_{3i} \bigcap P_{2i} \mid - \mid P_{3i} \bigcap P_{1i} \mid)}{A}$$

这种测度方法以居民流动和就业流动作为主要的统计指标，以"年度"作为度量时限进行统计考量，比较全面与合理。但是在民营企业和机构的数据收集和统计方面会是个复杂的工程。

2）人才对流带来的区域收益测度。人才在追求自身收益（经济收入、工作环境、生活水平）最大化的同时，在产学研与区域之间的流动会为流入、流出区域带来各方面的影响。一般情况下，高层次人才的跨界流动会给人才引入区域带来正收益，但在有些情况下也会给人才引入的单位或区域带来负向影响。比如，高薪引进来的高层次人员没有带来预期的新的有价值的技术和观念；或者引入的高层次人才是竞争对手的商业或技术间谍，给引入区域造成了巨大的损失；又或者引入的人才与实际需求不符，不但没有优化区域的人力结构反而造成结构臃肿等。同理，人才的流动对人才流出区域的影响也是有正向的有负向的。人才的流出可能会出现带走资金、技术或客户的不良情况，但也可能流走的是原有区域的过剩人才，反而降低了区域的人才经济成本。所以，人才流动对区域造成的收益（损失）加总就是人才跨区域流动的效应体现。

本书根据肖现平和胡瑞卿的人才流动评价指标体系（胡瑞卿，2006），建立了人才流动对区域影响的测度指标体系（见图6-1），以测度区域间人才流动的合理性和合理程度。人才的跨区域流动会给两个区域带来直接和间接的影响，指标根据实际情况选取正值或者负值。

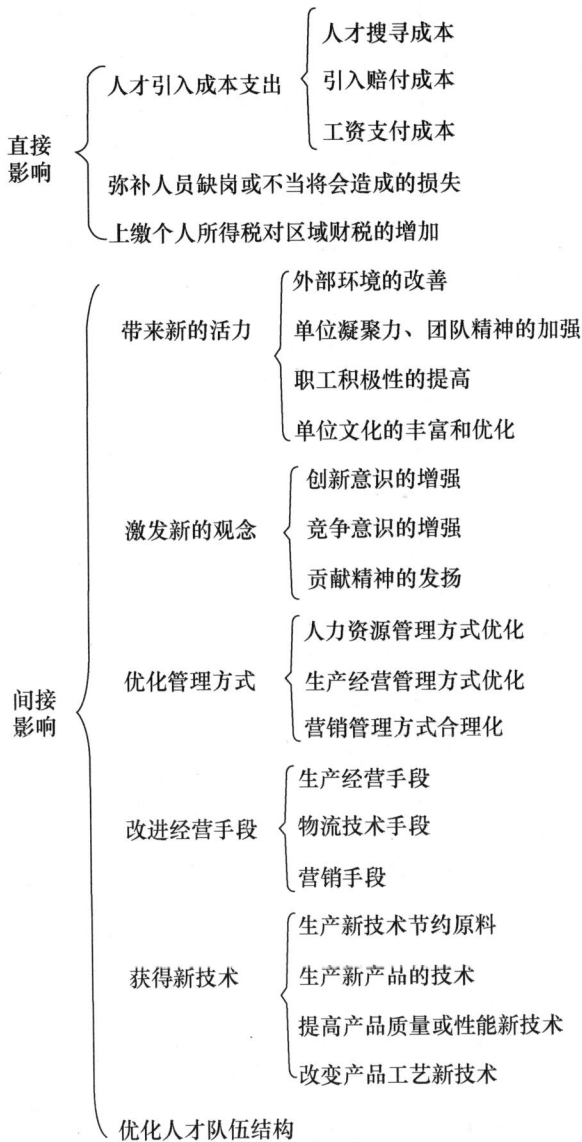

图 6-1　人才流动效应的测度指标体系

　　产学研与区域高层次人才的流动对区域的影响度测度体系是一个系统的、多层次的测度指标体系。在这个测度体系中既有可直接用数据来测度的变量（如人才流动的经济收入），又有无法直接用数据来描述的变量（如人才流动给单位或区域带来的潜在的影响）。本书认为胡瑞卿构建的模糊层次主成分分析测度模型可以解决这一问题（见式6.3），其模型将测度指标体系的特性以及层次分析理论、模糊理论和主成分分析理论的优点结合在了一起，对传统模糊综合测度模型中的以"最大隶属原则"确定综合评价等级进行了改造和完善，提出以百分制赋值的方法来确定属性测度变量的数值，以缩小测度变量值定级的偏误，增强测度结果的排序性。

$$\begin{cases} F^{(s)} = \sum_{i,l,s=1}^{n,g,q} L_{il}^{(s)} Z_{il}^{(s)} \ \text{或} (L^{(s)})_{g \times g} \bigotimes (Z^{(s)})_{g \times n} \\ Y^{(s-1)} = \sum_{i,l,s=1}^{n,g,q} W_l^{(s)} F_{il}^{(s)} \ \text{或} (W^{(s)})_{l \times g} \bigotimes (F^{(s)})_{g \times n} \\ Y = \sum_{i,l,s=1}^{n,g} W_l^{(l)} F_{il}^{(l)} \ \text{或} (W^{(1)})_{l \times g} \bigotimes (F^{(l)})_{g \times n} \end{cases} \tag{6.3}$$

其中，$\begin{cases} i=1,\ 2,\ \cdots,\ n \\ l=1,\ 2,\ \cdots,\ n \\ s=1,\ 2,\ \cdots,\ q \quad g \leqslant p \\ Y=(y1,\ y2,\ \cdots,\ yn) \\ Y^{(s-1)} = (y_1^{(s-1)}),\ (y_2^{(s-1)}),\ \cdots,\ y_n^{(s-1)} \end{cases}$

$$F^{(s)} = (L^{(s)})_{g \times n} \bigotimes (Z^{(s)})_{g \times n} = \begin{Bmatrix} L_{11}^{(s)} L_{12}^{(s)} \cdots L_{1g}^{(s)} \\ L_{21}^{(s)} L_{22}^{(s)} \cdots L_{2g}^{(s)} \\ \cdots \cdots \\ L_{g1}^{(s)} L_{g2}^{(s)} \cdots L_{gg}^{(s)} \end{Bmatrix} \bigotimes \begin{Bmatrix} Z_{11}^{(s)} Z_{12}^{(s)} \cdots Z_{1g}^{(s)} \\ Z_{21}^{(s)} Z_{22}^{(s)} \cdots Z_{2g}^{(s)} \\ \cdots \cdots \\ Z_{g1}^{(s)} Z_{g2}^{(s)} \cdots Z_{gg}^{(s)} \end{Bmatrix}$$

$$= \begin{Bmatrix} F_{11}^{(s)} F_{12}^{(s)} \cdots F_{1g}^{(s)} \\ F_{21}^{(s)} F_{22}^{(s)} \cdots F_{2g}^{(s)} \\ \cdots \cdots \\ F_{g1}^{(s)} F_{g2}^{(s)} \cdots F_{gg}^{(s)} \end{Bmatrix}$$

$$(W^{(s)})_{l \times g} \bigotimes (F^{(s)})_{g \times n} = (W_1^{(s)}),(W_2^{(s)}, \cdots, W_g^{(s)}) \bigotimes \begin{Bmatrix} F_{11}^{(s)} F_{12}^{(s)} \cdots F_{1g}^{(s)} \\ F_{21}^{(s)} F_{22}^{(s)} \cdots F_{2g}^{(s)} \\ \cdots \cdots \\ F_{g1}^{(s)} F_{g1}^{(s)} \cdots F_{gg}^{(s)} \end{Bmatrix}$$

$$= (a_1^{(s)}),a_2^{(s)}, \cdots, a_g^{(s)}$$

（2）物资流量效应。

1）物资流总量及结构测度。原材料、中间产品和最终商品的跨区域流动会带来物资流的流向效应。区域间的物资流量集中表现在货物和商品的流通上，与选择的运输方式和交通聚集密切相关，一般以公路、铁路、航空、港口的货运周转量作为测度指标，货运周转量是反映区域生产能力和成果的一个指标。比如，公路运输量、港口货物吞吐量、国际标准集装箱吞吐量、航空货邮吞吐量等。根据波特的价值链模型，物资跨区域流动在某种意义上是基于产业价值链、产品供应链的流动，一般发生在产业上、中、下游不同类型的企业之间。本书将产学研系统与区域间的公路货运周转量按照货运内容（原材料、半成品、最终产品）和运输单位进行进一步细分，构建了物资跨区域流动的测度指标（见表6-2），根据分类比重的计算可以得到分区域间货物流动的层次结构。

表6-2　　　　　　　产学研系统与区域物资流动结构一览表

分类标准	分类指标	单价
物流内容	M1 区域间原材料周转量	吨公里或吨海里
	M2 区域间中间产品周转量	吨公里或吨海里
	M3 区域间最终产品周转量	吨公里或吨海里
物流渠道	N1 区域间专业物流公司运输量	吨
	N2 邮政跨区域配送的物资量	吨
	N3 快递机构的物资发送量	吨
	N4 商贸类企业跨区域直接配送量	吨
	N5 工业企业跨区域物资运输量	吨

我国产学研系统的设立在空间上基本位于腹地城市范围内或者城市边缘，与腹地城市毗邻，所以，物资在产学研系统与腹地城市间的流量效应可以根据经济园区与腹地城市的实际交通状况来分别选取一个或多个交通方式的年货运周转量数据来体现。如：石家庄产学研系统与腹地石家庄市之间公路交通便捷发达，没有其他交通方式，所以二者之间的物资流就选用公路年货运周转量来体现。

假设从区域 i 发送到产学研系统的物资按物资内容划分的流转量分别为 M_{1i}、M_{2i} 和 M_{3i}，按照物资流动的渠道分为 N_{1i}、N_{2i}、N_{3i}、N_{4i} 和 N_{5i}。以产学研系统为例，从区域 i 发送到产学研系统的物资总量 M_i 可表示为：

$$M_i = M_{1i} + M_{2i} + M_{3i} = N_{1i} + N_{2i} + N_{3i} + N_{4i} + N_{5i} \tag{6.4}$$

式中，$i=1, 2, \cdots, n$，n 为产学研系统范围内的行政区划数。

然后可以将区域间的对流货运量按照货运的内容（原材料、半成品、最终产品）进行细分和比重测算。如，货运周转量中最终商品比重是多少，原材料比重是多少等。这种方法只是粗略地分析了解了产学研系统与区域间物资流的主要内容和经常采用的流动渠道，并没有将物资跨区域流动产生的新的产品价值和资产增量计算在内，没有测度区域间物资输入、输出给区域带来的影响。

物资流动对区域物资存量的影响。物资流分析（material flow analysis，MFA）是目前通用的一个物资流测算工具，其主要研究对象是一个城市或区域经济系统的物资流向和物资输入、输出量。通过物资流分析有利于认识区域（城市）当前发展阶段的物资消耗特点，分析结果有助于制定区域（城市）的可持续发展规划和区域产业结构的优化调整。迄今为止，物资流分析法在我国市、区层面的应用十分少见。而且物资流分析方法测算的是一个区域物资输入、输出的状态和结果。本书引入并改良了物资流分析方法以测度产学研系统与腹地城市两个区域之间的物资流，两个区域物资流分析框架如图 6-2 所示：

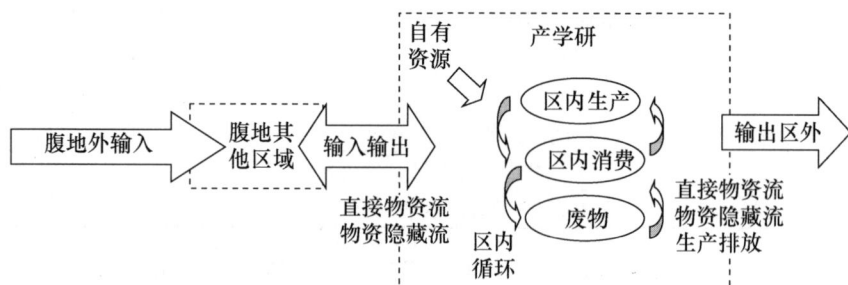

图 6-2　产学研系统与区域物资流分析框架图

根据分析框架和物资流分析指标可分析测算，从区域流向产学研系统的物资流对产学研系统产生的资产净积累额，即物质存量净增长（NAS）。测度前需首先设定物资流测度的空间边界和时间边界：

物资存量净增长（NAS）＝区域总输出量价值（TRO）－区域物资总输入量价值（TMI）

＊区域总输出量价值（TRO）＝区域内物资输出总量价值（TRO）＋区域生产排放价值

区域内物资输出总量价值（TMO）＝直接物资输出量价值（DMO）＋输出物资隐藏流价值（OHF）

直接物资输出量价值（DMO）＝向特定区域的物资输出量价值＋其他区域物资输出量价值

输出物资隐藏流价值（OHF）＝向特定区域的物资隐藏流量价值＋其他区域物资隐藏量价值

*区域物资输入量价值（TMI）＝从特定区域的直接物资输入价值（DMI）＋特定区域输入物资隐藏价值流（IHF）

则：NAS＝（向特定区域的物资输出量价值＋其他区域物资输出量价值＋向特定区域的物资隐藏流量价值＋其他区域物资隐藏流量价值＋区域生产排放价值）－（从特定区域的直接物资输入价值＋特定区域输入物资隐藏流价值）

（3）资金流量效应。

资本跨区域流动包括全社会固定资产投资、政府预算资金、银行资金、民间资本和外资、企业直接投资等，其中资金（以货币形式）在资本的跨区域流动中是比较活跃的，本书以产学研与区域的资金流为研究对象。

产学研与区域的资金对流根据载体不同，可以大体分为四种基本对流形式：一是区域企业间的资金对流，包括跨区域投资、企业间的资金承兑（汇兑）和两区域间流动人员的工资收支；二是区域政府之间的资金流动，包括直接投资和转移支付，随着市场化进程的推进，政府对资本流动的主导倾向力（例如通过银行）将会逐渐减弱；三是两个区域内居民之间的存取款资金流动；四是跨区域的福利捐赠资金流等。从渠道来看，资本跨区域流动主要通过银行信贷渠道、资本市场渠道、政府资金渠道以及外部资金渠道等。银行信贷渠道是依托金融中介机构向资金盈余方吸收存款、融入资金，再向资金需求方通过发放贷款提供资金的过程。从银行系统角度看，区域金融机构存款、贷款的变动情况可以分别反映区域的资金吸纳能力和资金运用能力。而且，一个区域的金融机构越多，也就意味着这个区域资金流越大；资本市场渠道是资金供需双方通过直接结合来融通资金的渠道，主要通过买卖有价证券（债券、股票）实现货币资金的流动；政府资金流动渠道主要通过直接投资和财税手段两条途径来影响资金的跨区域流动。比如政府直接对某区域进行投资或者通过对基础设施投资来改善投资环境引入私人投资，利用税收优惠等政策影响资本收益率等。随着经济一体化的深入，各区域的比较优势与规模经济效益等方面存在差异，企业以追逐高利润为目的的跨区域投资形式也是资金流动的重要渠道。主要表现为三种类型：一是通过在其他区域设立新的子公司和附属机构，或者两地资本共同投资设立合营企业来实现企业资本的跨区域流动。这类资本流动往往不局限于货币形态资本的投资，特别是创办合资企业时，机器设备、存货甚至技术专利、商标权等都可以折价入股。二是通过收购对方区域内企业的股权达到一定比例以上来控股公司。三是利润再投资，如一个区域的投资者在腹地企业投资所获的利润并不汇回本区域内，而是作为保留利润对该企业进行再投资，这也是直接投资的一种形式。

总之，资金流动主要是依托银行、信贷、保险等金融网络和政府、企业完成的，资金的跨区域流动可以是大额的也可以是小额的，但都具有逐利性特征，有向较高收益区域流动的倾向（冯子标，2005）。本书根据资金流动的渠道和 2010 年央行提出的社会融资规模指标构建资金跨区域流动的测度指标体系，如表 6-3 所示。

表 6-3　　　　　　　　资金跨区域流量效应的测度指标体系

一级指标	二级指标	三级指标
金融市场跨区域资金流	银行资金流	银行跨区域的存款额（单位、个人、临时等）
		银行跨区域代理财政性存款
		银行跨区域贷款额（短期、中长期、融资租赁、票据融资、各项垫款等）
		区域间银行同业往来（同业存放、同业拆借）
		银行债券（国债、企业债券）交易额
		代理金融机构委托存贷款基金
		委托存贷款及委托投资基金（净）
	保险业资金流	中外保险公司跨区域承保额
		保险公司跨区域赔付额
	邮政业资金流	通过邮局区域间汇兑资金额
资本市场资金流	证券市场资金流	非金融企业债券（国债、企业债等）跨区域交易额
		非金融企业股票跨区域交易额
	信托公司资金流	投资性公司跨区域实际运作资金额（委托金融机构的除外）
政府资金流	直接投资资金流	对特定区域产品的政府采购额
	转移支付资金流	区域政府间的财政转移支付额
	运用财政手段影响的资本收益率产生的资金流	对借入资金成本的扣除
		对利润再投资免税或退税
		加速折旧
企业资金流	直接投资资金流	在其他区域设立新的子公司、附属机构的实际到位金额
		两地共同投资设立的合营企业注册资金
	间接投资资金流	收购对方区域内企业的股权金额
		利润再投资

资金的跨区域流动非常复杂且涉及金融系统和企业的商业保密信息，数据不易获得。资金在产学研和区域之间的流动会影响经济生产的各个方

面，会带来不同程度的资金流动乘数效应。比如，由于资金流动完善了区域基础设施的建设、带来的新技术的使用和企业新项目的上马等。有些学者选取政府财政转移支付（GFT）、固定资产投资（FA）、股票融资额（SF）、银行贷款（BL）和实际利用外资（FI）等几个指标测度区域GDP与这些指标间的线性关系（杨晓丽，2009；姜金婵、巩云华，2007）。本书认为资金在区域、产业、企业间的流动对区域经济的影响作用并非线性的，不是一两个指标所能代表和体现的。这部分的研究随着统计技术和数据的完善有待于以后进一步展开。

（4）信息流量效应。

信息流是区域互动中很抽象却比较活跃的流量要素之一，国内外学者对于信息流的测度研究至今仍没有形成通用的方法。信息的跨区域流动主要是利用邮政网络、通信网和广电网来相互传送语言、声音、文字、图标、图片、动画、数据和符号等信息内容。根据信息流动的渠道，可以选取邮政网络平台、通信网络平台（本地电话、移动电话、互联网）和广电网络平台（微波传输、有线传输、数字传输）中跨区域的流量数据来考量产学研与区域的信息流量效应。但在现实中，一方面产学研自身几乎没有自己独立的广电网络和公开发行的报纸杂志，所以广播电视节目的跨区域转播和报纸杂志的跨区域订销不计算在内；另一方面居民本地电话和移动电话的日常应用对于企业、产业的跨区域互动发展没有任何测算意义，也不应该包含在产学研与区域互动发展的信息流测度之内。这样一来，互联网的应用就成了区域互动信息流的测度主体。本书尝试运用门户网站访问量和互联网百度搜索的显性参数来测度产学研与区域间的信息流相对强度。

1）信息跨区域流量测度。利用门户网站访问量（IP）建立区域间的信息流互动关联。随着网络化的普及，各企事业单位和行政管理部门几乎都建立了自己的门户网站来进行信息发布和交流。根据现代互联网技术，门户网站的日访问量或累计访问量都会有统计和显示。然后可以根据访问IP地址的分布情况，得到访问某个门户网站的区域分布比例，进而建立区域之间的信息流互动关联。这种测度方法在理论上是可行的，但在实际中可能不易操作。

利用百度搜索引擎研究产学研与区域之间的信息关联程度。首先，在百度高级搜索中将产学研与区域的名称作为查询关键词输入，比如在关键词栏中输入"中关村""北京市"。然后，搜索与关键词相关的网页，搜索结果网页下端会显示找出的相关网页数量（约××篇），设为N。再然后，将搜索出来的网页链接选取前 100 条作为分析样本，做进一步统计分类。比如，设体现区域间综合关联的工商、新闻类网页链接为 m 条，属于旅游、交通、教育等专门联系链接为 n 条，无关的冗余信息因为无计算意义舍去。则产学研与区域 i 的信息关联度 C_i 可表示为：

$$C_i = \frac{m\alpha + n\beta}{100} \qquad (6.5)$$

其中，α、β 是根据分类信息的重要性赋予的计算权重值。

则产学研流向区域 i 的信息总量 U 可表示为：$U_i = C_i \times N$

另外，如果关键词的位置颠倒，则分类统计的数据会有区别。也就是说，产学研与区域的网络信息关联度根据关键词的前后不同，是不一样的。这种测度方法能较好地建立产学研与区域的信息关联度，但相关链接网页的分类统计标准和计算权重却是仁者见仁、智者见智的。

本书将门户网站的访问量和利用搜索引擎测算出来的区域信息关联度结合起来，建立产学研与区域互动发展的信息流测度模型，测度产学研与区域之间的信息流动程度和趋势。这样虽然不能完全弥补上述测度方法的不足，但可以进一步将产学研与区域的信息对流的内容集中在工业、商贸等有利于区域互动发展的领域内，测算得出的区域间的信息对流量更接近现实、更有说明性。

以区域为例说明，设区域内所有工业、行政部门、民营机构的门户网站总访问量为 D_i，则从区域流向产学研 i 的信息流 U'_i 可表示为：$U'_i = C_i \times D_i$。

2）信息流量效应分类。信息流动有密度和附加价值的大小之分，也有信息内容正确与错误的分别。附加值或内容真实性不同的信息给接收方带来的影响也有大小、好坏之分。总体来讲，信息流动会带来以下效应：第一，递增效应。信息跨区域流动是信息资源在需求动力下，通过各种信息渠道在产学研与区域之间实现的有序流动，信息在流动中容易因为发送方或者接收方的主观性而发生附加值的改变。信息承载价值的变化会引起区域经济、生活的连锁变化，而且效应递增。以讹传讹的游戏就是一个最简单的例证。第二，及时反馈效应。根据市场规律，区域间信息的发送方往往希望能及时收到需求方的消息或者应答，以便于及时地更新和完善信息内容，增加信息的附加价值。信息应答反馈的时间越短，信息对流的速度和程度就越高，高附加值信息对区域产生影响的机会和效应就越大。信息资源的电话通信和网络平台为区域间信息流的获取和反馈提供了随时随地的支持，信息流跨区域的及时反馈效应由此产生。

（5）技术流量效应。

1）技术跨界流量测度体系。技术跨界流动是一个双向流动的动态过程，一方面技术从输送方流动到接收方的同时，接收方会进行信息反馈，以便于技术的进一步调整和提升；另一方面，技术流动的输送和接收双方并不是稳定不变的，而是不断变化和调整的，由于产学研与区域都会有自己的优势技术，所以产学研与区域可能既是输出方也是接收方。技术是非物质化的要素，技术的跨界流动一般依托于技术产品、技术人员、研发项目等技术载体的跨界移动而实现。技术流动主要采取技术转移和技术扩散两种方式，即产学研与区域可通过相互间的技术服务、成果转让、专利引用以及技术项目合作、学术交流活动和技术出版物等方式来完成。因此，技术跨界流动的流量效应包括很多的测度指标，主要有产学研与区域间的技术合作项目数、产学研与区域间成果转让费用、专利互引数、技术交易市场的成交额、技术咨询和服务中介数、区域政府间的技术协定、企业间的技术协定以及互派技术人员、访问学者、博士后流动和学术会议、学术论坛、科技出版物合作等技术交流活动等。其中，由于技术人员和技术专家的区域交流更偏重于人力流量方面，可以不算作技术跨界流动的效应测度指标。本书根据技术流动的载体和在区域间转移的效应体现，构建技术跨界流动的测度指标体系，如表 6-4 所示。

表 6-4　　　　　　　　技术跨界流动效应的测度指标体系

流动载体	技术流动途径	测度指标和说明
科技人员	相互教育或培训	区域相互教育或培训科技人员数
	专业人员的跨界流动	区域间学术会议、科技论坛的数量
	区域间技术合作	专利成果跨界转让数
	跨界技术援助	区域政府间技术协定数
	私人跨界接触	区域间交钥匙工程数*
科技文献、出版物等	区域间学术会议、科技论坛等	区域企业间技术援助协议数
	技术文献、研究报告、科技出版物、数据库的互引和购买	区域企业间技术合作项目数 企业跨界研发投资额
	详细的工艺介绍和操作流程等	区域企业间科技资料互引或购买数
设备、器材	跨界使用实验室、研发设备	技术类产品的跨界交易额
	区域交钥匙工程	

　*交钥匙工程指一个国家或区域为其他国家或区域建造工厂或其他工程项目，一旦设计建造与工程完成，设备安装、试车及初步操作顺利运转后，即将该工厂或项目所有权和管理权的"钥匙"依合同完整地"交"给对方，由对方开始经营。交钥匙工程也可以看成一种特殊形式的管理合同。

2）技术流量效应测度。技术在跨界流动过程中由于流入地、流出地自有技术基础条件的差异会有多种效应的体现：第一，技术组合效应。技术的流动对接收区域的影响是正向的还是负向的既取决于流入技术要素的水平，又和该区域自有的技术基础息息相关。只有引入的技术要素和本区域既有技术形成了很好的组合，技术流才能提高流入区域的生产能力或研发水平。反过来，如果区域引入的技术流不能和当地技术很好地融合，则会出现事倍功半的不良情况。第二，乘数效应。技术在跨界流动中依托技术载体实现，可能会因为移植、嫁接等技术路线的变化而获得一种效果放大效应。比如，从其他区域引入的某项技术更能适应引入区域的生产需求，技术的投入产出率大幅增加。又或者在区域技术合作过程中，技术人员碰撞出了新的技术思路或方法，扩大了引入技术的功效。

因为技术的抽象性，无法确定技术的存在或流动形式，也无法知道区域的技术存量和分布状态，又因为国内相应的技术数据最低只统计到地级市这一级，县区数据的获得非常困难，尤其是技术密集产品、高技术产品的贸易额的剥离统计，所以，技术的跨界流动无法直接测度。本书认为产学研与区域的技术流测度可大体分为两部分：第一，测度显性技术跨界交易情况，主要包括核心的专利买卖和许可、非专利发明转让、技术援助与合作、科技文献和技术工艺的互用等；第二，测度隐性技术的跨分区域流动情况，主要包括跨界研发投资和技术类产品的跨界交易。另外，因为统计指标的单位不同，在实际应用时要根据实际情况考虑到各个指标的权重设定和无量纲化处理。

综上所述，人力流、资金流、物资流、信息流和技术流彼此紧密相关。人口的流动尤其是企业家、高层次人才的跨界流动附带着技术、个人财富、家庭资本和企业资本的流动。物资的跨界流动也承载着货物资金、生产技术和市场信息的流动。总之，在产学研与区域的互动发展中五大经济要素流相互作用、相互影响，产生了流量效应。

6.1.3　共享效应测度体系

安德鲁·坎贝尔等（2000）在《战略协同》一书中提出资源在一天内的不同时间或一年内的不同季节里被使用的强度不一样是互补效应发生的一个契机。区域内要素资源和设备使用的不均衡一方面意味着资源和设施在一定时间内部分或全部处于闲置状态，另一方面闲置资源不但没有经济回报还要继续发生成本，所以，这种情况下只有发挥区域间要素和设备等资源的互补性，提高要素和各种设施的使用率才能补偿所发生的成本并逐步获得收益。总之，共享效应主要是通过可见的公用资源和设施的协同使用来实现。公用基础设施基本由政府财政拨款建设，一般采取免费或政府性公共收费的方式服务于区域民众和企业。商业基础设施是由产学研或区域的一个或者多个投资主体投资建造，所有权可以是政府、企业、高校、研究机构，也可以按照一定的投资比例共同拥有。商用设施通常采用有偿服务的方式为区域内外的行政部门、企事业单位和大众提供商业服务。

因资源共享与共用而出现的节省或因共享与共用而产生的增值被称为共享效用。因此，共享效用从两方面得以体现：第一，因为公共设施和商业设施的共享而节约下来的成本，包括建设时的土地、水电资源成本、建筑人员成本、资金等和建成后的维护和管理成本等。第二，因设施和设备的共享所节省下的成本所创造的新的价值。节省下来的众多成本要素再投入或分配创造的价值与很多因素有关，无法测度，本书对于共享效应的测度集中在节省的成本方面。即共享效应＝建设时节约的资源、资金和建设人员成本（按当时物价指数）＋建成后节省的维护、管理和水电费用总额（以建成时物价为基数核算），如表6-5所示：

表6-5　　　　　　　　产学研与区域共享效应的测度指标体系

一级指标	二级指标	具体指标
建设时节省的成本	土地费用	土地购买费用或租赁费用
		征地拆迁费
	工程费用	土建工程
		土方及基础配套工程
		水、电、路等配套工程
		内部装修费用
		相应设施、设备的购置费
		设备安装调试费
		平整场地、绿化、环卫
	其他费用	项目单位管理费
		项目规划、设计、勘察费
		招标代理费
		工程监理费
		市政工程费
		开办费
		报建及审查费
		项目预备费
		贷款利息

续前表

一级指标	二级指标	具体指标
建成后节省的成本	维护费	工程项目的维护、维修费用
		设备器材的维护、维修费用
	办公费	管理费用
		工作人员的工资和福利费（五险一金）
		办公费（邮电费、印刷费、水电费）
		经营税金及附加
	其他费用	设备折旧
		长期待摊费用摊销

此外，值得注意的是大型公共设施和商业设施的建设和公用既依靠市场机制的调节也离不开区域政府的宏观调控。因此，公共设施和商业设施为了增强区域间的共享效应，在建造初期就要根据区域的经济发展度、产业结构、企业分布和居民消费水平等情况，充分考虑到这些设施的承载能力、使用率、经济回报率和可持续应用性。比如产学研与区域间的公用设施和商业设施在建设规划初期要充分调研附近区域是否具有相同或相似设施，既有设施是否能实现对接增容或服务拓展，如果有相同或相似设施却不能扩大服务半径，则计划建设的新项目和新设施是否能与既有设施产生互补效应等情况。产学研与区域基础设施的共建共享，不仅有助于区域良性互动发展和区域整体实力的提升，还体现了社会的公平和谐。

综上所述，产学研和区域互动发展过程中的互动效应就是流量效应和共享效应的整合。根据产学研互动的各类经济园区的实际情况，各个经济要素流量效应的测度指标可以有适当的增减。基于要素流量效应和共享效应的区域间互动发展的过程效应测度体系，能够清晰地体现产学研与区域间各种流量的流动趋势、流动规模以及流量结构。但测度指标比较多，指标数据利用现行的统计技术和资料基本难以获取，缺乏应用性研究的支撑。

6.2　产学研与区域互动效应状态测度体系

测度完产学研与区域互动过程中的流量效应和共享效应，接下来要考虑互动效应的状态测度。关于产学研与区域互动效应的既有研究成果有两方面不足：第一，将产学研视为一个封闭的系统，对系统本身进行测度或是进行系统之间的纵向或横向对比分析，其研究结论仅能够体现产学研系统自身的发展变化或系统间的异同点，不能很好地体现出系统的建设和发展对所在区域的影响。第二，已有研究过多局限于测度产学研与区域经济方面的互动效应，社会、空间环境等方面的互动效应设计较少、测度体系不完善。鉴于此，本书在前人研究成果和前期分析的基础上构建互动效应的状态测度体系，以弥补已有研究的不足。

6.2.1　指标选取

产学研与区域互动发展涉及二者经济、社会、空间等多个方面，内涵十分复杂。只有率先从其错综复杂的关系中提炼出二者互动发展的重点内容，找出影响二者互动关系的主要因素，选择出具有代表性和应用性的指标，才能客观、真实地测度产学研与区域的互动效应。本书采用多指标综合评价方法中的层次分析法来选取指标，基本步骤如下：根据互动机会、内容和产学研、区域的实际情况选取评价指标，构建测度指标体系；利用层次分析法确定评价指标体系中每个指标的权重；根据指标体系进行原始数据统计，并将原始统计数据进行无量纲化；利用灰色关联分析法测量各指标的关联度，剔除关联度低的指标；调整、形成新的指标评价体系。如图 6-3 所示：

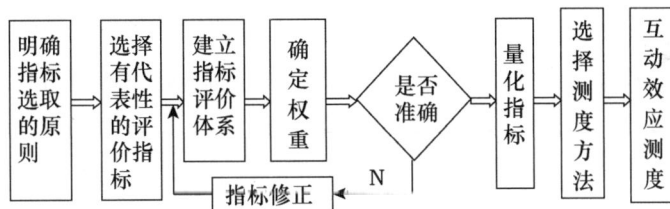

图 6-3　指标体系构建流程

6.2.2　测度体系构建

产学研的发展水平与其对区域的影响能力是正相关的，但发展水平相同的产学研对不同区域的影响程度和侧重点是不一样的。产学研建设成就在区域发展中的"份额""比重"越大，意味着产学研与区域之间的相互影响越强，其互动效应越强（李俊莉、王慧、郑国，2006）。根据上一章节产学研与区域互动发展的内容和效应分析，针对前期研究的成果与不足，本书分别从经济和社会两个层面选取了评价指标，从而使得产学研与区域互动效应的测度体系具有全面性和立体性。经济指标包括能反映产学研与区域经济互动发展的经济规模、增长力、外向度、产业结构等方面的指标；社会指标包括能反映产学研与区域社会互动发展的财税以及产学研引起区域城镇化、现代化的开发面积、设施建设等方面的指标。如表 6-6 所示：

表 6-6 产学研对区域发展影响指标体系

序号	指标意义	具体指标
1	产学研与区域经济规模的互动效应	X1＝某年产学研营业总收入/当年区域生产总产值
2	产学研与区域经济增长力的互动效应	X2＝产学研工业增加值/区域工业总增加值
3	产学研与区域经济外向度的互动效应	X3＝某年产学研出口额/当年区域出口总额 X4＝产学研实际利用外资/区域实际利用外资
4	产学研与区域产业发展的互动效应	X5＝产学研优势产业工业增长率/区域相关产业生产总值增长率 X6＝产学研第三产业增加值/区域第三产业增加值
5	产学研与区域的财税互动效应	X7＝某年产学研财政收入/当年区域财政收入 X8＝产学研上缴利税额/区域上缴利税额
6	产学研与区域空间格局的互动效应	X9＝产学研已开发面积/区域已建成面积 X10＝产学研至 2015 年规划面积/至 2015 年区域规划面积
7	产学研与区域人文环境的互动效应	X11＝产学研固定资产投资总额/区域股东资产投资总额 X12＝产学研新设立的医院、学校、银行、住宅等配套设施总量

其中，X3 用来衡量向外输出的能力，X4 用来衡量向内引进的能力，X9 用来衡量当前的空间规模互动效应，X10 则用来衡量到 2015 年可能的空间规模互动效应，X11 用来衡量基础设施的互动效应，而 X12 则用来衡量配套设施的互动效应。

此外，产学研与区域居民生活、文化、政策的互动效应等由于无法获得完整的且可比的数据序列，因而没有展开讨论。

6.2.3 指标体系完善

（1）指标关联度检测。

灰色系统分析方法根据问题性质不同有多种方法，灰色关联分析法（grey relational analysis）是其中的一种方法，适合动态（dynamic）历程的分析和定量描述、比较。如果在系统发展进程中目标因子的变化情况具有趋同性，则表明因子间的关联程度较大，反之则表明因子间的关联度较小。具体步骤如下：

第一，确定分析数列。确定反映系统行为特征的参考数列和影响系统行为的比较数列。

第二，对原始数据进行无量纲化处理。为了保证分析结果的真实可靠，增强数据的可对比性，采用初值化（用初始值去除所有数据得到的新数列）或均值化（指各列数据除以其均值得到均值化序列）方法对统计获得的原始指标数据进行无量纲化处理。

第三，计算关联系数。因变量数据构成参考序列 $X_0(k)$，各自变量数据构成比较序列 $X_i(k)$，$i=1, 2, \cdots, n$。计算参考序列 $X_0(k)$ 与比较序列 $X_i(k)$ 对应期的绝对差值，从而形成绝对差值矩阵。然后通过下式求得序列 $X_0(k)$ 与 $X_i(k)$ 在时刻 k 的关联系数。

$$l_{oi}(k) = \frac{\min_i \min_k |X_0(k) - X_j(k)| + \rho \max_i \max_k |X_o(k) - X_j(k)|}{|X_o(k) - X_i(k)| + \rho \max_i \max_k |X_o(k) - X_i(k)|}$$

$\rho \in [0, 1]$ 为分辨系数，用来削弱最大值过大而失真的影响，增强关联系数间的差异显著性，通常多在 0.1 至 0.5 间取值。l_{oi} 是不超过 1 的正数，l_{oi} 越大，它反映比较序列 X_i 与参考序列 X_0 在第 k 个时期关联程度越高。

第四，根据公式计算比较序列 X_i 与参考序列 X_0 的关联度：

$$r_{oi} = \frac{1}{N} \sum_{i=1}^{n} l_{oi}(k) \tag{6.6}$$

第五，根据关联度数值排出关联序，并对结果进行分析。

(2) 确定指标权重。

本书中产学研与区域互动效应测度体系主要是依据层次分析方法（analytic hierarchy process，AHP）精心构建的。层次分析方法是一种简便、灵活且实用的多准则决策方法，由美国经济学家萨蒂（T. L. Saaty）于 20 世纪 70 年代提出。该方法广泛应用于各行各业的决策问题上，它先是把复杂的系统分解成若干子系统，然后按照这若干子系统之间的从属关系把它们分组，组成有序的递阶层次结构。

确定产学研与区域互动效应评价体系各指标权重的方法步骤：

1) 建立递阶层次。将问题分解为若干因子，把这些因子按照不同的属性分组，一个层次就是一组，层次与层次之间互不相交。同一层次的因子作为准则对下一层次的全部或部分因子起支配作用，同时又受上一层因子的支配，从而形成了递阶层次结构形式，具有自上而下的逐层支配关系。

2）专家评分。采用专家咨询调查的方式，对各指标及指标变量的重要程度进行评分，各指标及其各指标变量的得分分值处于 0 分到 100 分之间，分值越接近 100 则表明该指标的影响越大。将根据上述原则设计的咨询表邮发，按照回收回来的专家评分逐项求取各项指标及指标变量的平均值。

3）构造比较判断矩阵 $A=[a_{ij}]$。通过对单层次下各元素因子的两两比较确定判断矩阵，且 $a_{ij}<0$，$a_{ji}=1/a_{ij}$，$a_{ii}=1$。a_{ij} 的确定采用 9 标度法。

4）层次排序及其一致性检验。每一层次对上一层次中某因子的判断矩阵的最大特征值 λ_{max} 对应的归一化特征向量 $W=(W_1，W_2，\cdots，W_n)^T$ 的各个分量 W_i 就是本层次相应因子对上一层某因子的相对重要性排序权重值，这一过程叫层次单排序。首先算出 λ_{max} 和对应的归一化特征向量 W，即 $BW=\lambda_{max}W$，其中 B 为判断矩阵。

权重计算结果：

根据上述思路和计算步骤，得出产学研与区域互动效应各个测度指标的权重系数。区域互动中虽然均是从经济互动开始的，但社会互动是区域互动发展具有可持续的保障，所以经济与社会互动效应权重均等，分别为 0.5。

根据关联度测度结果，去除关联度小于 0.5 的指标 X6 和 X8，并按照经济互动效应和社会互动效应两大方面将测度指标进行分类，构建更为简明的产学研与区域的互动效应测度体系。产学研与区域互动综合评价指标体系共分为一级指标、二级指标和三级指标三个层级。一级指标用 Q 表示；二级指标共有经济（economic）和社会（social）2 个子系统指标，分别用 E、S 表示；三级指标共有 10 个具体指标，其中 E 有 5 个，S 有 5 个，分别用 E_i、S_i 表示（见表 6-7）。

表 6-7　　　　　产学研对区域互动效应状态测度指标体系

一级指标	二级指标	三级指标及指标说明	权重
经济互动效应（E）	经济规模互动效应	E_1，产学研与区域 GDP 之比	0.112
	经济增长力互动效应	E_2，产学研与区域工业增加值之比	0.107
	经济外向度互动效应	E_3，产学研与区域出口额之比	0.088
		E_4，产学研与区域实际利用外资之比	0.092
	产业互动效应	E_5，产学研与区域优势产业工业增长率之比	0.101

续前表

一级指标	二级指标	三级指标及指标说明	权重
社会互动效应（S）	财税互动效应	S_1，产学研财政收入/当年区域财政收入	0.107
	空间规模互动效应	S_2，产学研与区域已开发面积之比 S_3，至 2015 年产学研与腹地规划面积之比	0.099 0.101
	人文环境互动效应	S_4，产学研与腹地固定资产投资总额之比 S_5，腹地在产学研新设立的医院、学校、银行、住宅等配套设施总数量	0.098 0.095

与已有的测度指标体系相比，本书构建的指标体系首先弥补了只强调经济互动的不足，涉及了经济、社会两个方面。其次，指标选择涵盖面广，综合性强。经济方面涉及经济规模、增长力、外向度和产业发展，社会方面包括了财税、空间和环境设施等方面。

基于产学研与区域存在的互动关系和互动内容，本书秉承全面性与重要性相结合、现实性和前瞻性相结合、稳定性与动态性相结合以及过程性和结果性相结合的原则，从区域互动效应的过程测度和结果测度两个方面分别构建了测度体系。研究认为产学研与区域间发生的互动效应根本上是由区域间人力流、物资流、技术流等多种要素跨区域流动引起的，要素的流动带动了区域产业、企业的集聚，最终形成了产学研与腹地在经济、社会、空间等多方面的互动发展格局。本书利用区域间各种要素的流量效应和共享效应来测度区域互动发展中产生的同步性和互动程度。产学研与区域互动效应的状态测度体系采用的是多指标综合评价方法，从经济增长、产业结构、财税收入以及城市文环境功能格局等多个方面选取了一些代表性指标并按照经济互动效应和社会互动效应两大方面将测度指标进行了分类；然后利用层次分析法和灰色关联度分析法，以石家庄为例对指标体系进行了检验，去除关联度测度结果较小的指标，增加各指标权重，构建了更为简明的产学研与区域互动效应的测度指标体系。

6.3 产学研与区域互动效应测度应用研究

本节以石家庄高新区和腹地城市石家庄为例，基于 2007 年和 2013

年的相关统计数据，对高新区与腹地城市互动效应的测度体系进行了应用性研究，分析了两个区域互动发展的基础条件、互动作用以及互动效应。

6.3.1 高新区与腹地城市互动发展的基础

高新区与腹地区域的互动发展不仅依赖于自身的特点和优势，与外部环境、区域位置、平台建设和要素收益差异都密切相关。

（1）区域互动发展的自然基础条件。

区域自然条件和要素禀赋是互动发展的基础，它们影响着产业结构和企业布局，进而影响到区域互动发展的方向和质量。研究分别从地理区位、行政区域、面积、人口、自然资源五个方面对石家庄高新区和腹地城市石家庄做了对比分析，详见表6-8。

表6-8　　　石家庄高新区和腹地其他区域基础自然条件对比表

项目	特定				
	地理区位	行政区域	面积	人口	自然资源
长安区	位于省会东部	辖3个镇、8个街道办、33个自然村、60个社区居委会	110.24平方公里	42.65万	优势矿产是大理石、花岗岩等建筑类非金属矿
桥西区	位于省会西北部	辖4个乡、25个行政村、11个街道办、67个社区居委会	92.11平方公里	48.8万	
裕华区	位于省会东南部	辖7个街道、2个镇、33个村	101平方公里	45万	土地资源丰富
桥东区	位于省会中部	辖1个镇、9个街道办	43.07平方公里	34万	
新华区	位于省会西南部	辖1个乡、11个街道办	54.46平方公里	48.3万	
高新区	分为两个区，分别位于省会东、西部	辖1个乡、9个自然村	75平方公里	10万	

数据来源：2007—2013年石家庄统计年鉴。

从表6-8可知，石家庄高新区和腹地其他区域背景自然条件和资源要素差异不大。

（2）区域互动发展的要素收益差异。

要素的跨区域流动都具有趋利性特征，区域间的要素收益差异驱动了要素向收益高的区域流动。所以，高新区与腹地要素收益的对比分析是研究互动发展动力的基础。

劳动力要素差异。劳动力的价值主要通过薪酬来体现，人均工资收入的差异是影响劳动力跨区域流动的重要因素。因为各个区域的从业人员数不同，工资总额不能确切反映每个从业人员的工资水平，所以本书利用"单位人员人均工资收入"来表示劳动力的要素收益，以石家庄市各个区单位从业人员的人均工资来比较劳动力要素收益差距（见表6-9）。

表6-9 石家庄高新区与腹地其他区域单位从业人员人均年收入对比表 单位：元

区域	2009年	2010年	2011年	2013年
长安区	26 914.6	30 292.7	33 022.9	45 686
桥东区	34 835.0	41 661.3	46 540.8	45 035
桥西区	41 727.5	45 920.9	49 942.4	55 252
新华区	32 130.6	36 715.3	40 371.7	51 644
裕华区	35 502.4	38 205.0	40 917.4	50 370
矿区	20 187.6	23 807.6	36 631.8	42 372
高新区	26 143.5	26 312.5	33 484.8	45 097
石家庄平均工资	27 164.5	31 035.0	34 808.1	47 922.29

数据来源：根据石家庄统计年鉴数据计算得到。

通过比较分析可知，在石家庄市辖区内，桥西区的单位从业人员的人均年收入一直都是最高。高新区的从业人员年收入虽然在逐年上涨，但仍低于石家庄平均工资水平，高新区吸引劳动力流动的要素收益能力不佳。如何使人力流"引得进、留得住"成为高新区管委会需要面临和解决的问题。

资金要素差异。区域间的政府转移支付和企业跨区域支付是资本要素流动的主要形式，金融资产收益和企业利润收益是资本要素收益的主要体现。选用"规模以上工业增加值""财政总收入"和"实际利用外资"来表示资本的要素收益。通过高新区与腹地其他区域的对比，来分析区域间的资金要素收益差距，明确高新区与腹地其他区域之间资本要素的流向趋势（如表6-10、图6-4所示）。

表 6 - 10　　　　　　区域间规模以上工业增加值和实际利用外资对比表

区域	规模以上工业增加值（亿元）					实际利用外资（万美元）				
	2009 年	2010 年	2011 年	2012 年	2013 年	2009 年	2010 年	2011 年	2012 年	2013 年
长安区	38.58	34.64	34.52	23.39	21.47	813	11 597	8 056	3 073	6 165
桥东区	8.96	5.91	5.21	5.78	5.57	641	6 009	141	3 212	6 133
桥西区	55.09	35.52	33.45	2.41	2.68	9 436	23 180	47 049	5 314	6 362
新华区	7.88	8.00	9.67	10.68	8.07	144	52	136	3 415	7 114
裕华区	20.71	7.51	19.30	16.03	17.27	306	5 810	5 921	4 307	6 082
矿区	21.01	22.64	43.80	59.94	54.20	0	0	0	0	0
高新区	24.17	28.90	42.16	72.38	90.05	6 190	5 675	3 963	9 599	9 273

数据来源：石家庄统计年鉴（2008—2014）。

比较分析表 6 - 10 中数据可知，高新区的规模以上工业增加值在 2009 年仅为 24.17 亿元，在石家庄七个区中位列第三名，仅占全市规模以上增加总值的 13.7%。随后几年高新区规模企业逐渐增多，工业增加值也逐年大幅增加，到 2013 年规模以上工业增加值为 90.05 亿元，占全市规模以上工业增加值的 45.2%，排名全市第一。与此同时，在 2007—2013 年间长安区、桥东区等腹地其他区域的规模以上工业增加值逐年减少，规模企业出现了向高新区转移的倾向。从实际利用外资来看，除桥西区、裕华区外的其他区域利用额度都不是很稳定，起伏很大，高新区的投资环境和政策需要进一步优化和完善。

在我国，地方政府的财政收入水平也是区域资本要素的收益体现，如图 6 - 4 所示：

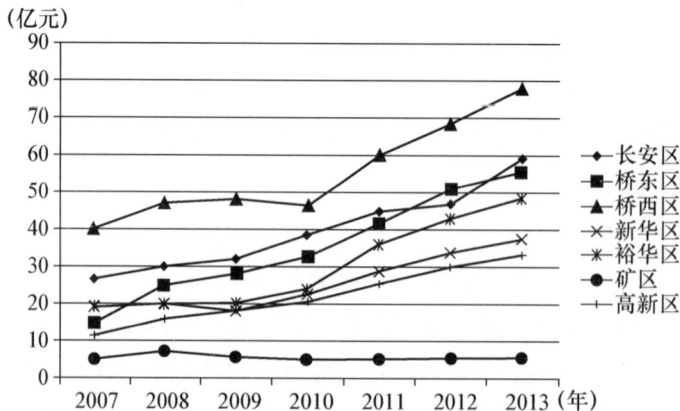

图 6 - 4　2007—2013 年石家庄高新区与腹地其他区域财政收入对比图

　　如图所示，石家庄市财政收入连续七年占前两位的几乎都是桥西区和长安区，新华区、裕华区呈现逐年小幅稳定上涨趋势。高新区的财政收入虽然在石家庄七个区中总额落后，但增幅明显，从 2007 年的财政收入 13.16 亿元快速上涨到 2011 年的 25.12 亿元，翻了将近一番。总额落后的原因主要有两方面：一方面，高新区为了吸引企业入驻实行了很多减免财税方面的优惠政策，降低了石家庄高新区总体的财政收入；另一方面，虽然很多其他区的工业企业搬迁到了高新区，但并没有实现属地纳税，上缴的利税仍算在原有区域的税务登记机关内。

　　技术要素差异。选用 2010—2013 年的"研发项目内部支出""有效发明专利数"和"企业新产品销售收入"来表示技术的要素收益。通过高新区与腹地区域的对比，来分析区域间的技术要素收益差距，明确高新区与腹地城市之间资本要素的流向趋势，如表 6 - 11 所示。

表 6 - 11　　　　　　石家庄高新区与腹地其他区域技术收益对比表

区域	研发项目内部支出（万元）			有效发明专利数（件）			企业新产品销售收入（万元）		
	2010 年	2011 年	2013 年	2010 年	2011 年	2013 年	2010 年	2011 年	2013 年
长安区	32 573.7	39 047.6	42 091.5	9	28	25	437 510.0	452 079.5	434 586.3
桥东区	588.4	1 116.3	847.6	0	0	1	9 536.8	10 731.7	8 376.2
桥西区	16 840.7	1 458.5	4 068.1	42	21	22	71 202.5	13 810.6	20 409.2
新华区	9 596.8	10 344.8	9 313.3	11	34	20	142 453.6	169 837.3	103 376.6
裕华区	4 301.1	7 170.7	8 201.6	3	2	32	119 171.9	215 811.5	203 313.8
高新区	16 179.5	4 765.5	128 998.9	96	28	666	202 080.2	347 613.8	1 543 330.5

　　数据来源：石家庄统计年鉴（2011—2014）。

　　比较分析表 6 - 11 可以清楚看到高新区已成为腹地城市区域中的技术高地，企业的研发内部投入和新产品销售收入成倍增长。

　　（3）互动发展支撑平台分析。

　　基础平台。高新区与腹地区域互动发展顺利展开离不开交通、通信、市场和配套设施的建设和完善，详见表 6 - 12。

　　如表 6 - 12 所示，高新区与腹地城市之间的基础设施、交通运输和邮政通信方面基本都已实现了对接和联网，为两个区域间的互动搭建了良好的基础性平台。

表6-12　　　　　　　石家庄高新区与腹地城市互动发展支撑平台一览表

区域	平台	概括
高新区	基础设施	拥有装机总容量21万千伏安的两座110千伏变电站双向供电；日供水能力为23万吨；供热能力可达300吨过饱和蒸汽/小时；日处理污水1万吨；拥有河北省天然气站
	交通运输	园内道路总延长为70公里，北广、石德铁路交会于此，石太、石郑和石京高速铁路正在建设中；北珠、石太、石黄等高速公路在此经过；车程5个小时内可直达河北沿海的四大港区；区内设有去正定机场方向的高速口
	邮政通信	建有华北第二大通信枢纽
	园内基地	生物医药产业园区、河北省软件产业基地、国家动漫产业园
石家庄市	基础设施	有9座水厂，日产水量67.6万立方米，全年供水量2.76亿立方米；排水管道长度达1 444千米，城市污水处理能力达到80%以上；供热管道总长度710千米，集中供热面积达6 748万平方米
	交通运输	石家庄市自古就是交通枢纽，京石、石太、石黄、石安高速公路和107、207、307、308国道以及2条省道、42条县道在市域纵横交错，公路通车总里程6 379公里；石家庄火车站是全国特等站之一，京广、石太、石德、朔黄四条铁路干线交会于此；城市道路总长度达到1 475.2公里，城市公共汽车营运线路达209条，营运车辆3 877辆
	邮政通信	是全国四大邮件处理中心之一和北京以南地区电信网络的重要枢纽，本地电话交换机总容量达到214.94万门，长途电话交换机总容量达到11.28万路端，数据通信端口达到17.71万个，已经形成了城乡一体的本地电话网，全部实现了交换程控化和传输光纤化，建成了市到县的宽带传输网和室内高速环网，以城市光缆网、宽带城域IP网、AT网、宽带用户驻地网为基础的宽带数据网站已具规模，达到了千兆到路边、百兆到大楼、十兆到桌面的通信能力
	园区基地	国家生物产业基地、循环经济化工示范基地、信息产业基地、装备制造基地和纺织服装基地

　　产业平台。根据"十二五"规划，石家庄高新区计划把生物医药、精密装备制造、电子信息网络和科技服务产业作为产业发展的战略重点和主攻方向；在石家庄市，加快发展生物医药、电子信息、先进装备制造、循环化工等新兴工业产业是产业的发展方向。高新区与石家庄市在"十二五"期间的产业发展重点和方向有很多相似之处，这也为我们进一步分析二者之间的产业结构关联性打下了基础（见图6-5）。其中，阴影部分是二者具

有高关联性的，即生物医药、装备制造和电子信息三大产业。

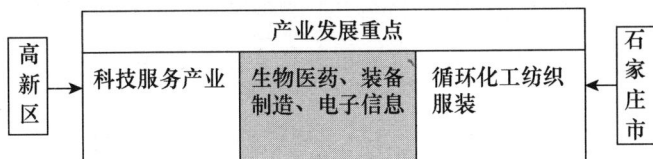

图6-5　石家庄高新区与石家庄市产业发展关联性示意图

同时，我们也发现高新区与石家庄市虽然在生物医药、装备制造和电子信息三大产业存在共性，但在各自的产业发展优势排名上存在较大差异。比如：生物医药产业是高新区的首要优势产业，而在石家庄市的产业发展位次中仅处于第五位。产业发展位次的差异也是我们在研究产业间关联度时不容忽视的一个因素。

6.3.2　高新区与腹地城市的互动作用

互动就是行为主体之间的相互作用、相互影响的过程。互动双方追逐的利益是决定互动性质的重要因素，互动前期以经济利益为主，双方均希望通过彼此的互动行为获得和利用其他行为主体的资源。石家庄高新区是腹地城市石家庄市经济、社会生活中的一个重要且特殊的区域，高新区的活动和发展会在中短期内对区域的经济产出、就业、相关行业发展等方面产生影响，其作用也会逐渐累积起来，对区域经济的长期增长和社会发展起到影响作用。反过来，区域的发展基础和水平也会影响到高新区的发展。

石家庄高新区对腹地城市的影响有：

（1）促进因素。

经济带动作用。带动作用是指以高新区为腹地城市经济发展的基点，通过高新区自身的资源优势和发展势能，带动腹地区域经济、文化等相关产业的发展。高新区对腹地区域的带动作用主要体现在三个方面：第一，高新区的发展直接影响了腹地区域的总产出。在凯恩斯宏观经济框架内，高新区的发展首先表现为产出的增加，根据生产函数、消费函数、税收函数，高新区产出的增加会吸纳更多的资本和劳动者就业，进而引起消费和财政收入的提高。第二，通过区内的新产品的销售和服务产业的增加促进腹地经济的增长。第三，高新区通过技术转让、产业转移和资本输出等多种方式影响和带动腹地区域的迅速发展。

石家庄高新区的高速发展为石家庄市的发展注入了无限生机。成为石家庄区域甚至是冀中南区域的经济增长极。石家庄高新区的营业总收入、工业总产值、工业增加值、净利润、上缴税额和出口创汇等经济指标在石家庄地区的同类指标中所占比重逐年攀升（见图6-6、图6-7）。

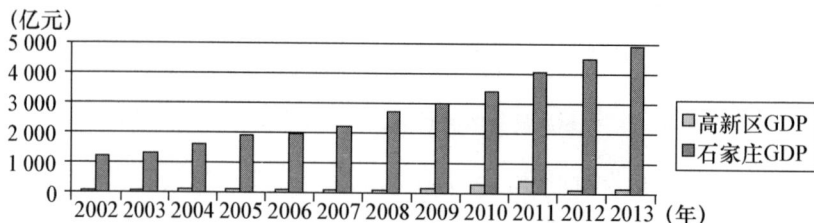

图6-6　2002—2013年石家庄高新区与石家庄GDP增长柱状图

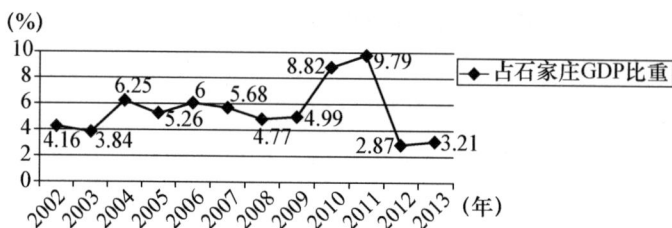

图6-7　2002—2013年石家庄高新区GDP占石家庄GDP的比重曲线图

工业总产值、工业增加值所占比重2012年分别上升为30.56%和23.67%；净利润、上缴税额和出口创汇比重也从2008年的14.69%、8.55%、8.58%，分别上升为2012年的20.04%、16.61%和17.83%。另据统计计算，石家庄高新区上述经济指标在2008—2010年三年平均增幅均大于石家庄地区这三年的平均增长幅度。其中，石家庄高新区的工业总产值、净利润、上缴税额和出口创汇四个经济指标的年平均增幅分别高达22.16%、42.28%、51.45%和17.83%，远远高于石家庄地区同类经济指标的年平均增幅（9.46%、33.3%、29.9%和5.69%），石家庄高新区作为石家庄地区经济增长极和扩散源的地位不容置疑。

产业、企业集聚和辐射作用。高新区在腹地区域发展中的作用大小，很大程度上取决于是否拥有竞争力很强的企业群体、富有竞争精神的企业家队伍和优势产业。高新区凭借其政策优势和区位优势，本身就属于产业、企业的集聚地，其快速的发展和良好的投资环境势必也会吸引世界先进的高技术公司在高新区内设立研发机构和分支工厂，这些机构和工厂有望进一步提升高新区的产业、企业集聚和辐射能力。高新区通过区内或区外向前或者向后的产业联系，引发新的产业活动，促进腹地发展地方化经

济。至 2010 年，石家庄高新区内的各类企业已增至 2 000 多家，产业集
聚效应已初具规模（见图 6 - 8）。

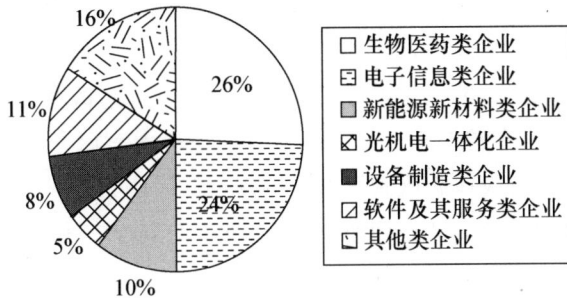

图 6 - 8　石家庄高新区产业、企业分布图

石家庄高新区历经 20 年的发展，已形成了一大批有重要影响和带动
作用的技术研发创新机构和知名品牌。在生物医药产业领域，建立了以华
药集团新药研发中心和抗体药物研制重点实验室、石药集团药物制剂及释
药技术重点实验室等为核心的生物医药技术创新体系；在信息网络产业领
域，建立了以中电科 54 所通信网信息传输与分发技术重点实验室和通信
软件与专用集成电路设计国家工程研究中心、中电科 13 所信息材料和集
成电路研究中心为核心的信息网络技术创新体系；拥有病理毒理重点实验
室、制药污水处理重点实验室、微生物药物工程研究中心、抗生素公共试
验服务中心、卫星导航技术与装备工程技术研究中心等一批省级重点技术
创新机构；建成了华药金坦生物制药工程技术中心、以岭药业重点实验
室、博深工具技术中心、热泵技术中心等一批国家、省级企业技术中心；
形成了国家生物产业基地、中国药都国家软件基地、国家电子信息技术产
业化基地、国家信息材料技术产业化基地等区域名片，以及华药、石药、
神威、以岭、54 所、13 所等企业和产品品牌。此外，石家庄高新区内已
建有生物医药孵化基地、信息产业孵化基地、石家庄软件产业基地、留学
人员创业园、河北省两院院士科技园等孵化器，孵化器联盟建设工作也正
在积极推进中。众多高水平的研发创新机构和区域产品品牌，为高新区的
产业、企业集聚和辐射创造了突出优势。

实验、示范作用。高新区凭借技术、意识形态、机制体制的创新能力
和优势，成为腹地区域发展的试验田和示范区，在腹地区域发展中发挥着
示范带头作用。石家庄高新区是国务院在 20 世纪 90 年代首批设立的国家
级高新区之一，目前主要分为科技产业园区和科技创业园区，行政辖区的

面积由最初的不足 20 平方公里增至 75 平方公里。石家庄高新区是国家生物产业和信息产业基地、河北省战略性新兴产业增长极、河北省城市面貌三年大变样的先行区。为充分发挥高新区在石家庄市乃至河北冀中南区域发展中的引领和示范作用，河北省政府、石家庄市委市政府明确在发展规划中提出将石家庄高新区建设成为城市副中心，通过改革和先试先行，以"建设国内领先、全省一流、特色鲜明的高新技术园区"为发展目标，以大胆创新、切实解决体制机制等方面的深层次矛盾为题，走新型工业化和城市化相结合的道路，为推动腹地体制改革与科学、和谐发展发挥示范作用。

调节作用。众所周知，区域发展三分靠建设、七分靠管理。石家庄高新区对内服务于石家庄地区乃至冀中南区域，对外则与京津紧密相连。一方面，石家庄高新区利用自有的行政管理职能和管理体制，维护公共设施、组织企业生产、搞好产业配置，促进高新区按照战略规划，有计划、有组织地合理发展，充分发挥其集聚、带动和示范作用，促进腹地区域的发展。另一方面，石家庄高新区内设有一系列中介机构、监督机构和司法机构等经济管理和协调组织，如物价、统计、工商、审计、公检法等。这些调节机构都有助于完善高新区的调节机制，使其更好地对腹地区域起到调节作用，促进高新区与腹地区域的良性互动发展。

（2）制约因素。

石家庄高新区横向经济位势低。据历年国家高新区综合发展与数据分析报告统计，石家庄高新区历经几年的改革和创新，在全国国家级高新技术产业开发区中的经济总量（工业总产值）排名不断前移，但前进速度较慢，和京津地区高新区、环渤海地区高新区的发展仍存在较大差距（见图 6-9、图 6-10）。不足主要体现在规模、品牌性大企业数量少，风险资本稀缺，高端人才缺乏和政策倾斜力度不够等方面。

现有机制、体制制约其发展。一方面，石家庄高新区管委会既承担着高新技术产业开发的行政管理和配套服务职能，又承担着土地和产业开发经营的职能。但在长期的发展实践中，管理职能被明显强化，服务职能被弱化，经营职能基本缺失了，至今仍没有建立起市场化的产业开发运营机制与强有力的综合配套服务机构和队伍。这种行政管理"一头沉"的管理体制和运行机制，明显突出了政府的主导作用，弱化了市场化运作能力，难以适应高新区日益明显的市场化产业开发趋势。另一方面，目前石家庄高新区发展与周边地区和其他经济园区由于隶属关系不统一，存在明显的

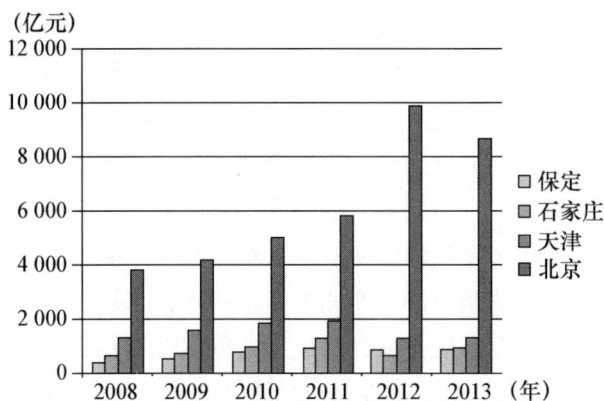

图 6 - 9　2008—2013 年京津冀区域国家级高新区工业总产值对比图

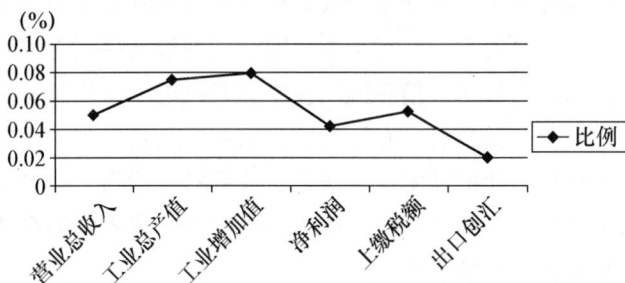

图 6 - 10　2011 年石家庄高新区与环渤海地区国家级高新区经济指标比例图

行政区域保护和资源博弈等不良现象。随着石家庄高新区的不断发展和增容，高新区与周边区域和其他经济园区的矛盾冲突也越来越激烈。由于缺乏高新区与周边区域和经济园区的协调对话机制，高新区的二次发展和辐射带动作用受到多方政府和行政管理机构的压制，导致大量"边界阴影"存在。

　　功能定位交叉，产业布局杂乱。在区域功能上，石家庄高新区是国家高新技术产业开发区，同时又是省会城市产业功能新区。新一轮的石家庄城市总体规划既肯定了高新区国家高新技术产业开发区的基本功能，同时又要求高新区承担东部城市新区 90 万人口的居住、商贸、教育、配套服务等综合服务功能，这就不可避免地弱化了高新区的高新技术产业开发功能；在产业功能上，高新区以生物医药、装备制造和电子信息为主导产业，但在实际运作中并没有搞好统筹规划，把相关企业安排在相应的园区。这导致了高新区在区域开发和产业发展方向上始终处于被动局面，直接影响高新区持续健康快速的发展。石家庄高新区经历了一个由西区到东区的空间拓展过程，形成了两个相对独立而规模较小的产业开发空间，难以确切地划分东西两区的产业功能小区，始终没有形成一个完整的产业发展空间布局规划，难以确保对企业入区的空间指向和约束。在实践过程中，又存在追求开发建设速度的急功近利思想，出现了"厂宅交错""厂校交错""厂店交错"的布局态势。此外，在高新区还出现了一批体现不出高新区特色的纺织服装、精细化工、家具制造和粮油食品类企业。这种区域功能不清、产业类型不明、技术层次不分的产业布局现状，明显制约着石家庄高新区建设效益的提升和辐射功能的发挥。

缺乏有力的中介、技术支撑。从总体上讲，石家庄高新区内的中介组织存在发育时间短、规模小、独立性差、相关法律法规不健全、规章制度混乱、诚信度低等不足，中介组织没有很好地发挥其桥梁和纽带作用。另外，高新区特色产业的发展与竞争都需要一定规模的高端人才和技术做支撑。虽然在生物医药技术、信息网络技术和光机电一体化技术领域都有一定的基础，形成了一批具有一定影响的国家和省级技术创新机构和人才队伍，但从三大特色产业的技术攻关能力、成果转化能力、引进消化再创新能力、技术集成能力和新产品开发能力等方面看，还不能完全适应产业高端化和产业跨越式发展的需要。

腹地城市对石家庄高新区的影响有：

（1）促进因素。

腹地区域是高新区发展的依托腹地，因此，腹地区域的总体经济水平、产业结构和政策环境等因素对高新区发展有着重要的影响。

腹地区域经济、社会的快速发展为高新区的发展提供了良好的基础条件。冀中南经济区是石家庄高新区的腹地区域，包括石家庄、邯郸、邢台和衡水 4 个省辖市。从经济总量来看，冀中南 4 个城市 2013 年实现 GDP 9 225.3 亿元，工业增加值 4 647 亿元，进出口总额 231 亿美元，实际利用外资 20.02 亿美元，分别占全省的 38.1%、36.58%、43.1% 和 38.06%。另外，冀中南四城市 2013 年民营经济实现增加值5 896.3 亿元，占全省民营经济实现增加值的 38.6%。从固定资产投资和消费情况看，2013 年四城市全社会固定资产投资和社会商品零售总额分别为 6 708.14 亿元和 3 425 亿元，占全省的 40.89% 和 42.62%。从财政收入和金融情况看，2013 年四城市财政收入 1 021.5 亿元，占全省的 33.8%；金融机构存、贷款余额为 12 359.9 亿元和 6 715.8 亿元，分别占全省的 41.8% 和 37.0%。

　　石家庄市在冀中南区域县具有很强的领头作用，也是石家庄高新区的直接腹地。从2000年至2013年间石家庄的经济保持了平稳高速的增长（见图6-11），2013年GDP达到4 913.66亿元人民币，居京津冀经济区第4位，全国第29位，较2012年同期增长12.3%；2013年全市的固定资产投资达到3 106.6亿元，是五年前的三倍多；民营经济健康快速发展，民营经济增加比重从2008年的56.7%增加到2013年的66.1%，五年间增长了将近10个百分点；2013年全市财政收入总额达到489亿元，较2012年同期增长26.06%；省会通过"三年大变样"和"城中村改造"实现重大突破，建成区面积扩大到200平方公里左右，在全省发挥了示范带动作用，城乡面貌明显改观。人民的生活质量和消费水平也都有了很大程度的提高（见图6-12和图6-13），人均住房建筑面积2013年提高到30平方米，公交出行比例提高到20%；环境质量得到初步改善，市区优良天气2013年达到320天，人均公共绿地增加到15平方米。总之，腹地区域经济、社会的快速发展为高新区的发展提供了良好的基础条件。

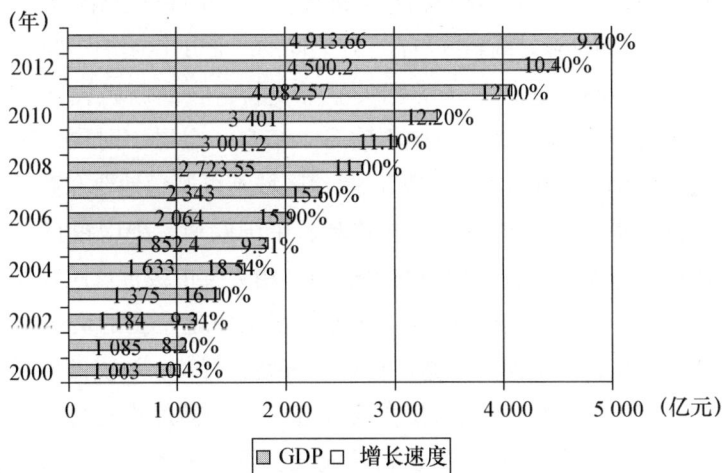

图6-11　2000—2012年石家庄地区生产总值及增长速度

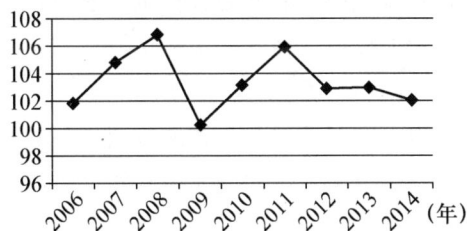

图6-12　2006—2014年石家庄居民消费价格指数趋势图

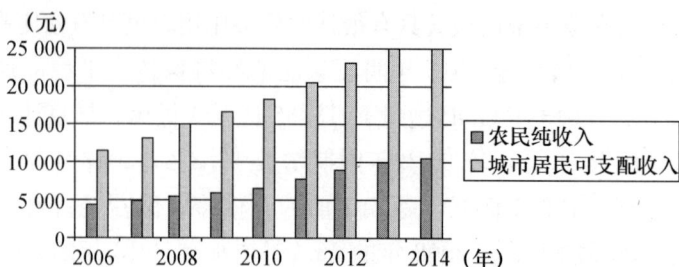

图 6-13　2006—2014 年石家庄居民收入变动图

　　腹地区域产业结构影响高新区的产业聚集。腹地区域的产业结构对高新区的产业定位和发展发挥着重要的影响。石家庄三产比例达到 10.9：48.6：40.5，第二产业以工业产业为主，按照石家庄"十二五"规划，对不同产业采取不同措施，最终形成以生物医药、装备制造、电子信息为重点的现代化工业产业体系。统计数据显示，石家庄市第三产业的比重近几年持续走高，将商贸流通、现代物流、会展、信息、金融等现代服务业作为了发展重点。而生物医药、电子信息、机械装备、新材料等恰恰也是石家庄高新区的支柱特色产业，高新区与石家庄之间的产业分工与协作势在必行。

　　腹地区域为高新区提供各类相关服务支持。在高新区设立和发展初期，公共基础设施和配套设施还不完备，信息、金融、财税、教育、医疗、公检法等相关机构和部门缺失，腹地区域不可避免地要在高新区设立相关分支机构提供服务支持。中国移动、中国联通、中国银行、建设银行、农业银行等大型金融机构与财税机构，相关省市级重点医院和小学均在高新区设立了分所或分支机构。此外，石家庄是全国的交通枢纽。京广、石太、石德、朔黄四条铁路，京石、石太、石黄、石安四条高速公路和 107、207、307、308 国道以及 2 条省道、42 条县道均交会于此，石家庄民航机场也已开通 44 条国内、国际航线。石家庄市还拥有南三条、新华集贸中心等 10 余个国内外知名的大型市场，是华北、东北、西北地区重要的商品集散地，石家庄便捷的交通、物流、通信和金融服务业的繁荣为高新区的"二次创业"提供了良好的服务支持。

　　（2）制约因素。

　　国内各地竞相发展，市场要素竞争更加激烈。一方面，石家庄紧邻京津地区，京津两地对资源要素（例如人才等）的吸引使它们之间存在博弈关系；另一方面，省内其他城市也与石家庄具有竞争关系。高新区在关键技术上取得了很大的突破和进展，拥有了一批知名高新技术企业，在项目承接、招商引资、吸引人才方面与石家庄形成了一定的竞争关系。

产业结构仍需优化。腹地冀中南区域大部分县市的产业结构还是以第二产业为主，第三产业所占比重有所提高但发展缓慢，多徘徊在20%～30%之间。仅石家庄市的第三产业发展迅速，2013年初，石家庄连续多天出现"雾霾"重度污染天气，使其更是将优化产业结构、节能减排列为区域互动发展的重点战略之一。经验显示，引导高新技术向传统产业的渗透和植入是推动传统产业摆脱困境、实现产业升级的有效途径。因此，应进一步加快新兴产业培植和传统产业价值升级的步伐。

企业核心能力不足、产业集群程度低。在高新区腹地区域，虽然企业数量众多、产品门类广泛，但民营经济占大多数，企业规模偏小，多属于劳动密集型行业，且各企业单打独斗，缺乏必要的协同与合作，产业集群程度低。同时，缺少大企业、大项目的引领。腹地区域的绝大多数企业以满足国内市场为主，参与国际市场竞争的企业数量偏少。很多企业存在设备老化、技术落后、产品更新慢、创新能力差、产权单一、企业文化建设落后等问题。

6.3.3　石家庄高新区与腹地城市互动效应过程测度

要素在区域间的流动实质上也是要素在区域间的集聚和扩散过程，因为流量统计数据的缺失，只能通过要素的集聚速度和集聚质量规模对高新区与腹地区域的要素流动做一个简单的应用性研究。根据石家庄高新区和腹地石家庄2007—2011年连续五年的数据，选取区域从业人员比重、实际利用专利数量和固定资产投资比为比较指标，利用要素集聚速度和质量规模对人力流、资本流和技术流做了简单的定量分析，根据测算结果绘制了石家庄高新区与腹地石家庄要素集聚速率和质量的折线图，如图6-14、图6-15所示：

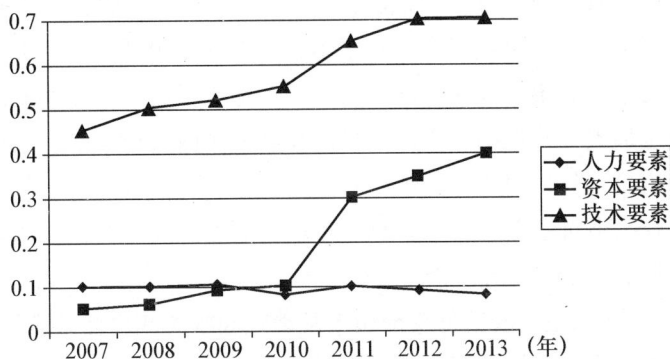

图6-14　2007—2013年石家庄高新区生产要素集聚速率折线图

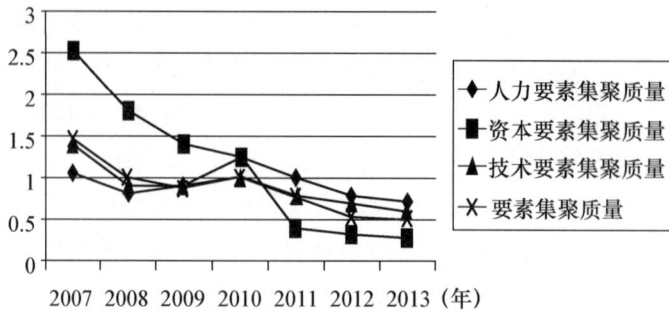

图 6 - 15　2007—2013 年石家庄高新区生产要素集聚质量折线图

　　如图 6 - 14 所示，高新区内人力、资本和技术要素均发生了集聚现象。其中，技术要素在腹地城市所占比重最大，且持续稳定走高。这较好地体现了国家高新区设立的宗旨和技术优势。资本要素在石家庄高新区内增幅最快，2007—2011 五年间高新区固定资产投资占其所在腹地城市固定资产投资资产总量的比例从 5.3％增长到 30.6％。这也反映出国家高新区比其腹地城市的投资环境要好、政策更为优越，因而形成了比较明显的企业资本要素的地理集中。从高新区人力要素的迁移情况来看，其集中程度不稳定，2009 年、2010 年人力要素集中度走低。2007—2011 五年间的集聚速率 V_L 为 -0.001，这个结果一方面暴露了高新区自有人才制度存在"引得来、留不住"的缺陷，另一方面也反映出了石家庄与京津地区存在的人才博弈局面。

　　根据图 6 - 15 可得到如下结论：第一，在石家庄高新区内各种生产要素的集聚质量均处于下滑态势，良好的集聚速度并没有产生好的要素集聚效应。主要原因有二：生产要素在石家庄高新区相对于其腹地城市的地理集中，带来了其腹地城市的"荒漠化"；高新区内的企业或者产业在优惠政策的支持下与地方企业、产业争市场、抢资源，出现了不利于区域经济整体发展的情况。第二，在生产要素中，资本要素的集聚速率最快，集聚质量降幅也最大，这说明资本要素虽然在高新区内大幅集中，但对腹地城市的总产出拉动作用很小，反映出石家庄高新区在发展过程中存在"什么商都招，什么资都引"的情况，只注重投资而不注重与所在腹地城市的现有要素资源的匹配和互动。

6.3.4　石家庄高新区与腹地城市互动效应状态测度体系应用性研究

　　根据本章建立的产学研与区域互动效应评价体系，对石家庄高新区、腹地石家庄市的原始数据进行收集整理。数据主要来源于《石家庄统计年鉴》(2006—2013)、石家庄高新区管委会、中国行业研究网，评价指标体系中使用的某些指标经过了相关计算或简单回归分析。

互动效应测度步骤。采用主成分分析法，依照主成分分析的主要步骤展开：

（1）标准化数据并提取因子。

利用 SPSS 软件将数据标准化处理后，利用 KMO 和巴特利特球度检验进行测度并进行主成分分析，结果显示前 2 个主成分的方差累计贡献率为 89.52%，即这 2 个主成分就可以描述原变量信息达到 89.52%，原有变量的信息丢失较少。根据特征根植大于或等于 1，累计贡献率大于 85% 的原则，因子分析效果较好（见表 6 - 13）。

表 6 - 13　　　　　　　　　　特征值及主成分贡献率

成分	初始特征值			提取平方和载入			旋转平方和载入		
	合计	方差(%)	累积(%)	合计	方差(%)	累积(%)	合计	方差(%)	累积(%)
1	9.371	78.093	78.093	9.371	78.093	78.093	5.646	47.048	47.048
2	1.371	11.426	89.520	1.371	11.426	89.520	5.097	42.471	89.520
3	0.957	7.977	97.496						

（2）进行主因子分析。

采用方差最大法对因子载荷矩阵实行正交旋转，通过旋转后的因子载荷矩阵可发现公共因子具有可解释性：F1 在经济增长力（E2）、产业发展（E5）和空间规模（S2、S3）上载荷较高。其中 E2、E5、S2、S3 集中反映的是高新区在与腹地区域互动过程中对腹地区域经济和社会方面的带动和辐射效应，因此 F1 可解释为带动因子。

F2 在经济规模（E1）、经济外向度（E3）、基础和配套设施建设（S4、S5）上载荷较高。其中 E1、E3、S4、S5 反映了高新区与腹地在互动过程中腹地对高新区的支撑效应，因此 F2 可解释为支撑因子。

由特征值及主成分贡献率表可知第一、第二主成分的特征值及方差贡献率，由旋转成分矩阵可知主成分与对应变量的相关系数（即载荷量），此时只需求出第一、第二主成分的表达式即可。由主成分载荷表中的数据中除以主成分相对应的特征值开平方根，便得到两个主成分中每个指标所对应的系数，计算各主成分 F1、F2 的特征值对应的特征向量。

（3）各主成分表达式。

基于因子得分矩阵（见表6-14）计算各主成分表达式：

表6-14　　　　　　　　　　　因子得分矩阵

因子	成分	
	F1	F2
VAR00001	0.012	0.142
VAR00002	0.094	0.051
VAR00003	−0.281	0.410
VAR00004	−0.320	0.228
VAR00005	0.135	0.010
VAR00006	−0.039	−0.113
VAR00007	0.135	0.009
VAR00008	0.130	0.015
VAR00009	−0.176	0.322
VAR000010	−0.022	0.170

提取方法：主成分分析法。

旋转法：具有 Kaiser 标准化的正交旋转法。

$$F1 = 0.012 \times E1 + 0.094 \times E2 - 0.281 \times E3 - 0.32 \times E4$$
$$+ 0.135 \times E5 - 0.039 \times S1 + 0.135 \times S2 + 0.13 \times S3$$
$$- 0.176 \times S4 - 0.022 \times S5$$

$$F2 = 0.142 \times E1 + 0.051 \times E2 + 0.41 \times E3 + 0.228 \times E4$$
$$+ 0.01 \times E5 - 0.113 \times S1 + 0.009 \times S3 + 0.015 \times S3$$
$$+ 0.322 \times S4 + 0.17 \times S5$$

（4）综合得分及排序。

以每个主成分所对应的特征值占所提取主成分总的特征值之和的比例作为权重计算主成分综合模型：

$$F = \frac{\lambda 1}{\lambda 1 + \lambda 2} F1 + \frac{\lambda 2}{\lambda 1 + \lambda 2} F2$$

根据以上公因子的得分计算方差贡献率，我们得出石家庄高新区与石家庄市互动效应走势和排序表（见表6-15）。通过分析比较，可进一步论证高新区发展的状态水平和高新区对石家庄城市发展的主要贡献。

表 6 - 15　　　　石家庄高新区与腹地城市互动效应测度结果一览表

	互动效应				
	07	08	09	10	11
E1，生产总值	−1.563 1	−0.405 5	0.538 2	0.915 4	0.330 4
E2，工业增加值	−1.530 5	−0.303 0	0.713 1	0.870 7	0.300 3
E3，出口额	−1.093 7	−0.614 7	−0.278 6	0.730 7	0.312 8
E4，实际利用外资	1.164 1	−0.055 1	−1.107 4	−0.584 4	−0.157 9
E5，优势产业增长率	−1.559 9	−0.263 1	0.817 3	0.874 9	0.294 8
经济互动效应	−0.917	−0.328	0.137	0.561	0.216
S1，财政收入	1.560 7	0.374 2	−0.598 0	−0.905 6	−0.322 3
S2，已开发面积	−1.548 9	−0.260 2	0.813 6	0.868 5	0.292 4
S3，至 2015 年规划面积	−1.559 8	−0.269 3	0.804 9	0.876 6	0.296 3
S4，固定资产投资	−1.348 7	−0.562 2	0.044 1	0.847 7	0.337 4
S5，配套设施	−1.470 8	−0.419 5	0.431 2	0.871 7	0.320 2
社会互动效应	−0.874	−0.227	0.299	0.512	0.185

互动效应测度结果分析如下：

（1）总体互动效应。

根据互动效应测度结果，绘制高新区与腹地城市互动效应动态变化趋势图，包括经济系统和社会系统的互动效应（见图 6 - 16）。根据图形的变化趋势可分析得出如下结论：

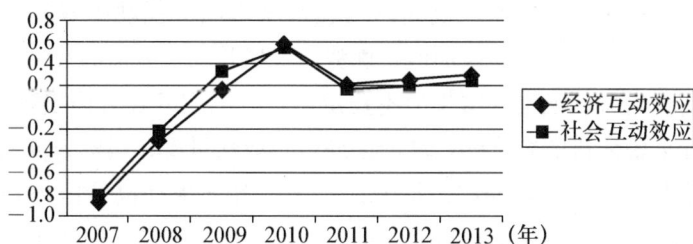

图 6 - 16　2007—2013 年石家庄高新区与腹地城市互动效应动态走势图

第一，石家庄高新区与腹地城市石家庄的经济互动效应和社会互动效应均逐年呈现上升趋势，均从 2007 年的负向互动效应逐渐转变为正值，2010 年高新区与石家庄经济互动效应和社会互动效应分别达到 0.561 和 0.512。

第二，经济互动效应增幅整体高于社会系统的互动效应增幅。这个情况一来说明了高新区作为腹地城市经济增长极的作用已经开始发挥，二来也反映了社会系统互动行为的效应显现具有一定的滞后性，应提前做好规划，促进社会系统的互动行为。

第三，在 2007—2008 年间经济互动效应和社会互动效应均为负值，主要是由两个原因引起的：其一是因为高新区过于着重自身的建设和发展，没有培养和形成与腹地城市展开互动的意识和能力，反而出现了与腹地区域进行博弈的不良情况；其二是因为 2008 年的国际金融危机严重影响了高新区企业的出口额和外资利用，从而制约了互动效应的发挥。

（2）经济系统互动效应。

根据互动效应测度结果，绘制高新区与腹地城市经济系统互动效应动态变化趋势图（见图 6-17）。

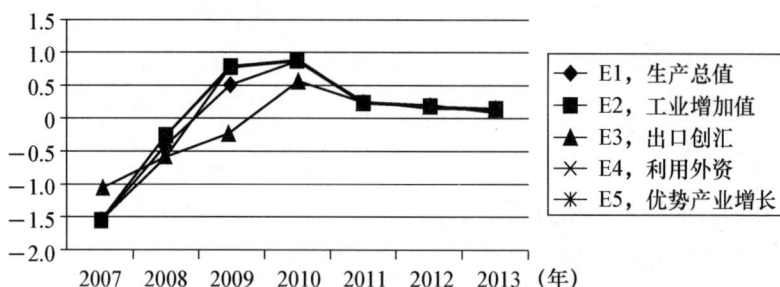

图 6-17　2007—2013 年石家庄高新区与腹地城市经济互动效应动态走势图

根据图 6-17 分析可知：

第一，在选取的石家庄高新区与腹地城市经济互动体系的五个指标中，代表生产总值、工业增加值、优势产业增长三个方面的互动效应值均逐年走高；出口创汇也有增长但不稳定；只有利用外资方面出现负增长，除了国际金融危机的影响外，高新区外资企业数量少、引资力度弱也是导致这种状况出现的重要原因。据统计，2010 年石家庄高新区内外商投资企业为 110 家，仅为区内注册企业的 5.2%。石家庄高新区要想更好地发挥"增长极"的作用，就必须进一步搞好外资的引进和利用。

第二，生产总值、工业增加值和优势产业增长指标动态变化趋势基本一致，出口创汇、利用外资两个指标也在经济波动之后趋同于其他经济指标的互动效应值，这种变化体现了石家庄高新区与腹地城市经济系统互动效应的规模性特征。

第三，从 2007—2013 年的经济系统各指标互动效应值来看，高新区在提升经济总量、优化产业结构和研发方面与腹地区域具有互动优势。

（3）社会系统互动效应。

根据互动效应测度结果，绘制高新区与腹地城市社会系统互动效应动态变化趋势图（见图6-18）。

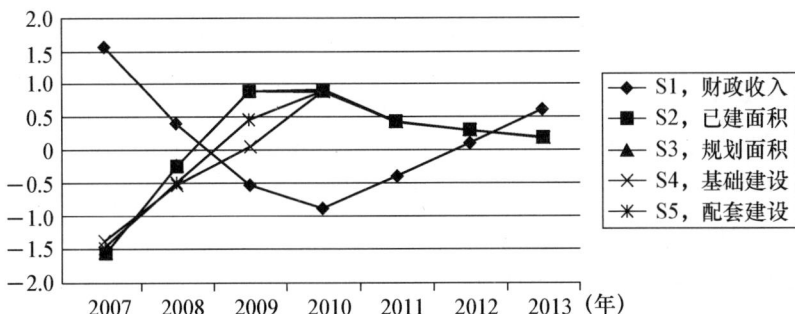

图6-18 2007—2013年石家庄高新区与腹地城市社会互动效应动态走势图

根据图6-18分析可知：

第一，从2007—2013年的高新区与石家庄社会系统各指标互动效应值来看，石家庄高新区与腹地城市在就业总量、空间规模和基础设施建设方面具有良好的互动效应且逐年大幅提升。原因在于：石家庄高新区建设在2006年已开始进入"二次创业"阶段，也恰逢石家庄市正在实施"三年大变样"加速发展时期，高新区的工业发展和产业、企业聚集使得用地规模快速扩大，促进了石家庄城市规模和设施建设等方面的快速发展。

第二，石家庄高新区与腹地石家庄在财政收入方面互动效应较低。主要原因在于：其一，石家庄高新区在"十五"之前的发展速度并不非常显著，区内大多数企业也处于资本累积和技术研发的初级阶段；其二，我国对国有、民营、外资等不同类型和所有制的企业，采用的是不同的税收和财政政策，而且石家庄高新区先期为了吸引项目和企业入驻还对入驻园区的企业实行了一系列优惠的财政、税收政策；其三，腹地很多搬迁到石家庄高新区的企业并没有实现税收的属地化，上缴的利税仍然算在原来的税务开户区域内，这也是导致高新区财税收入比例偏低的重要原因之一。

综上，本节以石家庄高新区和腹地石家庄市为例，根据构建的互动效应的过程测度体系和状态测度体系进行了应用性研究。石家庄高新区是腹地城市石家庄市重要且特殊的一部分，在自然条件、要素收益差异和产业布局方面既有差异又有联系，具备两个区域互动发展的机会和平台。

石家庄高新区的要素、企业和产业集聚已初具规模，高新区的发展在中短期内对腹地石家庄的经济产出、产业结构、空间规模和配套设施等方面的发展产生了巨大影响，其作用也会逐渐累积起来，对区域经济的长期增长和社会发展起到影响作用。反过来，区域的发展基础、经济水平和政策环境也会影响到高新区的发展。从石家庄高新区与腹地石家庄互动效应的测度结果来看，第一，石家庄高新区有明显的要素、产业和企业集聚现象，但对腹地的拉动作用并不明显。这实际上也是我国地方政府和管理机构一窝蜂设立"开发区、高新区"的不良后果的体现。在高新区的建设和发展中过于注重短期效益，没有考虑到要素、产业、企业集聚所带来的规模收益和腹地区域的产业布局和总体规划。第二，两个区域在经济、社会的多个方面均存在互动，且经济互动效应增幅明显高于社会系统的互动效应增幅，高新区经济增长极的作用凸显。石家庄高新区与腹地石家庄在空间规模、产业发展、经济规模和基础设施建设方面等方面互动效应良好，在经济外向度、招商引资等方面互动效应欠佳。因此，石家庄高新区和腹地城市都应"因地制宜、扬长避短"，加强规模性企业和外商投资企业的引入和交流，积极采取政府行为促进高新区与腹地的互动，制定具有前瞻性的区域互动政策。

第七章　产学研—京津冀协同互动发展实践

区域越来越成为政治与经济舞台上的一个独特空间。区域合作与协调成为推动区域发展的重要驱动力量，唯有建立多方参与的区域协同机制，充分发挥产学研与区域互动发展的效应，才能形成强有力的驱动力。接下来，在前面框架研究基础上，本章以中国京津冀区域为蓝本，进一步探讨产学研与区域互动协同发展的条件及产学研互动主体实践的案例。

7.1　京津冀协同发展重大实践战略的提出

7.1.1　京津冀协同发展的重大意义

（1）激扬中国梦的伟大实践。

推动京津冀协同发展，是党中央、国务院在新的历史条件下做出的重大决策部署，是一项意义重大而深远的国家战略。京津冀协同发展，将着力打造现代化新型首都圈和具有较强竞争力的世界级城市群，使之成为我国经济发展新的支撑带。这是中国特色社会主义的重大实践，对于协调推进"四个全面"战略布局，实现"两个一百年"奋斗目标和中华民族伟大复兴的中国梦，具有重大的现实意义和深远的历史意义。

（2）引领经济新常态。

京津冀协同发展，将开辟区域优化开发的崭新局面。在不远的将来，京津冀这片战略地位极为重要的区域，将形成良性互动、一体发展、协调发展的全新格局，展示出更为雄厚的国际竞争力和影响力，在支撑全国经济社会发展中发挥更大作用，为引领经济发展新常态、全面对接"一带一路"重大战略、服务全国转型发展和全方位对外开放做出更大贡献。

（3）解决"大城市病"，实现可持续发展。

京津冀协同发展，是适应人民群众新期待、解决"大城市病"、实现北京可持续发展、建设国际一流和谐宜居之都的根本出路，是充分发挥首都资源优势、加快转方式调结构、提升发展水平和城市品质、更好服务国家发展的战略抉择，为北京可持续发展提供了历史机遇。

7.1.2 京津冀协同发展的功能定位

（1）总体功能定位。

功能定位是科学推动京津冀协同发展的重要前提和基本遵循。京津冀总体功能定位应为全球最具竞争力和影响力的现代化、国际化、生态化的世界级大都市圈，是全国的政治、文化、科教、国际交往中心和北方经济中心，具有全球影响力的国际创新中心，全国服务型经济中心区，以及转变经济发展方式的综合改革示范区①。

2015年6月，《京津冀协同发展规划纲要》印发实施。该《规划纲要》紧紧围绕有序疏解北京非首都功能、推动京津冀协同发展的战略要求，从战略意义、总体要求、定位布局、有序疏解北京非首都功能、推动重点领域率先突破、促进创新驱动发展、统筹协同发展相关任务、深化体制机制改革、开展试点示范、加强组织实施等方面描绘了京津冀协同发展的蓝图，是推动京津冀协同发展重大国家战略的纲领性文件。

《京津冀协同发展规划纲要》将京津冀整体定位概括为："以首都为核心的世界级城市群、区域整体协同发展改革引领区、全国创新驱动经济增长新引擎、生态修复环境改善示范区"。

（2）三地功能定位。

《京津冀协同发展规划纲要》就三省市分别给出定位。北京市为"全国政治中心、文化中心、国际交往中心、科技创新中心"；天津市为"全国先进制造研发基地、北方国际航运核心区、金融创新运营示范区、改革开放先行区"；河北省为"全国现代商贸物流重要基地、产业转型升级试验区、新型城镇化与城乡统筹示范区、京津冀生态环境支撑区"。

北京、天津、河北三地各具发展优势，北京是国家首都，政治、文化、科技创新、国际交往中心地位突出，已经成为超大规模的现代化国际大都市。天津是中国北方经济中心，也已经成为超大规模的现代化的综合性国际港口城市。河北土地面积大，人口多，重化工业基础雄厚，经济发展潜力巨大。

在区域一体化视角下，三地依照各自的发展基础和条件，分别承担了

---

① 李国平. 京津冀区域发展报告（2014）. 北京：科学出版社，2014.

不同的职能分工。北京的服务知识型，天津的加工和服务型，河北的资源型、加工型和服务型的基本组合特征具有很强的互补优势，在不同层面、不同环节上成为实现区域协同发展的重要基础。考虑到三地共同面对的人口、资源、环境和发展不平衡等问题，未来相当一段时期内北京特别是北京中心城区要"去功能化"，天津要去"加工化"，河北要去"重型化"。

确定三地各自的功能定位，应充分体现各自的比较优势、竞争优势、经济分工联系，以及优势互补和合作共赢的要求。

北京作为首都，属于典型的"知识型＋服务型"城市，在高端服务业、高新技术产业和文化创意产业等方面具有明显优势，应兼顾首都功能和城市经济功能，以政治中心、文化中心、科技创新中心和国际交往中心为首都核心功能，以高端服务业、高新技术产业和文化创意产业为主要的城市经济功能。从产业功能链上来看，北京主要应该保留总部、研发和销售功能，非核心的生产制造功能应逐渐退出。

天津属于"加工型＋服务型"城市，不仅拥有北方最大的综合性港口和沿海比较丰富的土地资源，还有良好的制造业基础和开放优势，也是人口上千万的特大城市，考虑到和北京的分工关系，天津在适度发展现代制造业的基础之上，需加快壮大服务业，实现服务和制造双轮驱动。从产业功能链上来看，天津主要应该突出其生产研发和加工制造功能，在部分优势行业承担一定的总部功能。

河北属于"资源型＋加工型＋服务型"地区，采掘业、重工业、农副产品生产、加工业优势突出，但过于偏重资源开发加工的重工业结构已经成为京津冀区域大气污染的主要原因，因此应该强调"去重型化"，加速从重工业向加工业和服务业的转型，应重点发展现代制造业、综合服务业、原材料工业和现代农业。从产业功能链上来看，河北现阶段主要承担生产制造功能，在部分优势行业（主要是原材料工业、战略性新兴产业）承担生产研发功能[①]。

从京津冀区域各城市总体规划的产业定位来看，北京、天津、石家庄、唐山、保定、廊坊、秦皇岛等在规划中均要发展高新技术产业，尤其是电子信息、生物技术等；石家庄、唐山、邯郸、邢台等规划发展钢铁机械工业及相关下游产业；天津、石家庄、衡水等规划发展石化工业；北京、天津、唐山、秦皇岛、张家口规划发展装备制造业；北京、天津、保

① 李国平. 京津冀区域发展报告（2014）. 北京：科学出版社，2014.

定、沧州、邢台、衡水等规划发展汽车产业和汽车配件产业。各城市规划中的产业定位存在较多雷同方面，同时也各有侧重，从而可以也有必要加强产业链的分工合作，实现区域产业经济合作发展①。

区域整体定位体现了三省市"一盘棋"的思想，突出了功能互补、错位发展、相辅相成；三省市定位服从和服务于区域整体定位，增强整体性，符合京津冀协同发展的战略需要。

（3）空间布局。

京津冀确定了"功能互补、区域联动、轴向集聚、节点支撑"的布局思路，明确了以"一核、双城、三轴、四区、多节点"为骨架，推动有序疏解北京非首都功能，构建以重要城市为支点，以战略性功能区平台为载体，以交通干线、生态廊道为纽带的网络型空间格局。

"一核"即指北京。有序疏解非首都功能、优化提升首都核心功能、解决北京"大城市病"问题是京津冀协同发展的首要任务。"双城"是指北京、天津，这是京津冀协同发展的主要引擎，要进一步强化京津联动，全方位拓展合作广度和深度，加快实现同城化发展，共同发挥高端引领和辐射带动作用。"三轴"指的是京津、京保石、京唐秦三个产业发展带和城镇聚集轴，这是支撑京津冀协同发展的主体框架。"四区"分别是中部核心功能区、东部滨海发展区、南部功能拓展区和西北部生态涵养区，每个功能区都有明确的空间范围和发展重点。"多节点"包括石家庄、唐山、保定、邯郸等区域性中心城市和张家口、承德、廊坊、秦皇岛、沧州、邢台、衡水等节点城市，重点是提高其城市综合承载能力和服务能力，有序推动产业和人口聚集。

（4）功能疏解。

当前，北京人口过度膨胀，雾霾天气频现，交通日益拥堵，房价持续高涨，资源环境承载力严重不足，造成这些问题的根本原因是北京集聚了过多的非首都功能。应按照习近平总书记重要指示精神，有序疏解北京非首都功能。

从疏解对象讲，重点是疏解一般性产业特别是高消耗产业，区域性物流基地、区域性专业市场等部分第三产业，部分教育、医疗、培训机构等社会公共服务功能，部分行政性、事业性服务机构和企业总部等四类非首都功能。从疏解的原则讲，坚持政府引导与市场机制相结合，既充分发挥

---

① 李国平. 京津冀区域发展报告（2014）. 北京：科学出版社，2014：106.

政府规划、政策的引导作用，又发挥市场的主体作用；坚持集中疏解与分散疏解相结合，考虑疏解功能的不同性质和特点，灵活采取集中疏解或分散疏解方式；坚持严控增量与疏解存量相结合，既把住增量关，明确总量控制目标，也积极推进存量调整，引导不符合首都功能定位的功能向周边地区疏解；坚持统筹谋划与分类施策相结合，结合北京城六区不同发展重点要求和资源环境承载能力统筹谋划，建立健全倒逼机制和激励机制，有序推出改革举措和配套政策，因企施策、因单位施策。

（5）重点领域。

《京津冀协同发展规划纲要》确定交通、环保产业升级先突破。在交通一体化方面，构建以轨道交通为骨干的多节点、网格状、全覆盖的交通网络。重点是建设高效密集轨道交通网，完善便捷通畅公路交通网，打通国家高速公路"断头路"，全面消除跨区域国省干线"瓶颈路段"，加快构建现代化的津冀港口群，打造国际一流的航空枢纽，加快北京新机场建设，大力发展公交优先的城市交通，提升交通智能化管理水平，提升区域一体化运输服务水平，发展安全绿色可持续交通。在生态环境保护方面，打破行政区域限制，推动能源生产和消费革命，促进绿色循环低碳发展，加强生态环境保护和治理，扩大区域生态空间。重点是联防联控环境污染，建立一体化的环境准入和退出机制，加强环境污染治理，实施清洁水行动，大力发展循环经济，推进生态保护与建设，谋划建设一批环首都国家公园和森林公园，积极应对气候变化。在推动产业升级转移方面，加快产业转型升级，打造立足区域、服务全国、辐射全球的优势产业集聚区。重点是明确产业定位和方向，加快产业转型升级，推动产业转移对接，加强三省市产业发展规划衔接，制定京津冀产业指导目录，加快津冀承接平台建设，加强京津冀产业协作等。

7.1.3　京津冀协同发展的战略构想

（1）主要目标。

京津冀协同发展的主要目标是面向未来打造新的首都经济圈，推进区域发展体制机制创新，探索完善城市群布局和形态，为优化开发区域发展提供示范和样板，探索生态文明建设有效路径，促进人口经济资源环境相协调，实现京津冀优势互补，进而促进环渤海经济区发展、带动北方腹地发展。基于我国区域发展战略的逻辑演进，与之相匹配的中国区域发展战略方针、战略内容和实施机制都将呈现新趋势和新特征。

《京津冀协同发展规划纲要》制定了京津冀协同发展的三步走目标。

近期为到 2017 年，有序疏解北京非首都功能取得明显进展，在交通一体化、生态环境保护、产业升级转移等重点领域率先取得突破，深化改革、创新驱动、试点示范有序推进，协同发展取得显著成效。中期为到 2020 年，北京市常住人口控制在 2 300 万人以内，北京"大城市病"等突出问题得到缓解；区域一体化交通网络基本形成，生态环境质量得到有效改善，产业联动发展取得重大进展；公共服务共建共享取得积极成效，协同发展机制有效运转，区域内发展差距趋于缩小，初步形成京津冀协同发展、互利共赢的新局面。远期为到 2030 年，首都核心功能更加优化，京津冀区域一体化格局基本形成，区域经济结构更加合理，生态环境质量总体良好，公共服务水平趋于均衡，成为具有较强国际竞争力和影响力的重要区域，在引领和支撑全国经济社会发展中发挥更大作用。

（2）战略方针。

在战略方针上，未来我国区域发展战略可能会遵循"以局部协同发展推进整体协调发展"的战略方针。这包含三个层次：宏观层面，实现政府政策主导的东中西部地区协调发展战略；中观层面，实现市场主导、政府引导的区域集群协同发展；微观层面，推进地区建设主体功能区、经济开发区等内部的协同发展。在战略内容上，将由推进区域经济协调发展提升到实现区域经济、政治、文化、社会及生态的全面协同发展。在战略实施机制上，将进一步确立市场在推进区域协调发展中的决定性作用，更好地发挥政府的引导和扶持作用。在区域协调发展战略推进的过程中，未来将更加充分发挥市场机制在资源配置中的决定性作用，同时，将进一步转变和优化政府在区域发展中的作用。中央政府只在宏观层面发挥协调空间结构、引导生产力布局和统筹区域总体发展等作用。在区域发展政策方面，政府将为各区域提供相对公平、一致的区域发展政策和竞争规则，同时加大财政转移支付的区域倾斜力度①。

7.2　产学研—京津冀互动实践的条件分析

如前所述，产学研与区域协同互动发展实践是一个动态的开放的系

---

① 胡少维. 2014 年区域经济发展分析及 2015 年展望//杜平. 中国与世界经济发展报告 (2015). 北京：社会科学文献出版社，2014.

统，涉及经济、科技、政策、社会和人文环境多个方面，其实质是互动中创新、协同中发展。一方面，产学研是所依托区域的一个有机组成部分，其发展方向、内容和产业布局必须建立在一定的区位条件基础上，并且服从和服务于促进区域发展这一根本目标。另一方面，产学研构成区域协同创新发展的主要动力来源。其中，区位条件与优势互补是区域协同发展及产学研跨区域互动的客观条件。

7.2.1　总体条件与优势

（1）客观自然条件。

从国外大都市圈的发展来看，各大城市连绵区的区位优势不容忽视，这种区位优势体现在区位本身的优势及各地区的空间连接的便利、经济联系与互补的紧密等方面。京津冀三地在空间位置上相互毗邻，形成一块天然的区域经济板块，自然成了环渤海地区的核心区域。

京津冀三地位于华北平原北部，人口 1 亿以上，经济总量也占到全国 11% 左右，京津两地中心相距仅 130 多公里，城市边缘则相距更近。京津冀处于平原地带，更便于农业种植、居住及交通运输，同时又沿河沿海，为工业和生活提供水资源的保障。

京津冀区域矿产资源丰富（见表 7-1），整体区域种类也较齐全，如渤海油田、大港油田、华北油田等都是我国重点开发的油田，京西煤矿、开滦煤矿、河北蓟宝煤田已成为该地区重要的能源动力。另外，天津境内的长芦盐场产量占全国总产量的 14.5%，河北省仅探明的金属矿产也多达 53 种。从总体上看，京津冀区域空间一体且自然资源整体丰富并有互补优势，为地区协同发展提供了坚实的自然基础条件，同时也构成了京津冀产学研合作互动的客观基础。

表 7-1　　京津冀主要能源、黑色金属矿产基础储量（2014 年）

地区	石油（万吨）	天然气（亿立方米）	煤炭（亿吨）	铁矿（矿石亿吨）	锰矿（矿石万吨）	铬矿（矿石万吨）	钒矿（万吨）	原生钛铁矿（万吨）
全国	336 732.81	46 428.84	2 362.90	199.17	21 547.74	401.47	909.91	21 957.03
北京			3.83	1.34				
天津	3 115.22	279.79	2.97					
河北	26 685.34	325.86	39.41	23.97	7.05	4.64	10.28	283.68

数据来源：中国矿产品行业市场分析及未来五年发展商机研究报告（2015）.

（2）区域经济总量与产业结构。

作为我国三大都市圈之一，京津冀区域发展始终引领着我国北方地区经济社会发展进程。特别是近年来，区域内部产业结构调整加速，区域合作进程加快，经济发展取得了巨大成绩（见表7-2）。2014年，京津冀区域GDP达到66 474.5亿元，占全国的10.4%。

表7-2　　　　　　　　　　京津冀区域经济发展水平情况表

年份	当年价GDP（亿元）	GDP不变价增速（%）	人均GDP（万元）
2010	43 787.2	—	4.2
2011	52 145.1	11.7	4.9
2012	57 420.9	10.2	5.3
2013	62 172.2	9.2	5.7
年均增速度（%）	12.4	10.4	10.8

数据来源：北京统计年鉴（2014），天津统计年鉴（2014），河北经济年鉴（2014）.

　　京津冀区域在保持国民经济稳步增长同时，区域产业结构调整也明显加快。总体上第三产业得到优先发展，从而推进了工业和服务业的产业结构升级，同时，积极培育高新技术产业，逐步形成了新的产业发展格局，有效提高了国民经济整体质量和效率。

　　自20世纪80年代以来，京津冀区域"三、二、一"产业发展格局开始形成，服务主导型经济特征开始显现（见表7-3），2010年第三产业比重已超过一半，2012年，京津冀区域产业结构为6∶43∶51（以增加值计），第三产业在与第二产业齐头并进的同时，已成为带动区域经济快速发展的重要支柱，标志着京津冀区域经济发展进入新阶段[1]。2015年第一季度，京津冀三地第三产业增加值占地区生产总值比重分别为80%、50.7%、39.3%，比上年同期分别提高1.5、5.9和6.2个百分点。此外，前5个月北京规模以上工业中战略性新兴产业增加值同比增长11%，对规模以上工业的贡献率达到89%。京津冀三地第三产业比重继续上升，工业内部结构不断优化[2]。

表7-3　　　　　　　　　　京津冀地区产业结构变化情况（%）

地区	产业	2005年	2006年	2007年	2008年	2009年	2010年	2011年	2012年	2013年
北京	第一产业	1.4	1.2	1.1	1	1	0.9	0.8	0.8	0.8
	第二产业	29.4	27.8	26.8	23.6	23.5	24	23.1	22.7	22.3
	第三产业	69.1	70.9	72.1	75.4	75.5	75.1	76.1	76.5	76.9

---

[1] 李国平. 京津冀区域发展报告（2014）. 北京：科学出版社，2014：7.
[2] 北京市统计局. 京津冀研究报告. 2015-07-08.

续前表

地区	产业	2005 年	2006 年	2007 年	2008 年	2009 年	2010 年	2011 年	2012 年	2013 年
天津	第一产业	1.8	2.7	2.2	1.8	1.7	1.6	1.4	1.3	1.3
	第二产业	55.2	57.1	57.3	55.2	53	52.5	52.4	51.7	50.6
	第三产业	43	40.2	40.5	43	45.3	46	46.2	47	48.1
河北	第一产业	14.9	13.8	13.2	12.7	12.8	12.6	11.9	12	12.3
	第二产业	51.8	52.4	52.8	54.3	52	52.5	53.5	52.7	52.2
	第三产业	33.3	33.8	34	33	33.2	34.9	34.6	35.3	35.5

数据来源：2006—2016 年《北京统计年鉴》《天津统计年鉴》《河北经济年鉴》。

京津冀产业布局还有待进一步具体规划，2015 年已确定的合作项目有首钢搬到曹妃甸、北汽制造厂搬到河北黄骅等。2014 年 6 月，杨连云在中国发展研究基金会主办的"大都市圈发展：国际比较与启示"研讨会期间接受财新网记者采访时称，目前河北和北京合作比较好的是农业，主要是北京新发地蔬菜批发市场和超市与河北蔬菜基地开展农超对接，旅游合作也比较好，交通、生态保护领域的合作也已经开始，汽车、钢铁以外的产业合作并不多。而钢铁、汽车领域的合作前几年就已开始。

河北希望能将高新技术产业的生产基地放到河北，研发在北京。目前河北各县区 100 多个工业园区都做好准备，土地、人才配套和产业配套都已具备，"关键看北京愿意放弃多少"①。

由此可见，涉及利益格局改变，还需要各方进一步达成共识，同时加强中央的统一规划，克服目前产业布局的同质化倾向，通过交叉协作分工，实现产业相融，从而提高竞争力。产业整合实质还是企业整合，最终还是要靠市场力量，但政府搭建平台很重要，这样企业、科研机构、人才等主体才能合作唱好戏。

（3）区域居民生活水平持续提高。

从总体经济发展水平来看，京津冀城乡居民平均收入水平高于全国，显示了京津冀区域居民生活水平持续提高。同时，也应看到，河北省与京津两地还存在较大差距，2012 年，北京、天津两地城镇居民人均可支配收入分别为 36 469 元、29 626 元，均远高于全国平均水平 24 565 元，河北省为 20 543 元，还低于全国平均水平（见表 7 - 4）。

---

① 于海荣. 京津冀产业合作尚无具体规划［EB/OL］.（2014 - 04 - 30）［2016 - 07 - 30］. http://economy. caixin. com/2014-05-30/100684489. html.

表 7 - 4　　　　京津冀城镇居民平均每人全年家庭收入来源（2012 年）　　　单位：元

地区	可支配收入	总收入	工资性收入	经营净收入	财产性收入	转移性收入
全国	24 564.72	26 958.99	17 335.62	2 548.29	706.96	6 368.12
北京	36 468.75	41 103.11	27 961.78	1 430.22	717.56	10 993.54
天津	29 626.41	32 944.01	21 523.81	1 200.10	515.49	9 704.61
河北	20 543.44	21 899.42	13 154.52	2 257.48	338.47	6 148.95

京津冀区域不断完善社会保障机制，提高管理服务水平，扩大社会保险覆盖面，参保人数不断增加，社会保障事业取得了较大成效。截至2014年底，京津冀区域城镇居民基本养老保险和医疗保险覆盖面得到进一步扩大。

在制度建设层面，建立京津冀区域内异地就医结算制度——省级异地就医信息平台，省级医保信息系统即时连接，让异地就医人员的医疗费用在就医地直接报销，同时实现企业职工基本养老保险关系转移接续，完善跨省市区域社会保障体系，促进人力、信息等资源的区域流动。

（4）区域环境生态建设取得成效。

环境生态建设取得成效，主要污染物排放量和强度均同比下降，森林面积与覆盖率也逐渐提高，城市绿化率提升，总体能源利用率有所提高，工业能耗降低显著。特别是河北省从2013年第四季度到2014年第一季度，全省规模以上工业能耗降低近5%，规模以上工业单位增加值能耗同比下降9.4个百分点，这是历史上从未有过的。

同时，据2014年1—9月的《河北省统计局统计月报》，河北省经济增长在2014年一季度出现了快速、大幅度的下滑，GDP增长4.2%，与2013年相比，GDP增速下降了一半，但是，这次经济增长快速下滑是在强力治污、经济发展不再以GDP为纲的大背景下出现的，是符合中央和各方预期的。从河北经济发展的历史以及未来演进看，这次下滑虽然很"痛"，却能"刮骨疗伤"，对河北经济长远发展具有转折意义。

（5）区域交通网络形成，基础设施建设逐渐加强。

京津冀区域已逐步形成以北京为中心的放射状路网系统，路网密度稳步上升。高速公路基本格局为"九放射、一滨海、四纵、八横"，铁路基本格局为"十放射、一纵、五横"。北部山区以北京伸出的放射状路网为主，南部平原地区路网既有北京、天津伸出的放射状路网，又有连接各主要城市的高等级公路，造成南部平原地区路网较北部地区密集。区域内海港和空港吞吐能力也有显著提升，其中天津港已成为京津冀区域现代化综合交通网络的重要节点和对外贸易的主要口岸①。

具体交通建设方面，围绕天津交通线路，使津保铁路、京津城际延伸线、西南环线建成通车，于家堡中心站投入使用，加快推进京津城际机场引入线、南港铁路等项目建设。高速公路网方面，截至 2014 年底，天津市高速公路已建成通车 1100 余公里。之后将加快推进 10 条高速公路建设，进一步拉近京津冀区域城市之间的时空距离。

全长 940 公里的"北京大外环"高速公路有望全线贯通，既可缓解北京的交通压力，也让环北京各城市之间的联系更加紧密。北京大外环，又称京津冀环线高速公路，规划总里程约 940 公里。由张家口至承德高速公路、大广高速公路北京至承德段、密云至涿州高速公路、张家口至涿州高速公路、北京至化稍营高速公路土木至胶泥湾段 5 条（段）高速公路构织而成，建成后对北京呈环绕之势。届时河北有多达 11 条高速公路直达北京，京冀交通一体化进程全面提速，环首都经济圈加速形成。

基础设施建设是一切工作的基础。在实际工作中，把京津冀地区视为一个整体，研究三方共同的基础设施配置，在供水、供电、交通、通信、能源、信息、环保、防灾抗灾等基础设施方面加强合作，共同开发利用（见表 7-5）；目前全面推进以交通为重点，包括通信、能源、排水、环境保护等在内的一系列基础设施，尽快形成航空、高铁、高速公路、港口建设的合理布局，完善现代化的信息基础设施，努力构建完善的"信息高速公路"网络，实现京津冀的信息高速传送。

表 7—5　　　　京津冀地区城市设施水平（2012 年）

地区	城市用水普及率（%）	城市燃气普及率（%）	每万人拥有公共交通车辆（标台）	人均城市道路面积（平方米）	人均公园绿地面积（平方米）	每万人拥有公共厕所（座）
全国	97.16	93.15	12.15	14.39	12.26	2.89
北京	100.00	100.00	23.43	7.57	11.87	3.24
天津	100.00	100.00	17.34	17.88	10.54	1.84
河北	99.96	99.79	11.29	17.84	14.00	4.18

说明：人均和普及率指标按城区人口与暂住人口之和计算，以公安部门的户籍统计和暂住人口统计为准。

① 李国平. 京津冀区域发展报告（2014）. 北京：科学出版社，2014：11.

最后，在服务业方面：京津冀地域相连，但服务业尤其是现代服务业的发展水平却差距过大，成为制约三地区域经济协调发展的重要障碍。推进京津冀协同发展，必须把发展障碍比较少的、对制造业具有集聚推动作用的以金融保险、现代物流和技术研发为代表的现代服务业作为一个重要着力点。通过顶层推动，协同发展京津冀金融保险业。京津冀金融业要实现协调互动首先要靠顶层推动，打破由于行政区划、金融监管和金融机构内部垂直管理所造成的金融资本割裂导致跨区域金融服务难以实现的"银政壁垒"。通过金融业的率先协同发展，保险业迅速跟进，推进资金要素在区域间的自由流动，为产业的跨地区运作创造良好的平台，从而对京津冀协同发展起到积极的引导作用。优势整合，合力推进京津冀现代物流体系建设。京津冀地缘相接、人缘相亲，地域一体、文化一脉，加强分工协作，进行优势整合，实现京津冀物流业 1＋1＋1＞3 的效果，对京津冀协同发展意义非同寻常。一是整合北京和天津的航空港资源，建立北京首都国际机场、天津机场和石家庄正定机场战略联盟，实现北京空港物流园区和天津空港国际物流区的协调互动发展，有力推动京津冀临空经济的发展。二是整合天津和河北的海港资源，促进各港口之间的分工协作、功能互补，形成全方位、多功能、多类型的港口综合体，通过有序发展，充分发挥港口群体优势，支撑京津冀临港产业的发展。三是对铁路、公路以及海港、空港进行整合，建设京津冀统一的现代化物流网络体系。这方面已经取得的成果有：北京市商务委建立了服务于京津冀的"区域物流公共信息平台"——物流中国。在商业零售领域，北京连锁超市及老字号企业在津冀开店得到较快发展。承载非首都核心功能的产业开始向北京周边地区转移。京津冀三地将建设统一开放的商贸流通市场，鼓励零售业相互延伸。北京市商务部门将推进的工作包括进一步优化空港交通物流体系，打造服务京津冀地区的国际平台，支持区域性物流中心、批发功能向天津迁移。北京市商务部门将鼓励外贸货物代理、物流和跨境电商企业，在天津海关特殊监管区设立物流仓库和大宗商品集散中心。

总之，目前京津冀自然条件、制度环境、经济建设及基础设施建设等方面都为产学研区域合作提供了坚实的基础，有条件而且能够促进人力、技术、物资、信息等产学研要素的区域流动，同时，要素的流动必然带动区域产业、企业的集聚，从而促成产学研与区域间发生共享效应，形成产学研与京津冀区域在经济、社会、空间等多方面的良性互动发展格局。

7.2.2　分区条件与优势

1. 北京市

北京作为全国科技创新中心，自然也是京津冀产学研合作中的"领头羊"，其新兴产业、创新资源、研发实力均处于领头地位。特别是近几年来，北京战略新兴产业增速加快，高端人才数量位居全国首位，创新人才梯队完备，智力资源雄厚，科技研发成果丰硕。

（1）战略新兴产业发展，产业结构高端化。

进入 21 世纪以来，北京经济规模总量已超过 1 万亿元，人均 GDP 也超过 10 000 美元。自 2008 年以来，面对国际金融危机的冲击和国内经济增长环境的新变化，北京 GDP 年均增速开始下降。对此，北京市推动稳增长、促改革、调结构、惠民生的发展战略，取得了较好的成效。据经济普查数据与 2014 年统计数据，近年来，全市经济运行总体保持平稳，调结构、转方式取得了积极进展，经济增长质量和效益稳步提高（见图 7-1）。

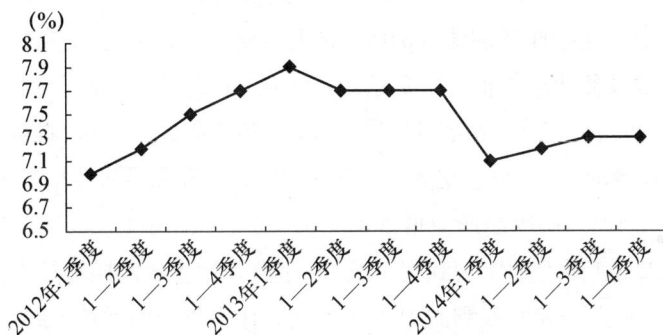

图 7-1　2012—2014 年地区生产总值累计增速

2014 年全市实现地区生产总值 21 330.8 亿元，按可比价格计算，比上年增长 7.3%。分产业看，第一产业增加值 159 亿元，下降 0.1%；第二产业增加值 4 545.5 亿元，增长 6.9%；第三产业增加值 16 626.3 亿元，增长 7.5%。三次产业结构由 2013 年的 0.8∶21.7∶77.5 调整为 2014 年的 0.7∶21.4∶77.9。按常住人口计算，全市人均地区生产总值达到 99 995 元，按年平均汇率折合为 16 278 美元。

首先，战略性新兴产业和第三产业增长较快。2014 年，全市规模以上工业增加值按可比价格计算，比上年增长 6.2%（见图 7-2）。其中，战略性新兴产业增长 17.9%，高于规模以上工业平均增速 11.7 个百分点。重点行业对全市工业增长发挥了明显的支撑作用，计算机、通信和其他电子设备制造业增长 17%，汽车制造业增长 12.3%，医药制造业增长

9%，3 个行业对全市工业增长的贡献率达到 74.2%。

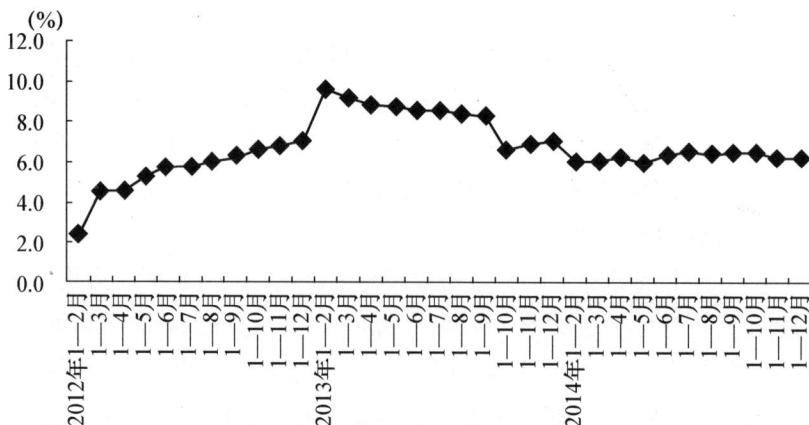

图 7 - 2　2012—2014 年规模以上工业增加值累计增速

2014 年，全市第三产业增加值按可比价格计算，比上年增长 7.5%。重点行业中，金融业增加值 3 310.8 亿元，增长 12.3%；信息传输、软件和信息技术服务业增加值 2 062 亿元，增长 11.7%；科学研究和技术服务业增加值 1 662.6 亿元，增长 11.1%。这 3 个行业增长较快。此外，租赁和商务服务业增加值 1 700.2 亿元，增长 5.8%；批发和零售业增加值 2 447.7 亿元，增长 5.5%；房地产业增加值 1 329.2 亿元，下降 2.2%。1—11 月，全市规模以上工业企业实现利润 1 215.3 亿元，比上年同期增长 10.1%；规模以上第三产业企业实现利润 16 940 亿元，比上年同期增长 12.3%。

其次，产业结构更加高端化。2014 年全市第三产业占 GDP 比重达到 77.9%，与 2008 年相比，第三产业比重提高 2 个百分点，服务型经济特征更加明显。6 年间，科学研究和技术服务业增加值年均增长 11.5%，信息传输、软件和信息技术服务业增加值年均增长 10.9%，金融业增加值年均增长 9.8%，分别高于服务业平均增速 3 个、2.4 个和 1.3 个百分点。规模以上工业中，现代制造业增加值年均增长 11.9%，高技术制造业增加值年均增长 10.3%，分别高于规模以上工业平均增速 3.2 个和 1.6 个百分点，产业结构高端化趋势明显。

再次，科技、文化双轮驱动作用日益增强。科技创新驱动呈现积极变化。2014 年，全市 R&D 经费支出 1 286.6 亿元，相当于地区生产总值的 6.03%，位列全国第一，比 2008 年提高 0.45 个百分点。文化创新驱动作用不断增强。2014 年，全市文化创意产业增加值超过 2 700 亿元，占全市

GDP 的比重从 2008 年的 12.1%提高到 13%左右。

又次，产业发展更趋集聚化。2013 年，六大高端产业功能区（以下简称"六高"）法人单位实现收入 5.3 万亿元，占全市的 38.8%，比 2008 年提高 3.6 个百分点。其中，高技术制造业以 40.2%的法人单位，创造了全市高技术制造业 9 成以上的收入和利润；信息服务业以 15.9%的法人单位，创造了全市信息服务业近 8 成的收入和 9 成以上的利润；科技服务业以 14.0%的法人单位，创造了全市科技服务业近 7 成的收入和近 5 成的利润。2014 年 1—11 月，"六高"规模以上法人单位实现收入超 4.7 万亿元，占全市的 45.2%；同比增长 14.4%，高于全市平均增速 7.1 个百分点，集聚化的发展特征愈加明显。

最后，发展方式更加集约、高效。一是人均产出效率不断提高。2013 年全市劳动生产率达到每人 17.6 万元，比 2008 年提高 6.1 万元。二是能源、水资源利用效率不断提高。2008—2013 年间，全市以年均 3.1%的能耗增长和 0.7%的水耗增长支撑了 8.8%的经济增长①。

（2）智力资源丰富，科技力量雄厚，创新人才集聚。

北京是我国智力资源最丰富的城市和全国科技力量最集中的地区。据不完全统计，截至 2014 年 6 月，北京地区科技资源总量占全国的 1/3，拥有中央和地方各类科研院所 400 余所，其中中央级科研院所占全国的 74.5%。拥有普通高等院校 91 所，其中中央在京高校 38 所，市属高校 43 所。拥有国家重点实验室 111 家，占全国的 30.9%；国家工程实验室 50 家，占全国的 36.0%；国家工程技术研究中心 66 家，占全国的 19.1%；国家工程研究中心 41 家，占全国的 31.3%。经北京市认定的有省部级重点实验室 330 个、工程实验室 74 个、工程（技术）研究中心 275 家、企业技术中心 464 家、企业研发机构 348 家。自 2009 年以来，北京地区单位全面对接 11 个民口领域国家科技重大专项，累计承担项目（课题）近 1 500 个，占全国的 40%，获得中央财政经费 300 亿元，占全国的 46%。重大工程材料服役安全研究评价设施、子午工程等 6 项国家重大科技基础设施在京建设，北京地区单位承担建设项目占全国的 50%，投资总额占全国的 2/3。2013 年，北京地区单位承担国家"973 计划"

①　2014 年全市经济运行情况及近年调结构、转方式取得的进展 [EB/OL]. （2015-01-22）[2016-07-30]. http://www. bjstats. gov. cn/zt/2015lhzl/2015xw/201603/t20160324_342510. html.

1 332 项、"863 计划" 697 项、"科技支撑计划" 1 225 项。

多年来，北京地区科技成果获得国家科学技术奖的数量始终领跑全国，一批由在京院所、高校或企业牵头完成的项目获得国家科学技术奖，带动了一批高科技成果在北京落地和产业化，在促进首都科学发展的同时，为创新型国家建设做出了重要贡献。在 2014 年 1 月 10 日颁发的 2013 年度国家科学技术奖中，北京地区共有 75 个项目获国家科技奖，包括一等奖 9 项、二等奖 66 项，占全国通用项目获奖总数的 30.5%。其中，获得 9 项一等奖，占一等奖总数的一半，创历史新高；连续三年空缺后产生的国家自然科学一等奖以及 2013 年唯一的国家技术发明一等奖均出自北京；在 3 个创新团队奖中，北京占据 2 席。这显示了北京地区得天独厚的资源优势和强大的自主创新实力。

成绩的取得来自首都科技事业的飞速发展。与改革开放初期相比，北京在科技服务业、技术交易额、专利申请量、R&D 经费支出等方面取得了长足的发展。据核算，2013 年，全市高技术产业、科技服务业、信息服务业实现增加值 4 520.9 亿元，同比增长 13.3%；中关村国家自主创新示范区实现总收入 3 万亿元，同比增长 21.3%。2013 年，北京技术合同成交额 2 851.2 亿元，同比增长 16%，占全国的 38.2%，其中，本市流向外省市的技术交易额达 1 615.9 亿元，占总量的 56.7%，正成为全国经济转型的强大驱动力，还有 22.9% 的技术交易出口国外；技术交易实现增加值占地区生产总值的比重达到 9.4%。专利申请量与授权量分别为 12.3 万件和 6.3 万件，同比增长 33.6% 和 24.1%。全社会 R&D 经费支出 1 200.7 亿元，相当于地区生产总值的 6.2%。

自主创新从哪里来？核心技术靠谁来搞？人才是关键因素。新中国成立以来，北京广泛聚集人才，努力吸引和培养更多世界水平的科技领军人才和创新团队。截至 2014 年 6 月，北京高端人才数量位居全国首位。拥有中国科学院院士 389 人，占全国的 52.4%；中国工程院院士 352 人，占全国的 43.9%；累计 1 103 人入选中央"千人计划"，占全国的近 30%。

创新人才梯队完备。2009 年 4 月，为贯彻落实中央"千人计划"，北京市制定了《关于实施北京海外人才聚集工程的意见》，截至 2014 年 6 月，"海聚工程"共引进人才 612 名。科技北京百名领军人才培养工程是《首都中长期人才发展规划纲要（2010—2020 年）》确定的重点人才工程，截至 2014 年 6 月，已经评出了领军人才 118 名。北京市科技新星计划自

1993 年设立，通过科技计划项目的形式，重点培养和资助 35 岁以下的青年科技人员，截至 2014 年共有 1 930 人入选并获得立项支持，实施以来，已成为首都青年科技人才培养的重要品牌。另外，留学回国人才达 10 万人，占全国的四分之一。

（3）积极搭建产学研合作平台，致力资源开放共享。

北京积极搭平台，为在京企业、高校、院所营造更好的发展环境。例如，搭建首都科技条件平台，通过市场化的制度设计和组织管理模式创新，自 2009 年以来共引导 615 个国家级、市级重点实验室（工程技术研究中心）价值 186 亿元的科研仪器设备向社会开放共享，辐射范围从首都地区向全国拓展，仅 2013 年就实现服务合同额 22 亿元。

搭建政产学研用跨界合作平台，形成协同创新发展的新引擎。截至 2014 年，北京市科委共推动构建了北京新一代移动通信产业创新联盟、全国印刷电子产业技术创新联盟、北京材料分析测试服务联盟、北京数字化制造产业技术创新联盟、长风开放标准平台软件联盟等 150 余家以龙头企业为主导的产业技术联盟，其中，科技部试点联盟 63 家，占全国试点联盟的 42%，居全国首位。

支持成立首都创新大联盟，推动产业融合、协同创新，71 家产业技术创新联盟涵盖企业、高等学校和科研院所等各类创新主体 5 000 多家，形成了以企业为主体、产学研用协同创新的新型社会组织，以市场为导向的互利共赢机制进一步深化。市级科技创新基地累计达 1 400 家，其中企业研发机构 348 家。

搭建科技型中小企业孵化与转化平台，发布《关于进一步促进首都科技企业孵化体系建设的意见》（京科发〔2013〕234 号），鼓励社会资本投资兴办孵化机构，支持孵化机构品牌和服务输出，培育和推广新型孵化服务模式。截至 2014 年，全市拥有科技孵化机构 130 家，总面积近 400 万平方米，在孵企业 8 500 家，涌现出一批创新型孵化器和孵化服务新兴业态，联想之星、车库咖啡、36 氪等 17 家创新型孵化器纳入国家级科技企业孵化器的管理体系。支持在核心区打造"一城三街"，即建设软件城、知识产权和标准化一条街、创新创业孵化一条街、科技金融一条街。

搭建中关村创新工作平台，完善跨层级、跨部门、央地合作联动的协同创新工作机制，统筹解决创新驱动发展过程中存在的突出问题和政策障碍，推动形成创新发展合力。

搭建战略研究平台，借助市政府专家咨询委员会、首都科技发展战略研究院、北京大学首都发展研究院和清华工业开发研究院，整合并发挥"战略咨询机构"作用，为首都实施创新驱动发展提供咨询和指导。

（4）科技创新环境持续优化。

移动通信从 1G、2G 时代的被动追赶，到 4G 标准的引领与跨越；面板显示从靠进口到京东方投资 280 亿元的 8.5 代线建成；芯片产业从外国长期垄断到中芯国际 28 纳米工艺的芯片量产……"高精尖"的科技正悄然改变着北京的传统行业，新兴产业在全国乃至全球的竞争力与日俱增，以服务经济为主导的产业结构进一步优化，成为增强首都经济综合实力的主导力量。2013 年，服务业总量和所占比例持续位居全国首位。以金融、信息、科技服务等为主体的生产性服务业规模占据了地区 GDP 的一半、服务业的三分之二，实现的利润和上缴的税收达到服务业的 90% 左右。文化创意产业成为新的经济增长点，占地区 GDP 的比重达 12.3%，成为服务业中的第二大支柱产业。制造业高端化引领态势明显，高技术制造业和现代制造业占工业增加值比重分别为 21.8% 和 43.4%，成为促进工业增长的重要力量。这喜人的变化背后，是北京长期致力于营造科技创新环境的结果。

长期以来，北京市高度重视科技创新的顶层设计，注重营造政策环境和发挥政策引导作用。2001 年北京申奥成功后，北京市政府联合国家有关部委，共同启动实施了"奥运科技（2008）行动计划"。2006 年发布实施《关于增强自主创新能力建设创新型城市的意见》，确定了"为建设创新型国家服务，率先建成创新型城市"的目标任务。2009 年提出"科技北京"发展战略，制定了《"科技北京"行动计划（2009—2012 年）——促进自主创新行动》。同年，国务院批复中关村建设国家自主创新示范区，北京市委、市政府发布实施《关于建设中关村国家自主创新示范区的若干意见》。2010 年颁布施行《中关村国家自主创新示范区条例》。2011 年发布"十二五"科技北京发展建设规划。2012 年召开全市科技创新大会，发布实施《关于深化科技体制改革加快首都创新体系建设的意见》，对深化科技体制改革进行全面部署。由此形成了包括 8 个地方性法规、5 个政府规章、150 余项规范性文件在内的具有首都特色的科技政策体系。伴随着这一系列"广覆盖、全主体、多层次、分阶段"政策法规的实施，鼓励创新的政策环境进一步完善，有力地促进了首都科技创新发展。

企业是经济活动的基本单元，只有企业成为技术创新的主体，才能加快创新成果的转化应用。目前，全市科技型企业近 24 万家，占全市企业总数的 30%，其中国家级高新技术企业 9 300 家，占全国的近 20%，居全国首位，成为促进经济持续健康发展的重要力量。近年来，北京市不断加强重点实验室、工程实验室、工程（技术）研究中心、企业技术中心等科技创新基地在经济社会发展重点领域和关键环节的布局。2011 年，北京市科委联合市财政局、中关村管委会等十个委办局，联合发布了《关于促进产业技术创新战略联盟加快发展的意见》，鼓励产业联盟在产学研用合作、产业链协同创新、标准化促进、品牌培育、国际合作等方面大显身手。科技型中小企业技术创新资金累计资助 2 500 个技术创新项目，支持总金额 8.8 亿元，争取国家创新基金以及带动企业自筹经费和社会投资 88 亿元，资金放大比例达到 1∶10。市属国有企业在经济增加值考核时将科技投入、人才培养引进纳入经营业绩考核体系，自主创新动力进一步增强。

科技创新，金融是一个至关重要的要素。十多年来，北京市大胆探索，打造企业国际化创新的金融软环境。2003 年，中关村管委会确定了"瞪羚计划"，为园区内高成长小微企业提供融资解决方案。2012 年 8 月 26 日，国家发改委、科技部、财政部等九部委与北京市政府联合发布了《关于中关村国家自主创新示范区建设国家科技金融创新中心的意见》，提出到 2020 年，实现科技创新和金融创新紧密结合，把中关村建设成为与具有全球影响力的科技创新中心地位相适应的国家科技金融创新中心。在这一战略指导下，截至 2014 年，中关村上市公司总数已达到 242 家，融资总额近 2 200 亿元。与此同时，北京市科委通过与银行等金融机构合作，对符合北京市战略新兴产业定位的国际科技合作项目提供政策倾向型支持，先后与中国建设银行北京市分行、中国农业银行北京市分行、中国银行北京市分行、北京银行及上海银行北京分行分别签署了战略合作协议。通过实施无偿资助、贷款贴息、风险补偿、股权投资、资本金注入等多种举措，打造"科技金融综合服务平台"，探索出一条符合首都特色的促进重大科技成果转化和助力企业发展的科技金融工作模式。

全国科技创新中心是中央赋予北京的新定位、新要求。为建设好全国科技创新中心，服务好创新型国家战略，同时实现京津冀协同创新发展，近期北京做出了一系列的努力。首先，深入实施北京技术创新行动计划，构筑产业发展新优势。2014 年 4 月，市政府发布实施《北京技术创新行动计划（2014—2017 年）》。行动计划遴选若干重大战略领域、关键共性技术或重大工程作为重大专项，整合技术创新资源，完善技术创新与产业化的组织模式，遵循开放式、滚动式的原则，分批次启动实施两类重大专项，切实推动专项"开花结果"。其次，以促进科技成果转化为突破口，进一步完善政策协调、组织实施和保障机制。贯彻落实《关于进一步创新体制机制加快全国科技创新中心建设的意见》，建立健全工作协调机制，切实推动有关部门和单位结合实际制定完善相关配套政策。特别是，2014年1月和6月，先后发布实施的《关于加快推进高校科技成果转化和科技协同创新若干意见（试行）》（即"京校十条"）和《加快推进科研机构科技成果转化和产业化的若干意见（试行）》（即"京科九条"），在科技成果使用处置和收益、科研资产管理、财政经费管理、科技资源开放共享、创业支持等方面实施了一系列突破性政策措施，促进了高校院所成果转移转化和协同创新，提高了高校院所服务经济社会发展的能力。再次，大力培育和发展要素市场，搭建面向全国的新技术新产品采购平台，将北京打造成为全球有影响力的国际技术转移枢纽。最后，在全力推动已出台政策落地的同时，紧紧围绕人员交往、技术转移、资本流动，以国际化为抓手推进中关村示范区建设①。

2. 天津市

2013年全市GDP达到14 370.16亿元，按可比价格计算，比上年增长12.5%，超过年初确定的12%的预期目标。2014年全市GDP 15 722.47亿元，按可比价格计算，比上年增长10.0%。分三次产业看，第一产业增加值201.53亿元，增长2.8%；第二产业增加值7 765.91亿元，增长9.9%，其中工业增加值7 083.39亿元，增长10.0%；第三产业增加值7 755.03亿元，增长10.2%，占全市GDP的比重达到49.3%，比上年提高1.2个百分点。

第一，科技型企业快速增加，创新引领转型发展。

加快培育科技型企业，形成一批领军企业和"杀手锏"产品。2014年新增科技型中小企业1.48万家，累计达到6.10万家；其中，新增"小巨人"企业630家，累计达到3 003家。大力实施万企转型升级，推动5 841家企业完成6 902个转型升级项目。高新技术产业产值8 503.36亿元，占规模以上工业的比重为30.3%。天津国家自主创新示范区获批建设。

第二，民营经济成为亮点。

2014年民营工业总产值10 845.75亿元，增长21.7%，高于规模以

---

①　全国科技创新中心：北京新的战略定位. 北京时报，2014-09-28.

上工业 14.4 个百分点。民间投资 6 743.68 亿元，增长 32.1%，高于全社会投资 17 个百分点，比重达到 57.9%。民营企业出口 114.69 亿美元，增长 22.9%，高于全市出口 15.6 个百分点。民营经济税收 1 202.92 亿元，增长 15.9%，高于全市税收增幅 2.4 个百分点。

第三，改革开放激发活力，发展空间不断拓展。

改革红利持续释放。实施工商登记制度改革，2014 年新注册企业 56 945 户，其中民营企业 54 580 户，增长 79.9%，占新注册企业的 95.8%。财税金融改革不断深化，融资租赁机构达到 267 家，业务总量占全国的四分之一；扩大营改增试点范围，7.1 万户企业减负面达到 97%，落实小微企业减税政策，13 万户企业受益。

对外开放水平提升。中国（天津）自由贸易试验区获批建设，为金融、贸易等领域制度创新和开发开放带来新的机遇。2014 年新批外商投资企业 674 家，合同外资额 228.20 亿美元，增长 10.1%；实际直接利用外资 188.67 亿美元，增长 12.1%。其中，制造业实际直接利用外资 83.29 亿美元，增长 15.6%；服务业实际直接利用外资 102.89 亿美元，增长 8.6%，占全市的 54.5%。全市实际利用内资 3 600.32 亿元，增长 15.4%。

京津冀协同发展取得新进展。着力推进交通、生态环保、产业等重点领域率先突破，未来科技城、京津产业新城等 12 个承接平台加快建设。2014 年引进北京与河北项目 1 307 个，在津投资 1 493.36 亿元，占全市实际利用内资的 41.5%；天津口岸进出口总额中，来自北京与河北的货物比重达到 34.8%，比上年提高 0.6 个百分点；京津城际列车客运量 2 807.1 万人，增长 8.6%。

第四，工业、服务业双轮驱动，结构调整加快推进。

现代都市型农业稳步发展。2014 年粮食总产量 176 万吨，增长 0.7%，粮食生产实现“十一连丰”。主要农副产品产量继续增长。猪肉产量 29.87 万吨，增长 0.2%；禽蛋产量 19.42 万吨，增长 2.8%；牛奶产量 68.90 万吨，增长 1.0%。

工业生产保持稳定。2014 年规模以上工业总产值 28 078.82 亿元，增长 7.3%；工业增加值增长 10.1%，39 个行业大类中 33 个行业实现不同程度的增长。优势产业稳健支撑。八大优势产业产值合计 24 998.04 亿元，占规模以上工业的 89.0%；其中，航空航天、生物医药等新兴产业分别增长 38.1% 和 17.0%。装备制造业贡献突出。装备制造业产值合计

9 873.94 亿元，增长 9.0%，占规模以上工业的 35.2%，拉动全市工业增长 3.1 个百分点，贡献率达到 43.0%。高耗能行业增势放缓。六大高耗能行业产值合计增长 4.7%，低于规模以上工业平均增幅 2.6 个百分点。

服务业发展较快。交通运输稳步发展，全年公路货运量和货物周转量分别增长 10.4% 和 11.3%；港口货物吞吐量 5.40 亿吨，增长 7.9%。商贸流通规模扩大，批发零售业商品销售总额 37 073.71 亿元，增长 15.1%；住宿餐饮业营业额 748.59 亿元，增长 11.4%。新兴服务业发展加快，1—11 月，商务租赁等规模以上营利性服务业营业收入 850.61 亿元，增长 24.0%；科技服务业和创意产业营业收入分别增长 23.4% 和 14.1%。楼宇经济势头良好，全市税收超亿元楼宇达到 150 座。

第五，投资拉动作用明显，消费出口稳定增长。

投资结构继续优化。2014 年全社会固定资产投资 11 654.09 亿元，增长 15.1%，连续七年增量超过 1 000 亿元。其中，城镇投资 10 986.50 亿元，增长 15.3%；农村投资 667.59 亿元，增长 12.6%。在城镇投资中，第一产业投资 75.50 亿元，增长 18.8%；第二产业投资 4 845.20 亿元，增长 15.1%；第三产业投资 6 065.80 亿元，增长 15.4%，占城镇投资的 55.2%，其中信息服务、科技服务、商务服务投资分别增长 58.1%、57.8% 和 24.1%。实体投资稳步提升。全市实体经济投资 7 759.33 亿元，增长 18.9%，比上年提高 4.3 个百分点；占全社会投资的 66.6%，比上年提高 2.1 个百分点。房地产投资增幅回落。房地产开发投资 1 699.65 亿元，增长 14.8%，比上年回落 2.7 个百分点；商品房销售面积 1 612.98 万平方米，销售额 1 486.94 亿元，分别下降 12.7% 和 8.0%。

市场销售平稳增长。2014 年社会消费品零售总额 4 738.65 亿元，增长 6.0%。限额以上 21 个商品大类中，15 类商品零售额实现不同程度的增长。网络零售增势强劲。批发和零售业网上零售额 124.86 亿元，增长 62.1%，拉动限额以上零售额增长 2 个百分点。文化旅游消费增长较快。限额以上书报杂志类零售额增长 35.3%，文化办公用品类增长 15.9%；接待国际旅游人数 296.10 万人次，旅游外汇收入 29.90 亿美元，分别增长 11.9% 和 15.4%。大众餐饮消费保持活跃。限额以下住宿餐饮业营业额 605.61 亿元，增长 16.5%，高于全市平均增幅 5.1 个百分点，比重达到 80.9%。

外贸出口稳步回升。2014 年外贸进出口总额 1 339.13 亿美元，增长 4.2%。其中，进口 813.16 亿美元，增长 2.3%；出口 525.97 亿美元，增长 7.3%，比上年提高 5.8 个百分点。从出口市场看，对欧盟、美国、日本等传统市场出口分别增长 20.0%、4.6% 和 0.5%，占全市出口的 37.5%；新兴市场中，对澳大利亚、东盟、南非出口分别增长 17.4%、13.0% 和 11.8%。从贸易方式看，一般贸易出口 229.31 亿美元，增长 11.2%；加工贸易出口 259.40 亿美元，增长 3.6%；租赁贸易、保税仓库进出境货物等新型贸易方式出口分别增长 25.5% 和 50.3%。

第六，财政收入较快增长，金融运行保持稳定。

财政税收增势良好。2014 年一般公共预算收入 2 390.02 亿元，增长 15.0%。其中，税收收入 1 486.55 亿元，增长 13.5%，比重达到 62.2%。从主体税种看，增值税 252.80 亿元，增长 11.9%；营业税 478.47 亿元，增长 12.6%；企业所得税 234.69 亿元，增长 15.1%。

贷款增幅高于存款。截至 2014 年 12 月末，全市金融机构（含外资）本外币各项贷款余额 23 223.42 亿元，增长 11.3%，比年初增加 2 338.04 亿元。新增贷款中，短期贷款占 12.8%，中长期贷款占 52.2%，融资租赁占 23.5%。各项存款余额 24 777.75 亿元，增长 6.4%，比年初增加 1 462.02 亿元。其中，受理财产品、股市等分流影响，个人存款余额增长 3.3%，比重为 34.4%。

第七，积极打造城市升级版，交通生态得到新提升。

大交通体系进一步完善。天津港 30 万吨级铁矿石码头、国际邮轮码头二期等一批工程完工。滨海国际机场 2 号航站楼建成运营，地铁 2 号线延伸到机场，异地候机厅达到 10 座，实现了京津空铁联运一小时通达，机场旅客吞吐量 1 207.30 万人次，增长 20.3%，增速领跑全国干线机场。津保铁路、京津城际高铁延伸线等加快建设，于家堡中心站主体完工。地铁 5 号、6 号线顺利推进，4 号、10 号线启动建设。

加快建设美丽天津。深入开展"四清一绿"行动，提高排污收费标准，环境质量进一步改善，2014 年全年 PM2.5 平均浓度下降 13.5%。率先以地方立法形式划定生态保护红线，将全市四分之一的国土面积纳入永久性保护范围，生态用地保护总面积达到 2 980 平方公里，其中红线区面积 1 800 平方公里，占市域总面积的 15%。主动关停 1 000 多家高耗能、高污染企业，全年规模以上工业能源消费量 4 548.19 万吨标准煤，下降 1.9%，万元工业增加值能耗下降 10.9%。煤炭减量化稳步推进，规模以上工业煤炭消费量 4 336.22 万吨，比上年减少 236.04 万吨，下降 5.2%。

第八，就业形势保持稳定，民计民生持续改善。

新增就业稳中有升。多渠道开发就业岗位，扶持小微企业发展，营造大众创业良好环境。2014 年新增就业 48.8 万人，增长 0.4%。劳动力调查数据显示，年末全市就业人口达到 877.21 万人。居民收入稳定增加。21 项居民增收措施全面落实，企业养老金实现十连增，最低工资标准、城乡低保标准等进一步提高。全年城镇常住居民人均可支配收入 31 506 元，增长 8.7%；农村常住居民人均可支配收入 17 014 元，增长 10.8%。民生投入快速增长。全年一般公共预算支出中，用于城乡社区、医疗卫生、社会保障和就业等领域支出分别增长 24.8%、19.2% 和 13.3%。大力实施安居工程，推进西于庄棚户区和农村危房改造，完成成片旧楼区三年综合提升改造，开工建设保障性住房 6.1 万套。完善社会保障体系，建立城乡居民大病保险制度，520 万城乡居民受益，社区老年日间照料服务中心达到 600 个。

第九，消费价格基本稳定，生产价格继续走低。

消费价格涨幅回落。2014 年居民消费价格上涨 1.9%，涨幅比上年回落 1.2 个百分点。八大类商品和服务价格"六升二降"。其中，食品类价格上涨 3.0%，衣着类上涨 1.8%，家庭设备用品及维修服务类上涨 3.3%，医疗保健及个人用品类上涨 0.4%，娱乐教育文化用品及服务类上涨 1.7%，居住类上涨 2.0%，烟酒及用品类下降 1.3%，交通和通信类下降 0.3%。

生产价格降幅扩大。2014 年工业生产者出厂价格下降 3.7%，降幅比上年提高 0.7 个百分点。其中，生产资料价格下降 4.5%，生活资料价格下降 0.6%。工业生产者购进价格比上年下降 2.9%[①]。

3. 河北省

第一，河北省整体经济形势较好。2014 年第一季度，河北省规模以上工业能耗降低近 5%，规模以上工业单位增加值能耗同比下降 9.4 个百分点，取得了有史以来最大的成效。但是，在强力压减产能的背景下，河北经济增长也快速下滑，2014 年一季度 GDP 增长仅为 4.2%，与 2013 年相比，增速下降了一半。但这次下滑是符合预期的，对于河北省经济社会长远发展及京津冀区域整体发展是有长远意义的。在产业结构方面：结构

---

① 戴颖. 改革创新　转型发展　2014 年全市经济保持平稳增长 [EB/OL].（2015-01-21）[2016-07-30] http://www.stats-tj.gov.cn/2015/01/21/16260424505.html.

调整步伐进一步加快，表现为装备制造企业投资增加，战略性新兴产业方兴未艾，第三产业发展还有所起色，农业发展基本稳定，而低端的资源性重化工业全面收缩。

第二，河北区域发展情况方面，总体形势良好，沿海地区有了"引擎"的"眉目"，环京津地区投资热情高涨，冀中南地区"悄悄发力""蓄势待发"；县域发展亮点不多，产业园区发展的"土地瓶颈"制约严重（基于2014前三季度数据）。从县域经济看，全省县域经济的亮点并不多，呈现出维持现状的局面。产业园区的发展受土地制约较为严重，这与天津市各县区相比，有很大的劣势。河北省的产业园区招商引资往往是请来客商洽谈项目，承诺尽快列入规划，并上报省重点项目计划，然后才能有土地指标，才能谈土地的事，等到土地批下来再做基础设施配套，而天津各县区已经在产业园区的土地储备、流转方面做足了文章，大多园区都保存有现成的七通一平的空地，等待好的商家来入驻。有很多好的项目等不了漫长的土地指标和报批手续，纷纷流向天津。"土地瓶颈"已经成为河北产业园区发展的第一制约要素。如不想方设法破解，将无法承接京津高端项目转移，也无法打造对接京津高端产业的项目集群。

第三，从区域发展的总体形势看，复苏较快的设区市有廊坊、衡水、承德和沧州，相当于环京津、冀中南、京西北和沿海地区发展较快的"领头羊"。

从区域亮点看，沿海地区曹妃甸中石化燕山石化公司炼油及石化项目已通过环境影响评价，即将实施最后的"冲刺"，区域性引擎项目如顺利落地，将给冀东经济的发展带来实质性利好。沧州沿海地区的化工集群的发展及装备制造产业的强势崛起，也为全省沿海经济的跨越发展奠定了基础。环京津地区地处京津冀协同发展的前沿，又伴随着京张联合申办冬奥会成功带来的机遇，廊坊、张家口、保定北部和承德地区引资效果较好，投资热情空前高涨，北京亦庄开发区涿州和永清分园都进入实质性商洽阶段，北京新机场临空经济区的规划和建设又将使保定北部和廊坊地区迎来新一轮的发展良机。冀中南地区在全省竞相发展的高潮中并不落后，衡水借省级"综合配套改革实验区"之名，近几年来已从全省的"拖累"变成了全省经济增长的第一名，邢台、邯郸等地吸引京津项目也不甘落后，冀南新区的发展较快，势头很好。

从经济发展角度上看，京津冀区域经济发展不平衡。具体来看，2014年，北京、天津人均 GDP 均超 1.6 万美元，而河北仅为 6 500 余美元，不足京津的一半；从产业结构上来看，北京第三产业比重达到 77.9%，呈明显高端化趋势，而天津、河北第二产业比重仍在一半左右；具体到城镇化率，京津冀三地城镇化率分别为 86.4%、82.3% 和 49.3%。综合来看，北京已进入后工业化阶段，天津处于工业化阶段后期，而河北尚处于工业化阶段中期。

河北省省会石家庄是座年轻的城市，也是一座发展迅速、充满生机和活力的城市。辖区总面积 1.58 万平方公里，人口 1 027 万，2014 年地区生产总值已突破 5 000 亿元，全部财政收入达到 680 亿元，辐射带动作用不断增强。2015 年 9 月 9 日，国务院批复了石家庄市行政区划调整，城区面积扩大了 4.8 倍，达到 2 206 平方公里，人口达到 455 万人。9 月 15 日，国家级综合保税区也得到批复，与国际接轨，互联互通的能力大大增强，这都为承接京津冀产业转移和产业协作提供了更为广阔的空间。石家庄地理位置优越，是国家重要的交通枢纽，与北京、郑州、太原、济南等重要城市形成了"一小时交通圈"。

石家庄市也是"国家创新型试点城市"，拥有国家、省和市级工程技术研究中心 197 家，国家和省级科技企业孵化器 14 家，院士工作站 15 家，博士后工作站 23 家，省市属高等院校 47 所；已经投入使用的石家庄科技大市场，与科技部火炬中心和中国技术交易所建立了紧密合作关系；石家庄是全国重要的医药、电子和轻纺工业基地，已经形成以生物医药、装备制造、电子信息、循环化工、纺织服装、食品加工和现代服务业为支撑的现代产业体系。优越的区位交通条件，雄厚的产业基础，良好的科技资源和较强的承接能力，使石家庄市成为承接京津冀产业和重要产业转移梯度差较低、辐射带动和集散联通作用较大的中心城市。目前，石家庄市正按照"京津冀城市群重要的中心城市全国现代商贸物流重要基地，战略性新兴产业基地，科技创新及成果转化基地"的功能定位，进一步深化与京津的全方位融合合作，努力打造京津冀协同发展中新的增长极。

近两年，河北省抓住京津冀一体化契机，积极搭建政产学研协同创新共享服务平台，探索产学研合作的新模式、新机制、新方法、新途径，大力促进产学研与实际应用的紧密结合，加快科技成果向现实生产力转化，从而构建以企业为主体、市场为向导、产学研相结合的技术创新体系，提高企业自主创新能力，推动产业升级和转型。如 2014 年 4 月，成立了河北省产学研合作促进会，发挥其在技术创新体系中的平台作用，做好政府相关部门的助手和产学研合作的桥梁，促进技术转移、成果转化、融资支持和产业升级；举办推动产学研合作会议，加强继续教育，普及技术创新、管理创新和营销创新知识，培训产学研合作的专业人才；组织开展产学研合作的理论研究、实践研究、政策研究和实证研究，建立河北省特色产学研合作的科学理论和方法，指导产学研合作实践，并提供信息咨询服务、科技成果推广、技术交流等；促进企业与高等学校合作培养人才，搭建产学研合作培养创新人才和高素质人才的平台，保持科学研究和科技创新的可持续性；发展产学研领域的横向交流与合作，通过开展包括举办学术会议、人员互访、信息交流、合作研究等项活动，广泛建立与国内其他省、自治区、直辖市及国际产学研组织的合作关系，推进产学研合作国际化进程；搭建网上促进平台，使产学研合作走上信息化高速公路。

2014年12月，石家庄京津冀产学研联盟（以下简称"联盟"）成立，该联盟由石家庄市人民政府发起和组织，是以京津冀为主的开放性合作平台。联盟秉承"创新驱动，合作共赢"的基本宗旨，旨在紧紧抓住京津冀协同发展的重大战略机遇，立足省会优势和产业基础，积极对接京津冀地区重点学校、科研机构、科研人员和人才优势，构建以企业为主体、市场为导向、产学研相结合的技术创新协作体系，提升区域科技创新能力、核心竞争力和综合经济实力，努力把石家庄打造成京津冀协同发展中新的经济增长极。联盟的主要任务是，充分发挥京津冀高校、科研机构和石家庄市各自优势，搭建并借助京津冀产学研合作平台，引导和支持创新要素向企业集聚，扶持和促进高校、科研院所科技成果向现实生产力转化，为推动京津冀协同发展做出积极贡献。

河北省一直在积极努力，要将北京、天津的科技、人才优势充分发挥出来，带动河北与其协同创新。京津冀产学研联盟的成立，旨在整合河北省会优势和京津冀地区科技创新资源，推动石家庄全面融入京津冀协同发展大局，加快转型升级，跨越赶超步伐，实施绿色崛起。

区域产学研互动是基于区域生产要素禀赋的差异性与互补性。北京、天津、河北省三地具有不同的要素禀赋，又基于各自发展的目标，对彼此有较大的需求，成了京津冀区域一体化协同发展的内部强劲动力，同时，京津冀区域内部发达的交通、通信、贸易网络也为各城市之间互相合作提供了联系的纽带①。

① 李国平，陈红霞，等. 协调发展与区域治理：京津冀地区的实践. 北京：北京大学出版社，2012：58-60.

　　总体上看，北京属于知识型区域，高新技术产业、文化产业、高级第三产业等占优势；天津相对于北京来说偏向于加工型区域，主要是以非农产品为原料的加工工业占优势；河北的采掘业和重工业占优势。北京和天津的很多基于产业链、市场、要素对于资源、劳动和产品的需求会直接由河北各城市来满足，同时北京、天津的许多产业和技术也会向河北扩散。在产业转移中，河北主要处于接收方的地位，在京津冀协同发展中可以有选择地吸收京津部分劳动密集型、资本密集型甚至技术密集型产业，改造传统产业，提高生产技术水平和科技创新能力，最终实现产业结构的整体优化。这样，以产学研互动为平台，通过产业与技术的扩散，实现要素的合理流动与产业转移，从而达到产学研与区域的良性互动发展（见图7－3）。

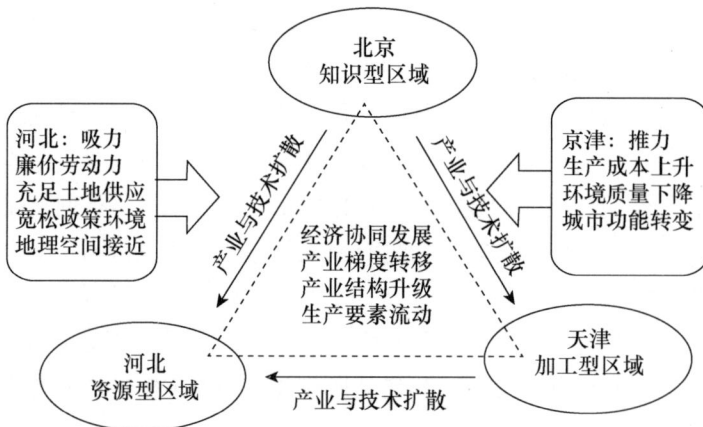

图 7 - 3　要素流动与产业转移

7.3　产学研—京津冀互动实践的主要内容

　　产学研—京津冀互动实践的本质体现为产、学、研及相关经济要素流的跨区域流动和整合，其中，政府、产业、企业、科研机构等主体间的互动是依托与关键环节，政策支持与社会及人文环境的互动则是产学研与区域实现高效、良性、可持续互动发展的条件和保障；从实践性质上来看，可分为区域合作性实践与区域协调性实践；从具体实践内容来看，表现为人力、资金、物资、信息和技术等要素的跨区域流动与整合。

7.3.1　产学研区域合作实践

（1）京津冀一体化背景与区域合作。

经济全球化条件下，区域经济一体化发展规划纳入我国国家发展战略，继长三角之后，京津冀经济一体化也成为国家发展战略的重要议题。经过近二十年的经济高速增长，京津冀区域的社会经济取得了长足发展，却也付出了自然资源消耗过度与生态环境恶化的高昂代价，依赖高资源消耗、高环境负荷的传统发展路径将难以持续，以创新为动力的新资源经济模式成为区域经济转型的必然趋势。新资源经济模式需要政府、企业、社会组织和公众作为利益相关者参与其中，各自发挥不同作用，承担相应责任。在政府支持下，以企业为主体、高校和科研院所为依托的区域创新体系将是新资源经济发展的重要力量。在京津冀经济一体化背景下，应协调和利用京津冀地区产、学、研优质丰富的知识资源，创新区域产学研合作机制，以提高区域创新水平，促进区域经济均衡可持续发展。

产学研合作是建立在区域合作发展基础上的。京津冀区域合作经历了三个基本阶段，第一阶段是从改革开放起到 90 年代初，主要是环渤海区域合作拉开了中国经济区域合作的帷幕。这一时期的合作主要集中于物资协作，以行业联合为突破口，建立各种市场与网络以及日常工作机构。成立了全国最早的区域协作组织——华北地区经济技术合作协会，协调区域经济合作事宜。其后相继成立了环渤海地区经济联合市长联系会、环京经济协作区等。同时建立了信息网络、科技网络、供销社联合会等行业协会组织；相继创办了农副产品交易市场和工业品批发市场，通过投资入股、联合生产、技术合作等多种方式发展跨省市的企业联合与协作，也产生了一批跨区域的联营企业和合作项目，北京一些劳动密集型产品生产开始向周边地区扩散或在周边地区寻求加工配套。第二阶段是 20 世纪 90 年代，市场经济体制逐步确立，随着体制加速改革，政府职能转移，政府主导型的区域合作陷入低谷，以市场为导向的区域合作还有待形成，此阶段的合作主要是地区间生产、生活资料的交流以及能源、环境方面的合作。第三阶段为进入 21 世纪以来，珠三角和长三角地区经济一体化掀起了新一轮区域经济合作的浪潮。2004 年，《廊坊共识》签署。2008 年签署的《北京市人民政府河北省人民政府关于进一步深化经济社会发展合作的会谈纪要》和《天津市人民政府河北省人民政府关于加强经济与社会发展合作备忘录》标志着京津冀合作的思路和目标更加清晰和明确（孙虎军，2010）。国务院总理李克强在 2014 年 3 月 5 日做政府工作报告时指出，加强环渤海及京津冀地区经济协作。2014 年 2 月 26 日，习近平总书记在听取京津冀协同发展工作汇报时强调，实现京津冀协同发展是一个重大国家战略，要坚持优势互补、互利共赢、扎实推进，加快走出一条科学持续的协同发展路子来。2015 年 4 月 30 日，中共中央政治局召开会议审议通过了《京津冀协同发展规划纲要》，京津冀协同发展成为以习近平同志为总书记的党中央做出的一项重大战略决策。

当前京津冀区域在经济、社会、文化、人口资源和环境等方面都开展了广泛的合作，对区域经济的带动作用也逐渐显现，一定程度上提升了区域的综合竞争能力。首先，在产业转移方面成效最明显，主要表现为北京及天津的一些重型、资源密集型及劳动力密集型产业向河北转移，同时河北承接产业转移能力也有提升，但基于环境压力，河北各城市也面临着产业发展模式的转变，以减少发展的代价，守护生态底线。整体上，产业合作方面呈现出"政府推动、市场主导、企业参与"的特点，区域内各城市发展规划中对产业合作均表示了重视。其次，生产要素合作日趋紧密，区域贸易一体化程度加强，京津冀区域内产业分布趋向合理，基于极化效应与扩散效应，也加速了生产要素的流动。同时，基础设施建设合作加强，为区域一体化加速发展创设了基本条件。

（2）京津冀产学研合作的知识储备。

京津冀地区产学研合作所需的知识能力方面具有雄厚的储备。知识能力是区域知识存量、知识吸收能力、知识溢出和知识创新能力的综合反映，也是产学研合作的基础。

关于区域知识能力的评价，OECD 和亚太经合组织等都有相关的指标体系，基于我国国情，柳卸林给出了以下几个测度指标：研发投入、研发机构、专利情况、科研论文、技术合作、技术转移、FDI、企业技术创新能力、技术创新环境等。本书参照这些指标，依据《2012 年中国科技统计年鉴》，对 2011 年京津冀地区三地知识能力评价指标做比较分析：研发机构数量上，京津冀三地依次为 370、58、75 所，北京的数量相当于长三角的总和，占全国的 10%；北京的 R&D 人员是天津、河北的 10 多倍，占全国的 26.5%，其中博士学位拥有者占全国的将近一半，是天津、河北的 20 倍左右。R&D 投入北京是天津的 3.1 倍、河北的 4.7 倍，且北京以政府为主导、天津和河北以企业为主导（见表 7-6）；R&D 经费外部支出北京是天津的 31 倍、河北的 49 倍，一定程度上反映了北京的研发活动与外界的合作极为活跃。专利授权数北京达 4 万项，是天津和河北的 3 倍左右，其中发明专利约 1.6 万项，是天津的 6 倍多、河北的 10 倍多，说明北京的专利中有更多的技术创新。科技论文北京 10 万篇，分别是天津与河北的 4.6 倍和 3.5 倍。另据《2011 年全国技术市场统计年度报告》，输出技术合同成交额北京 1 890 亿元，是天津的 11 倍、河北的 72 倍，占全国的 40%。

企业的有效发明专利数京津冀三地分别为 7 342、5 193、2 601 项，新产品销售收入分别为 3 480 亿、3 831 亿、1 899 亿元，这两项指标都用以表示企业的创新能力。上述数据表明，北京与天津、河北的知识能力悬殊，呈梯度下降态势，理论上有利于知识扩散和溢出，但前提是知识能力低的地区须有足够的知识储备和吸收能力。而目前，由于区域内城市间经济水平断层和知识差距过大，中心城市北京的资金和技术更多地转移到了区域外。从表 7-6 可以看出政府在地区知识能力形成中所起的作用，以及企业与学研的联系强度①。

表 7-6　2011 年京津冀各地 R&D 投入强度及企业在学研 R&D 经费支出中的占比

地区	投入强度	R&D 投入中政府占比（%）	R&D 投入中企业占比（%）	高校经费支出中企业投入占比（%）	科研机构经费支出中企业投入占比（%）
北京	5.5	53.15	34.48	28.75	1.81
天津	2.18	15.99	77.34	38.48	2.25
河北	0.66	16.11	82.76	42.39	0.87

（3）京津冀产学研合作成果与项目进展。

在国家推动及各地政府的配合下，京津冀三地之间的关系越来越密切，经济、教育、科技各领域优势互补、资源共享，一体化趋势越来越明显，产学研合作也取得不少成绩，如北京市测绘设计研究院与天津中科遥感信息技术有限公司的战略合作、天津钢管集团与北京科技大学的战略合作、国鼎环科（北京）技术有限公司和天津大学环境学院共建水质实验室、中科院与天津医科大学天津肿瘤医院开展肿瘤纳米技术全面合作、河北省科技厅与北京市科委签署科技合作框架协议、河北钢铁集团与中国钢研集团和北京科技大学的战略合作等。这些合作或者是政府运作的结果，或者是产业集团主导的长期的、正式的合作关系，而区域更广泛的产学研合作是市场推动的结果，更有意义的是中小企业的广泛参与。

---

① 吴玫. 京津冀一体化背景下的产学研合作机制研究. 河北工业大学学报，2013（12）.

京津冀技术转移与资源配置加强。在技术输出方面，为贯彻落实京津冀协同发展国家战略的重要部署，在中关村管委会、天津市科委会等京津冀有关部门的支持下，2014 年 12 月，中关村社会组织联合会、北方技术交易市场及北京河北企业商会等多家单位联合组织举办了"首届京津冀协同创新共同体高峰论坛暨企业专场对接活动"。在此项活动中，京津冀三地共有 28 个项目进行现场推荐和对接洽谈，共签署项目合作协议 5 个，京津冀三地对接交流与合作正在密切升级。

本届高峰论坛上，曼惟（北京）公关顾问有限公司、北京全视界传媒有限公司、曙光信息产业股份有限公司、天津书生云科技有限公司、天津天地伟业科技有限公司等 7 家企业、单位签署了京津冀一体化战略合作协议。该协议涉及技术合作、产品推广、展会展览等多个方面，达成合作意向项目资金超千万元。"天地伟业与曙光签署协议，是为了实现企业之间的技术互利。我们希望借助曙光云存储的优势，让天地伟业的大量数据更高效快速地进行整合处理。"天地伟业公司董事长戴林表示，京津冀一体化将让三地企业在技术、金融、产品推广等多个领域实现深度的交流与融合。"京津冀一体化发展是企业的福音和良好机遇，曙光已于 2006 年率先迈出了京津合作的步伐。"曙光信息产业股份有限公司总裁历军表示，曙光是从中科院走出的企业，逐步发展为今天的上市公司。曙光将生产基地设在天津，不仅得到当地政府的大力支持，还以较低的成本配置了高端人力资源，形成了加速发展的上升势头。曙光仅是近年来京津冀三地协同发展的一个范例。据了解，2014 年已有 476 家中关村企业在河北设立分支机构 1 029 家。清华大学与河北共建清华发展研究院；清华大学技术转移中心在固安建立清华大学中试孵化基地；北京大学与天津合作项目 170 余个，累计合同金额 3 200 余万元，并与滨海新区共建新一代信息技术研究院；北京大学与河北省各企事业单位、高校、科研机构合作项目 160 余个，累计合同金额 3 910 余万元。此外，中科院北京分院与天津市科委、滨海高新区共建天津电子信息技术产业园，与秦皇岛经济技术开发区合作共建秦皇岛数据产业研发转化基地，已有中科院遥感地球所等 9 家研究所的 12 个企业入驻，与唐山市政府共建唐山高新技术研究与转化中心，推动 30 多个项目的成果转化和产业化。同时，中关村的智慧城市联盟、闪联产业联盟还承担了秦皇岛智慧城市项目，节能与新能源联盟的能耗监测解决方案在衡水交通系统实现示范应用，储能联盟承担了固安区域能源综合管理项目，国家半导体照明联盟在科技部支持下联合石家庄、保定开展半导体照明应用工程试点。据了解，2014 年京津冀三地技术转移合作与资源配置动作频频。北京与河北共建的张北云计算产业园预计投资将达千亿元，迈出建设"京津冀大数据走廊"的重要一步。中关村同首钢总公司签署合作备忘录，积极支持首钢建设北京园区和曹妃甸园区，形成产业联动和项目合理布局。天津宝坻启动了京津中关村科技新城建设。固安中关村高新技术产业基地已有 10 个亿元以上项目签约。

京津冀协同创新共同体机遇空前。"京津冀三地经济发展不平衡，市场不统一，行政区划不一致，因此不可能平行推进，一定要有一个优先的次序，在有条件的地区先行发展。"中央政策研究室经济局副局长白津夫表示，可以考虑在京津和保定建立一个模糊边界的创新共同体，形成政策资源共享，并根据发展需要进行行政区划改革。同时，白津夫认为，中国已经迈向了从园区竞争到平台竞争的时代，因此，京津冀协同发展，还要着力打造中关村国家创新平台，构建北京—保定的"制造业走廊"，以及海淀—白洋淀的"新经济走廊"。"近年来天津着力搭建科技载体，促进企业创新成长。"天津市副市长何树山表示，2010 年天津市启动了"科技小巨人成长计划"，目的就是推动科技型中小企业形成"铺天盖地"的发展态势，培育一大批"顶天立地"的科技"小巨人"。截至 2014 年，天津科技"小巨人"企业已达到 2 924 家，比 2010 年增加 2 198 家，相当于 4 年翻两番。与此同时，一大批战略性新兴产业加速发展，科技创新对经济发展和转型升级的带动作用逐渐加强。另一方面，天津也在逐步加强与北京、河北的合作，探索建立以企业为主体、市场为导向的产学研合作机制，同时与北京、河北签署了多项科技合作协议，在基础研究、生态保护、大型科研仪器共享等方面建立对接机制，加速构建开放共赢的协同创新体系，为科技创新与人才创业创造了优越的条件。"为更好地服务北京、发展河北，更有效地促进区域经济交流与合作，河北省在北京的 30 家较大型企业，经多方协商，决定共同成立北京河北企业商会。"北京河北企业商会副会长章竞表示，在当前京津冀协同创新共同体的大背景下，该商会成立的目的，就是充分利用河北环京的地缘人缘优势，形成协作机制，调动各方面积极因素，在服务和开拓北京市场的同时，发展和壮大企业自身实力，为促进京冀经济一体化发展做出贡献。

环境与载体建设激发创新创业活力。"2014 年新创办企业 9 000 家，远超 2013 年的 6 000 家，井喷式增长是中关村的历史性飞跃。"中关村管委会创业服务处副处长闫颖表示，到 2014 年中关村已经聚集了 14 只国内

顶级天使投资基金，创新工场、车库咖啡等 27 家模式各不相同的创新型
孵化器，40 多所高校的高素质创业人才，百度系、新浪系、金山系、真
格基金系、清华系、北大系等层出不穷的创业派系……这些在全球都少有
的丰富资源，让政府引导、社会责任与企业家精神完美融合，形成了中关
村较为完整的创业生态系统。随着股权和分红激励措施等中关村先行先试
政策推向全国，中关村创新资源的辐射能力将进一步放大。大批创业服务
平台已经开始尝试走出北京，并看准京津冀协同创新共同体的良好机遇，
涌向天津和河北。今后，京津冀三地的创业服务应进一步加强，以承接这
样一个新兴的趋势。中关村社会组织联合会会长王小兰表示，中关村的创
业者队伍已经形成了"新四军"，这"新四军"包括被称为"21 岁现象"
的大三学生创业军团、创业系军团、连续创业军团以及大公司高管创业军
团。之所以能够形成如此欣欣向荣的创新创业局面，与政府多年来的鼓励
与扶持密不可分。中关村的这些良好氛围，如果能够在天津和河北显现，
三地的社会组织和产业联盟能够形成良好互动与协作，相信未来协同创新
成果将日渐丰硕。天津市西青区委常委、组织部部长李升东表示，中关村
创新型孵化器、京津冀创新要素融合示范基地、中关村天津留创园等均落
户在西青区，西青区期待依靠丰富的载体为中关村的创新创业企业营造第
二个生态"佳园"。

2014 年 12 月 12 日，由市政府发起和组织的石家庄京津冀产学研联
盟正式揭牌成立。会议期间，共发布科技成果 2 299 项、技术需求 70 项，
13 项产学研合作项目现场进行了签约。石家庄京津冀产学研联盟以"创
新驱动、合作共赢"为宗旨，通过整合省会产业优势和京津冀高校、科研
机构的科技创新资源，引导和支持创新要素向企业集聚，扶持和促进科技
成果向现实生产力转化，推动省会全面融入京津冀协同发展大局之中。联
盟成立得到广大高校、科研院所、金融机构和工商企业的大力支持，2014
年已有北京大学、清华大学、中科院等 242 家联盟会员加入。在签约仪式
上，石家庄市政府与北京网能经纬科技公司的下一代互联网产业发展建设
战略合作协议等 13 个产学研合作项目进行了签约。来自京津地区的 22 家
高校和 11 家科研院所、浙江大学、上海交通大学以及河北省内 11 家高校
的领导和专家，驻石家庄 24 家金融机构及 145 家重点企业的领导参加了
成立大会。为促进联盟会员之间交流合作，石家庄市人民政府成立了专门
的组织机构，为联盟会员单位在产业落地、成果转化、人才培养等方面提
供保姆式服务，营造良好的发展环境。在已经出台的《支持企业科技创新

十条措施》《高新技术成果落地石家庄奖励办法》等一系列政策措施的基础上，石家庄市将设立专项基金，支持联盟开展人才引进、成果转化、联合研发等合作活动，促进联盟会员之间协同创新、融合发展。

高校和科研院所的科技资源有成果转化的现实需要，企业有技术创新和升级改造的内在需求。石家庄市人民政府搭建产学研联盟平台，必将对加快高校、科研院所科研成果转化为现实生产力，不断提升企业核心竞争力发挥强大的推动作用，真正实现京津冀高校、科研院所与企业之间的强强联合、合作共赢。京津冀三地正在全力推进合作，打通断头路，实施交通一体化。河北、北京正在共同推进建设北京新机场临空经济区。河北、天津各投资 10 亿元，组建了渤海津冀港口投资发展有限公司。

2014 年，中关村示范区与唐山、承德、廊坊、保定等建立了战略合作关系，同时配合支持张家口发展大数据产业，着力建设张北云计算产业园，积极支持石家庄市建设集成电路封装测试产业园。中关村示范区企业已在河北省设立分支机构 1 029 家。清华大学与廊坊、秦皇岛、唐山等多地共建研究院、科技园、研究中心，北京大学与天津、河北合作项目超过 330 个。

（4）存在的问题与合作趋势分析。

第一，京津冀产学研合作呈分化状态，专利合作逐年递减。区域产学研合作可从教育合作、科研合作、技术合作、技术交易等方面来考察。从区域的论文合作和专利合作两个指标来看，如表 7－7 所示，京津冀地区间产学研合作表现出分化状态，专利合作几乎呈逐年递增趋势，而论文合作却几乎逐年递减，说明地区间技术合作正在加强，而学术合作却在削弱，长此以往可能会进一步拉大地区间的知识距离。北京与上海虽然距离遥远，但从专利角度看，却比京津冀地区间的合作更频繁，北京与上海 2009—2011 年 3 年间专利合作分别有 172、142、189 项，远超京津冀各地区之间相应年份合作的总和，说明地区合作中知识距离比空间距离的影响更大，因为空间距离比知识距离形成的障碍更容易克服。京津冀产学研合作之所以没有长三角地区的活跃，一是中心城市北京的辐射强度不够；二是区域行政力量较强，市场竞争意识不足，缺乏创业精神和氛围，缺乏寻求产学研合作的内驱力；三是河北某些地区的经济落后、知识能力不够所导致；最后一点，鉴于京津冀地区产学研合作的现状，现阶段京津冀地区的产学研合作还需要各地政府的协调与扶持，但迄今为止还没有建立制度化的区域合作机制，地区间的行政壁垒还难以打破。

表 7 - 7　　　　　　　　2007—2011 年京津冀论文与专利合作情况

合作区域	合作内容	2007 年	2008 年	2009 年	2010 年	2011 年
京津	论文合作	1 631	1 171	714	794	876
	专利合作	14	27	43	45	78
京冀	论文合作	3 049	2 040	1 063	1 031	1 041
	专利合作	8	23	63	14	16
津冀	论文合作	1 974	1 264	609	646	611
	专利合作	7	5	7	5	9

　　说明：论文合作数据由中国知网期刊数据库检索而来；专利合作数据由中国专利信息中心专利数据库检索而来。

　　第二，将来还需要继续积极推进京津冀科技研发创新合作，促进产业对接。京津冀同处一个经济区域，单纯依靠传统发展模式已无法适应提高区域综合竞争力的需要，必须依靠全方位的科技研发创新合作寻求共同发展。北京以高新技术产业、文化产业和高级服务业占据制高点，津冀地区尤其是河北，知识密集型服务产业因其自身经济社会发展水平所限较为薄弱，因此，在科技研发合作中北京要发挥主导作用，通过产业与技术扩散，辐射周边地区，充分发挥对津冀地区的带动作用。京津冀三方应设立科技协作机构，统筹制定区域技术创新政策，组织各种相关信息发布和科技成果交流。同时要重视知识密集型服务企业的市场运作，通过跨区域并购，实现业务的跨区域拓展和网络化链接，以产业扩散、创新扩散带动津冀相关产业的发展。

　　第三，进一步促进产学研与区域协同互动发展，充分发挥产学研合作对于区域协同发展的促进作用，这需要从以下几个方面进一步努力：一是搭建和完善跨区域产学研用服务平台，推动北京和天津两个特大城市创新资源共享，共同申报国家科技重大专项和国家重大科技基础设施项目，承担国家高技术产业化项目和示范工程，加强高校、科研院所和企业合作，推动创新链、产业链的深度融合。二是充分体现产学研对区域的带动和辐射作用，促使产学研内集聚的要素资源和企业、产业在地理空间上向区域扩散与转移。充分发挥产学研的产业、企业集聚效应，发展知识密集、技术密集型产业，推动京津冀区域产业结构调整及优化。三是充分发挥高新区的经济增长极作用，带动区域经济总量增长；利用高新区外向化程度较高的特点，增加出口创汇收入；实现产学研互动下高新区内服务产业的高速发展和企业利润总额的增加。四是充分发挥产学研在技术创新，成果转化和人力、社区的示范带动作用，使产学研不仅带动区域经济的发展，同时促进社会多个方面的进步。总之，产学研互动已成为我国知识经济、高新技术产业、科技创新、科技成果转化和科技企业发展的重要方式，同时也成为区域协同发展的重要动力支撑。

7.3.2　产学研区域协调实践

区域合作是在寻求共同点，旨在达成利益共享；区域协调是在解决冲突点，旨在达成利益均衡。京津冀协同发展有着历史遗留与利益争端问题，但协调发展有其历史必然性，且目前京津冀协调发展的条件已具备，京津冀产学研合作有着良好的客观基础，但其利益协调机制仍需建立和完善。

（1）历史遗留与利益争端。

京津冀协同发展中有其历史遗留的问题，也有当前发展利益的争端。在清朝时期，京津冀就是一体的，北京城以中轴线分为两部分，东边是大兴，西边是宛平，都归通州管，通州当时又归保定管，而且直隶总督又在保定。新中国定都北京，当时的天津是一个工商业城市，在成为直辖市之前是河北省的省会。现在我们还能看到当时历史遗留下来的一些问题，比如在天津市有一个河北工业大学，属于河北省，却位于天津市。天津直辖之后，河北省就需要一个新的省会，当时其实想设在保定，保定的面积比石家庄要大，但当时处于"文革"时期，保定的武斗比较严重，革委会考虑设立在相对安静的地方，于是就选择了石家庄。保定从此就一直衰落下去了，到今天也没有什么大的发展起色。所以，现在京津冀的这种格局，是新中国成立后的一些行政改革、行政区划的变更所形成的，可以说是一个历史的遗留问题。

20世纪80年代初，京津冀协调发展的问题就已经开始被研究。北京市计委有一个项目叫"首都及周边地区经济发展研究"，当时就开始研究北京和河北省的一些城市之间到底是一种什么样的关系。80年代末90年代初的时候，全国开始搞第一轮的区域合作，当时叫"横向经济联合"即地区与地区之间的经济联合，北京、天津、河北三地最先启动的是京津冀汽车制造业的联合，以汽车业作为最早的一个切入点。然而，就在刚刚切入的时候，矛盾就出现了，因为汽车生产分为组装和生产配件两大块，河北当时认为北京和天津哪家负责生产都行，率先妥协给京津配套生产配件，但是北京和天津之间开始互不相让，谁给谁配套的问题长期没有得到解决，所以最后形成了京津独自发展汽车工业的局面。

从此京津冀就埋下了产业竞争的"宿怨"。京津一旦谈合作，马上就出现竞争，因为都是直辖市，而且天津是北方的工业中心，而北京是首都，双方互不妥协。2000 年前后，北京和天津又出现了另外一个矛盾即京津在使用港口时出现了问题。因为 20 世纪 90 年代末期的时候全国港口的运输能力普遍比较紧张，北京的货物走天津港的时候经常被压港，导致损失很大。为了解决这个问题，当时北京就和唐山合作，建了一个京唐港。现在来看京唐港的布局肯定是不合理的。

2005 年的时候，国家发改委开始编制京津冀的都市圈规划。在整个"十一五"期间，长三角、珠三角的规划相继出台，唯独京津冀的规划一直没有出台，原因在于京津冀每个省市都有自己的利益诉求，即使编完了也无法批复。直到"十二五"规划开始制定时，京津冀都市圈的规划仍然束之高阁。所以，制定"十二五"规划的时候，又提出了一个新的概念"首都圈"，但是这个概念又出现了新的问题，大家对首都圈的范围意见不统一，首都圈到底有多大，谁也说不清楚。

从上述整个过程中可以发现，京津冀三地发展不协调是由来已久的。过去的不协调，体现在产业结构上高度的重叠。原先北京也是一个工业城市，北京有化工，天津也有，北京有钢铁，天津也有，机械、石油产业等两地都有。在市场竞争上，两地针锋相对。然而经过这么多年，产业结构已经发生了很大的变化，现在说北京和天津的产业结构重叠已经不成立，不存在产业结构上的根本矛盾，但功能定位发展战略及各个层面还都存在利益博弈。

京津冀三方到底希望在哪些方面协同发展呢？在各方表述中，规划、产业、项目、土地、资源、资本、交通、通信、信息、人口、水利、金融、商贸、税收、财政、科技、旅游、教育、医疗、社保、服务、文化、生态、城镇化等关键词常常出现。这说明，京津冀协同发展涉及方方面面。在实际操作中，必然会涉及各方决策选择的谁先、谁后问题，以及各方利益的取舍问题，产生认识上的矛盾和利益上的冲突不可避免。

直观来看，矛盾与冲突经常表现在相关各方的概念论述上。如围绕"京津冀"这个概念，各方做了各自的表述：北京市倾向于使用"主动融入京津冀城市群发展""京津冀都市圈""协同建立京津冀大气污染防治协调机制""京津冀区域经济分工合作"等组合概念，天津市倾向于使用"京津冀都市圈""京津冀协同发展""京津冀务实合作"等组合概念，河北省倾向于使用"京津冀联防联控大气污染""京津冀协同发展上升为国家战略""京津冀协同发展的大势""积极促进京津冀经济一体化发展""全方位深化京津冀合作""京津冀都市圈规划""京津冀城市群规划""推进京津冀区域合作迈出实质性步伐"等组合概念。

可以看出，天津市和北京市都想在经济发展中占据核心位置，造成了二者之间的理念冲突、利益冲突，使得所谓的京津冀协同发展举步维艰。与京津相比，河北省则在每个方面都表达了积极参与的信息，不争核心地位，只求借势发展，心情最为迫切，只可惜自己做不了京津的主，只能苦苦等待。

2005 年 1 月，国务院常务会议通过《北京城市总体规划（2004 年—2020 年）》。《规划》提出，积极推进环渤海地区的经济合作与协调发展，加强京津冀地区在产业发展、生态建设等方面的协调发展。区域交通方面，要基本形成以北京、天津为中心的"两小时交通圈"。2011 年，国家发改委启动首都经济圈的规划和编制工作，在 2012 年的区域规划审批计划当中，首都经济圈的发展规划更是位居首位，但进展一直较慢。2011年 3 月，国家"十二五"规划纲要发布，提出"打造首都经济圈"。"京津冀一体化""首都经济圈"的概念写入国家"十二五"规划，成为国家战略。2011 年 12 月 1 日，国家发展和改革委员会副主任杜鹰在新闻发布会上表示："现在看来，京津冀地区的规划工作还没有完全做到位。"2014年 3 月 5 日，国务院总理李克强做政府工作报告时指出，加强环渤海及京津冀地区经济协作。这是自 2004 年提出京津冀都市圈以来，"京津冀"作为一个词组第一次在中国总理的政府报告中出现。

从 2004 年到 2014 年，历经 10 年，国务院及国家发改委在京津冀协同发展规划方面做了不少工作，最后把"环渤海""京津冀一体化""首都经济区"等概念都吸收到了规划、报告之中，力求在顶层设计中体现三方共识，兼顾三方利益。当然，在这 10 年中，京津冀都在积极向上争取自己的利益，都在进行区域规划、政策博弈，才有了一个最后三方利益都兼顾的局面。

2014 年 2 月 26 日，习近平在北京主持召开座谈会，专题听取京津冀协同发展工作汇报时强调，努力实现京津冀一体化发展，自觉打破自家"一亩三分地"的思维定式，抱成团朝着顶层设计的目标一起做，同时提出了 7 点要求，其中要"把交通一体化作为先行领域"作为具体规划实施的突破口。

（2）区域协调的重点和难点。

在区域协调方面，首要的问题表现在资源环境方面。现在的环境问题凸显，而且是不分地域的，靠单独一方解决已经是不可能，北京、河北、天津都不能独自解决，必将是一个多方利益协调博弈的过程。

另一个是北京现在的"大城市病"。国家首都和中央政府都在北京，北京出现这么多问题，再发展下去，有可能会影响到中央政府的运转，这对于国家政治方面的安全会产生影响，同时首都问题也涉及国家的形象。从这个角度讲，也必须要解决北京的问题，而北京的问题不是北京一个城市所能解决的，所以需要大家一起协调解决[①]。

要协调解决以上两个问题，产学研作用是关键，最重要的是促使京津冀产业合理分工和融合，促进产学研合作，这是协同发展的关键支撑。如河北省下决心转变经济发展方式，努力走出一条绿色发展、低碳循环的发展道路，改造提升传统产业，大力发展战略性新兴产业和现代服务业，这就需要京津冀三地进一步整合创新资源，打破各自为政、分散封闭、交叉重复等碎片化现象，充分发挥北京、天津的创新优势，把河北作为创新成果转化和产业化的基地，加快河北产业转型升级，为京津冀空气质量根本好转做出更大贡献[②]。

相对于长三角和珠三角而言，京津冀地区经济发展相对落后，重要原因是区域经济的非均衡发展，极化现象较为严重。目前，北京逐渐面临人口膨胀、交通拥堵、生态环境恶化等问题，资源高度聚集制约了北京的发展。要实现区域均衡协调发展，缓解北京的压力，需要将资本密集型和劳动密集型产业向外转移，同时教育、科技等公共资源积极向外围地区辐射，以实现区域资源要素的均衡化布局和经济一体化发展，这要求外围地区具备一定的产业承接能力、升级能力和创新能力，以推动外围地区与核心地区的协同共进。由此可见，区域的均衡协调发展为区域产学研合作提供了市场空间。

当前区域协调发展的难点主要表现在以下几个方面：第一，同珠三角或长三角相比较而言，京津冀发展中有两个核心，这一点与珠、长三角不一样，协调起来比较困难。珠三角在一个省，一个省的事情就会好办得多，省政府说话就算数。长三角是上海、浙江、江苏三个省市，同时浙江、江苏两家对上海也构不成威胁，上海怎么说，浙江、江苏就怎么做。另外，从协调机制方面看，珠三角只要省政府出面，长三角也有一个22

① 李国平，陈红霞，等. 协调发展与区域治理：京津冀地区的实践. 北京：北京大学出版社，2012.

② http://www.hbiur114.com/redianzixun/1639.html.

个城市的市长联席会，上海市的领导政治地位比长三角的地方市长地位要高出一等，使得协调起来比较便利。北京、天津、河北协调起来，难度相对较大，因此就需要有一个更高层次的领导出面协调。

第二，京津冀区域存在"环北京贫困带"，北京和天津目前都处在一个对资源进行吸附的阶段，把周边资源往自己身边吸，周边又都很穷，只有中间地方发达，从而造成与周边关系难处。这也是京津冀与长三角区别很大的一个地方。

第三，从产业的布局看，京津冀在产业上的跨度很大，导致双方之间的合作比较少。比如，中关村每年有很多技术产品需要产业化，但是这些产业化的项目很少在天津、河北实施，相当一部分是在珠、长三角，真正拿到河北去产业化的很少。天津、河北的产业发展很难和中关村合拍。在这种情况下，河北与北京形成合作还缺乏一定的基础。同时天津和河北之间也有重叠，如天津滨海新区和河北曹妃甸很多产业项目都是竞争关系，所以更多地需要建立利益协调机制。

以上可以具体归纳为京津冀一体化发展的 10 个担忧。第一，"缺乏区域整合的治理机制"。京津冀合作发展靠三省协调机制恐难实现。过去的直隶省、华北局等都是一种区域整合的治理机制。产业、环境等问题，单靠地方政府之间协调存在难度。第二，"京津冀发展缺乏'经济二传手'"。京津冀地区缺乏"二传"作用的中等城市。中小城市不发达，京津冀区域中落后和边缘的地区缺乏引进、吸收、消化发达地区先进生产要素和管理制度的能力。第三，"用管控代替市场进行资源配置"。政府的管控补贴可能会扭曲市场的供需关系，行政区划打破市场规律可能导致资源不合理流动。既要政府创造行政条件，同时也需要尊重市场规律。第四，"污染产业转移引发生态不平等"。首都外迁企业大多呈现高投入、高能耗、高污染、低效益特征。如此企业外迁，实则也转移了首都的部分污染源，恐成"污染一体化"。第五，"京津冀房价一体化"。京津冀一体化还没实现，房价率先"一体化"。天津与河北的房地产市场开启了上涨模式，"京津冀一体化"成为当地房地产开发企业重点炒作的卖点。第六，"过度开发破坏环境"。京津周边以及河北地区的生态资源丰富，大搞基础设施建设、旅游开发，会对生态资源构成潜在威胁，京津冀一体化的过度开发导致可能地区原有的生态资源遭破坏。第七，"造成新'睡城'或'鬼城'"。京津冀一体化会促使地方盲目推动商品房建设，城市在消化不良的基础上再增负担。如此不仅不能为国民经济的提振贡献力量，反而会为地方经济增长拖后腿。第八，"将加速北京的膨胀和污染"。现存留北京的企业多半基于北京的市场需求。政府人为用税收优惠把"三高一低"企业吸引到河北，腾出的市场空间可能很快又会有其他企业和人口来填补，造成反弹。第九，"恐让投机者钻了空子"。资本对政策信息和市场信号的反映具有灵敏性和超前性，京津冀区域未来的长期利好会成为资本短期炒作的对象，导致资源价格的迅速上涨，给居民生活造成不利影响。第十，"河北人才被'空吸'"。京津冀一体化恐将会更多刺激河北高端人才流向北京天津。人才的流失对于地区经济的影响不容小觑，挽留高端人才，需要更多创新政策、更完善的高端人才创业和发展环境[①]。

具体到京津冀产学研互动方面，存在的问题主要表现在：行政区域划分所带来的人才政策、社会保障制度等客观因素，造成京津科技人才智力资源很难向河北转移；科技创新政策体系差异影响区域间科技成果与科技企业的外溢，部分成果和企业越过京津周边地区甚至整个河北向南方政策更为宽松的地区转移；周边城市与京津存在着较大的"环境梯度差"，导致京津不能将其创新创业资源向周边城市辐射；高新技术产业结构趋同影响区域内产业集群的形成。

（3）利益协调机制。

区域发展应避免"比较优势陷阱"。河北的比较优势就是发展钢铁，但是当这种比较优势发挥到极致，就会走到它的反面。河北一直呈现工业结构重型化特征，钢铁、煤矿、发电等多年积累起来的重型化的产业结构短期内很难改变，而这样的重工业又全都环绕在首都旁边，给首都的环境造成很大的影响，同时也是不可持续发展。所以，产业布局一直有两个原则，第一是"适当集中与适当分散相结合"，第二是"专业化与综合发展相结合"。按照这两个原则来布局，就不至于出现现在的问题——过度强调大工业而忽视综合发展。

在一个大的区域范围内，要贯彻专业化与综合化相结合的区域发展思路，产业要适度多样化，地区之间不要造成太多的行政上的不便利。从中央层面来讲，要提早预防地区之间的冲突，通过出台政策避免地方保护主义，以及为了地方利益而损害别人利益等一些现象。在利益协调机制方面，应适当地提前规划，对于一些主要的强势地区和周边的落后地区合作的时候，可以适度地让出一些利益，以获得一些最急需的资源，这样地区

---

① 孙久文. 京津冀合作的难点与陷阱. 人民论坛，2014（12）.

之间就有一个相互获利的机制。

一直以来，京津冀许多产业同质化竞争严重，尤其是工业与制造业企业，在京郊、天津和河北都广泛分布，缺乏有效协调。首都经济贸易大学教授祝尔娟表示，通过相关模型计算可以看出，京津和京冀的产业结构相似度远低于津冀，表明目前京津和津冀间优势产业重合度较高，存在严重的产业趋同的竞争倾向。纵观京津冀，产业结构布局并不完善。有统计显示，目前在京津冀三地的产业结构中，北京70％～80％为第三产业，高度聚集了科技和金融产业；天津则是第二产业和服务业均接近50％；河北则仍有将近12％的农业，近50％的第二产业。在区域经济发展、环境治理协同进行的当下，河北面临着远远高于其他两个地区的环境治理和产业升级压力。所以，当前建立一个合理的利益协调机制，京津冀三方必须改变观念，突破制度与体制障碍，着力向着协同发展、产业互助、错位发展的方向努力①。

在利益协调机制中，产业协调发展最核心，也是各方利益博弈最激烈的领域。从各方表态来看，在协同发展中，北京主要是加快疏解非首都核心功能，加快产业转移和人口分流，天津和河北则是做好被疏解的功能及产业转移的承接与合作。

（4）产学研协同创新中的利益协调问题。

我国产学研合作目前存在一些共性的问题，京津冀区域产学研合作同样也存在这样一些问题：第一，产学研协同创新涉及企业、大学、科研机构等不同社会体系或同一体系内的不同主体，文化、资源、能力等方面存在的明显差异必然给合作带来障碍。京津冀三地在这方面表现尤为明显。同时，技术转移复杂性导致的权益风险障碍客观存在。特别是各方若在知识产权价值评价、成果占有和利用方式以及风险分担等利益分配方面产生分歧时，协作就会出现矛盾，技术转移和共享就会变得困难。因此，设计合理的利益分配机制，达成"利益均衡点"是协同创新的关键。

第二，学术机构和企业界有着不同的价值观和文化，企业作为营利性组织，以利润最大化为主要目标，而高校及科研机构会把是否有利于学术研究、提升社会声誉作为首要考虑因素。这样，企业一方对知识认知缺乏，而高校等科研机构对知识分享转化满足感缺少，使科研机构不太关注在市场运作方面的需求，从而使产学研协同创新产生了壁垒。同时，在协

---

① http://comments.caijing.com.cn/2014−03−23/114032391.html.

同创新观念和意识方面，无论高校、科研机构还是企业都不同程度存在较大差距，突出表现为：对科学知识生产模式发生变革的认识不够，协同创新的紧迫感、使命感不强。国家创新体系内企业、高校、科研院所几方面力量长期以来各自为政的局面尚未真正扭转，分散、封闭、低效仍是我国科技创新存在的最大问题。

受计划经济和原有科教体制分割影响，我国政府与大学、大学与企业间，不仅在宏观管理、物理位置上"分"，而且在心态、理念上"隔"。企业、高校、科研院所等创新组织之间，各创新组织内部如高校间、院系间、科技人员间，单位或个人利益占主导，协同意识淡薄，创新壁垒明显，存在条块分割、重复建设、交流欠缺甚至恶性竞争等现象，影响了创新要素的有效积聚和资源效率的释放。很多企业或高校牵头的国家重大项目，看似有合作，实则为申请项目时将参与各方临时聚在一起，申报成功后还是各干各的，并未真正形成联合体进行协同攻关，"协而不同心""协而不同力"绝非个别现象。

在科技宏观管理机构方面，除科技部外，发改委、财政部等综合部门及农业部、教育部等国务院专业部门也具有一定的宏观管理职能，但至今缺乏一个公共的、更有力的协同创新执行协调机构，一定程度存在政出多门现象，各项政策相互脱节，阻碍了协同创新技术转移及其成果转化。

目前，京津冀产学研协作创新组织及产学研合作联盟等平台相继成立，虽未在根本上改变体制分割问题，但在一定程度上促进了产学研互动。如为促进联盟会员之间交流合作，石家庄市人民政府成立了专门的组织机构，为联盟会员单位在产业落地、成果转化、人才培养等方面提供保姆式服务，营造良好的发展环境；在已经出台的《支持企业科技创新新十条措施》《高新技术成果落地石家庄奖励办法》等一系列政策措施的基础上，石家庄市将设立专项基金，支持联盟开展人才引进、成果转化、联合研发等合作活动，促进联盟会员之间协同创新、融合发展。

总之，高校和科研院所的科技资源有成果转化的现实需要，企业有技术创新和升级改造的内在需求。在京津冀产学研协同创新中，作为重要支撑体系的提供服务的中介组织及信息平台正在建设完善中，这些服务于产学研创新体系的中介机构和行业组织，为协同创新提供融资、培训、管理、咨询、调研等多方面服务，成为产学研互动体系中不可忽视的组成部分。如石家庄市人民政府搭建产学研联盟平台，在加快高校、科研院所科研成果转化为现实生产力，提升企业核心竞争力方面将发挥强大的推动作用，促进京津冀高校、科研院所与企业之间的合作共赢。

第三，资源配置和评价体系方面。

京津冀资源过于分散和过于集中的现象同时存在；还缺乏以共享为核心的配置体系，平台布局和大型贵重仪器购置有重复，单位或个人往往将资源视为己有，不与他人分享；一些大型贵重仪器设备使用率偏低，资源效能未充分发挥。大多数研发人员尤其是顶尖级科技人才如中国科学院院士、工程院院士等，大多集中在科研机构与高校。而企业科研力量薄弱，大多不具备自主创新能力。同时京津冀地区之间差异更加明显，如果利益协调机制不完善，很难结成有效的合作联盟。

另一方面，科研人员评价机制不科学，也会造成难以调动应用转化积极性的情况。如重量轻质，重论文、重经费，轻推广、轻应用的科研考核机制不能客观反映科技成果的实际价值及研究人员的真实水平。特别在科技成果与知识产权方面缺乏成果共享及利益分配机制，制约了科技成果推广转化和科技人员的积极性，对总体创新工作产生不良导向，尚未形成鼓励潜心研究、"十年磨一剑"的政策环境与文化土壤。创新成果评价机制不科学，难以适应不同特点创新活动的需要。成果转化绩效评价指标单一，对不同性质的科技活动不能分类评价，过多依据论文、专利、经费数量，没有考察对国家、区域及行业需求的贡献度，忽视成果转化带来的社会经济效益。科研项目大多采用简单的管理模式，主要以短期目标为验收标准，缺乏鼓励协同的政策导向，造成企业与高校几乎以竞争而非合作的关系争取项目，力量自然难以整合。

京津冀协同发展中，要从根本上促进产学研协同创新，解决科技资源分散、封闭、低效等问题，首先是转变思想，更新观念，增强协同创新的内部主动力，大学、企业、科研机构要自觉摒弃本位主义，转变单打独斗的传统思维，强化"创新"的办学兴企理念，深化"协同"的强校、强企、强国思路，把提升"创新力"作为当前和今后一段时期的工作主线和战略抓手，把"协同创新"作为自身未来发展的动力源泉，以开放的视野、包容的心态、大气的作风，有效整合各自优势资源，开展多种形式的集科学研究、人才培养、学科建设、成果转化、服务社会于一体的协同创新，切实提升协同创新能力。另一方面，完善政策，理顺关系，强化政府的外部驱动力。由于产学研协同创新是一项风险系数高的活动，参与者必然希望降低风险，因而由政府出面制定各种优惠政策成为提高合作概率的必要条件。

政府在促进协同创新过程中，应着力完善资源配置，通过科学完备的资源分配与保障，形成创新力量各展所长、密切合作、互利共赢的良好机制。应加大对高校的信任和依靠，突出高校在国家创新体系中的地位和作用。特别是在当前我国企业技术创新能力较低的情况下，应充分认识到我国高校特别是一批研究型大学已具备的较强创新实力，在经费、项目方面加大投入和支持，使高校成为协同创新的中坚力量。应推进科研院所和高校的合并，促进创新力量间的有机融合。随着行政体制、科技管理体制改革的不断深入，我国各类行业科研院所从原主管部门剥离，纷纷改制为高新企业，科研院所与高校融合或合并不仅有着重要的意义，而且恰逢其时①。

（5）京津冀产学研协调实践进展。

京津冀明确各自的功能定位，从产业布局上进行协调。针对京津冀协同发展，北京首要强调"加快疏解非首都核心功能"。北京市发改委称，对于不符合首都战略定位的功能和产业，2015 年已出台一份"疏解"清单，疏解一批制造业、一批中心城区批发市场、一批院校、一批医院，以及若干个行政事业单位。从产业发展布局上，北京的思路已然明确：原则上不再发展一般制造业，做大做强战略性新兴产业，加快新一代信息技术、生物、新材料、航空航天、高端装备制造业创新发展；大力发展生产性服务业及节能环保朝阳产业。

其实，上述工作思路早已在 2014 年的一系列动作中体现出来。2014年北京市制定实施了《北京市新增产业的禁止和限制目录》，关停退出了392 家一般制造业和污染企业，搭建了 30 个产业疏解合作平台，推进了53 个产业转移疏解项目，拆除了中心城区 36 个商品交易市场，实施了128 项污染防治和节能技改项目，中关村企业在天津、河北累计设立分支机构 1 532 个。

最受关注的莫过于，曾创造大量经济效益、解决数万劳动力就业的北京动物园服装批发市场正式搬迁。作为动物园服装批发市场的"新家"，河北省在推动京津冀协同发展进程中动力最大，将全面承接京津产业和人口转移。早在 2014 年初，河北就出台了《关于新型城镇化建设的意见》，提出以保定、廊坊为首都功能疏解的集中承载地和京津产业转移的重要承载地。其中，明确保定将承接北京部分行政、科教、医疗等功能。"承接

---

①　蓝晓霞. 整合产学研协同创新机制研究. 中国高等教育，2014（5）.

合作"也是河北提及京津冀协同发展的关键词。2014 年，河北完成了多项产业对接项目，北京凌云化工整体搬迁至邯郸，北汽集团黄骅整车项目建成投产，与北京共建曹妃甸现代产业实验区，与天津共建涉县天铁循环经济示范区。

河北省省长张庆伟在 2014 年 1 月上旬召开的河北"两会"上就表示："河北配合国家搞好顶层设计，出台推动京津冀协同发展实施意见，梳理出 64 项重点工作，确定了 40 个承接合作平台，签署并实施京冀'6＋1'、津冀'4＋1'战略合作框架协议。"在部署 2015 年工作重点时，河北提出，推动产业对接协作，抓好北京新机场临空经济区、京冀曹妃甸现代产业实验区、亦庄廊坊产业园和津冀涉县天铁循环经济示范区建设。

天津则是强调借力引进北京部分产业和项目。天津市合作交流办主任张建国 2014 年在天津政务网解读京津冀协调发展情况时就曾表示："与北京市合作的主攻方向是承接北京非首都核心功能向外疏解，重点是高端制造业的加工环节，区域性、功能性总部基地，以及研发转化、创意设计、商贸物流等生产性服务业项目。"天津市市长黄兴国在 2015 年 1 月 25 日召开的天津"两会"上表示："深化与北京科技创新合作，加快建设未来科技城、滨海中关村科技园、京津中关科技城，打造京津国家级创新主轴。"2 月 15 日，天津市发展改革、统计和行政审批会议再次明确，在产业领域，编制指导目录和承接产业转移指导意见，完善功能承接平台建设。此外，还将出台实施承接非首都核心功能工作意见，谋划集中承载地和微中心，重点承接总部企业、教育医疗机构、行政事业单位和产业投资项目[①]。

7.4　产学研—京津冀互动主体实践项目

7.4.1　协同创新联盟
案例一：北京协同创新研究院成立

肩负着推动京津冀协作和创新驱动发展双重使命的北京协同创新研究院在北京市海淀区成立。研究院将通过体制机制创新，进一步释放北京的科技创新优势，打破产学研结合和区域协作的壁垒。研究院设立由政府、

---
① http://finance.sina.com.cn/china/20150226/013721593761.shtml.

高校等多方出资，按照市场化方式运作总规模 10 亿元的协同创新母基金，同时引导和鼓励其他高校院所、社会资本围绕特定领域建立协同创新子基金，通过市场化利益分享机制吸引整合国内外企业、高校院所广泛参与，开展协同创新。北京市海淀区委书记隋振江说，作为全国高校智力资源最密集的海淀区一直致力于产学研结合的探索，释放科技创新的力量，北京协同创新研究院成立就是一个典型代表，海淀将围绕这些协同创新平台，形成"以企业为主体、市场为导向、产业化为目标"的协同创新格局。未来 3～5 年，北京协同创新研究院将以创新体系建设为核心，采取开放式、集团式的方式，预计吸引聚集国内外知名大学（院所）10 所以上、各类高端精英人才 800 人左右，每年创造具有核心竞争能力的重大技术 20 项以上，新增创新创业企业 10 家以上，支持产业规模 500 亿元以上。

据了解，北京协同创新研究院将立足北京，辐射全国，特别注重围绕京津冀一体化发展的战略要求，吸引津冀区域高校院所、产业领军企业参与协同创新中心建设，带动其区域创新能力提升，还将主动引导北京协同创新中心在天津、河北等地落地适宜的产业化项目，促进其产业发展。参与北京协同创新研究院建设的北京大学党委书记朱善璐说，搭建区域性的协同创新平台对当前实施创新驱动发展战略具有突出意义，北京大学十分关注京津冀协作，正计划成立京津冀发展研究机构，未来希望借助北京协同创新研究院这一平台进一步融入京津冀的创新发展当中。据统计，至 2014 年 8 月，研究院已有近 40 项高校科技成果进入首批建设的大气治理及水处理、信息安全、智能机器人、智能材料与微机电系统（先进制造）、计算与仿真等 5 大协同创新中心进行成果转化，多家高校将联合中国商飞、潍柴集团、启明星辰等 20 余家企业参与其中[①]。

案例二：京津冀三高校 协同创新联盟

2015 年 6 月 13 日，北京工业大学、天津工业大学、河北工业大学三校联合正式成立"京津冀协同创新联盟"，三校将通过师资共享、联合培养、智库建设、产学研合作等方式，增强服务地方经济、科技和社会发展的能力，持续为京津冀一体化发展注入活力。

据悉，三校将共同构建国际化资源开放实验平台，凝聚成为具有国际影响的区域特色鲜明的学科群；通过体制机制创新，力求实现校际教师互聘和优秀管理干部相互挂职锻炼等，实现优质师资共享；联盟高校将联合

---

① 张舵. 京津冀产学研进一步融合. 国际商报，2014-09-01.

建立创新人才培养基地，促进学生的跨校交流与培养，开展拔尖创新人才选拔培养与实验；联合开展教改研究与教材建设，共同组织学生开展生产实习、毕业设计、创业教育等活动。

三校还将共同打造"国家急需、世界一流"的协同创新体系，由北京工业大学牵头成立"京津冀交通协同创新中心"，由天津工业大学牵头成立"京津冀环境污染控制协同创新中心"，由河北工业大学牵头成立"京津冀智能装备技术与系统协同创新中心"等。

案例三：石家庄京津冀产学研联盟成立

石家庄京津冀产学研联盟成立大会 2014 年 12 月 12 日在河北石家庄召开。为深入实施创新驱动战略，石家庄决定成立京津冀产学研联盟，整合自身优势和京津冀地区科技创新资源。

联盟由石家庄市人民政府发起和组织，立足石家庄优势和产业基础，积极对接京津冀地区重点高校、科研资源和人才优势，构建以企业为主体、市场为导向、产学研相结合的技术创新协作体系。联盟会员采取聘任和申请加入相结合的方式产生，截至 2014 年 12 月初，已加入联盟会员 242 家，包括京津冀地区的重点院校 33 家，中科院及农科院、林科院所属科研院（所）14 家，石家庄市省级以上开发区（产业园区）26 家、重点工商企业 145 家、金融机构 24 家①。

石家庄京津冀产学研联盟是以京津冀为主的开放性合作平台。联盟的主要任务是，充分发挥京津冀高校、科研机构和石家庄市各自优势，搭建并借助京津冀产学研合作平台，引导和支持创新要素向企业集聚，扶持和促进高校、科研院所科技成果向现实生产力转化，为推动京津冀协同发展做出积极贡献。

7.4.2　自主创新示范区建设

案例：天津国家自主创新示范区正式挂牌

2015 年 2 月 26 日下午，天津国家自主创新示范区在本市高新区正式挂牌，这是自 2014 年 12 月国务院批复同意支持天津高新区建设国家自主创新示范区后的具体落地措施。根据市政府印发的《天津国家自主创新示范区"一区二十一园"规划方案》，"一区"为天津国家自主创新示范区，包括华苑科技园、北辰科技园、南开科技园、武清科技园和塘沽海洋科技园。"二十一园"为在各区县有关功能区分别规划建设的 21 个分园。到

---

① 杨柳. 石家庄京津冀产学研联盟成立. 人民日报，2014-12-14.

2020年，"一区二十一园"将成为富有创新发展活力的创新型园区。根据规划方案，"一区二十一园"用地总面积244.67平方公里。核心区用地面积55.24平方公里，未来科技城为核心区的拓展区。21个分园（共31个片区）用地面积189.43平方公里，其中，市内六区各分园用地面积9.15平方公里，滨海新区各分园用地面积46.03平方公里，其他区县各分园用地面积134.25平方公里。依据天津市市级高新技术产业开发区认定管理办法，31个片区认定为市级高新区。此外，天津市将统一产业布局、统一管理创新，鼓励和促进各分园科技资源开放共享、要素合理流动、产业发展优势互补，大力建设"一线、两带、一城"的产业聚集区。

一线：京津科技新干线，从北京中关村到天津滨海新区。借助首都创新资源，构建天津市高新技术产业发展中轴线。沿线重点布局武清、宝坻、北辰、东丽各分园及空港科技园、天津经济技术开发区科技园两个分园，重点建设京津协同创新载体，承接首都科技成果和资源溢出。

两带：围绕京津科技新干线主轴延伸形成的两条高新技术产业研发转化带。向西南延伸，重点布局华苑科技园及南开、西青、静海各分园，发展以新能源、新材料、新一代信息技术等为主导的产业，培育发展大健康产业；向东延伸，重点布局津南、东丽、宁河和蓟县各分园，形成以高端装备制造、汽车零部件、现代农业等行业为主导的若干个产业集群，促进周边高校及科研院所科技成果转化与资源开放共享。

一城：中心城区，包括和平、河西、南开、河东、河北、红桥各区。依托中心城区高端工业布局及都市工业园区、科教资源聚集区等空间载体，以研发设计、科技咨询、文化创意、科技金融、创业孵化等科技服务业和现代服务业为主导，形成各具特色的空间与产业布局。

目标：到2020年，总收入超过3.5万亿元。预计到2020年，示范区总收入超过3.5万亿元，工业总产值达到1.2万亿元，体制机制创新、核心区建设运营、政策创新、区域拓展等重点工作取得重大进展。预计到2025年，示范区总收入达到8万亿元，工业总产值将突破2万亿元，主要经济指标、创新指标进入全国高新区第一梯队，全面完成示范区的国家定位。

7.4.3　地方产学研合作实践

案例：秦皇岛产学研合作实践

秦皇岛毗邻京津，是重要的港口城市和旅游城市，也是首批14个沿海开放城市之一，拥有较为丰富的教育资源；当地有燕山大学（河北省直属重点学校）等 13 家高等院校，在校学生达 8 万余人，拥有玻璃设计研究院、视听机械研究院等 8 家国家部属科研单位。

当前，秦皇岛产学研合作主要存在以下特征。第一，企业作为合作主体，参与的积极性差别较大。截至 2012 年底，秦皇岛经济技术开发区已吸引美、英、德、日、韩等 35 个国家和地区，包括美国通用电气、美国铝业和 ADM 在内的诸多世界 500 强企业入驻。但就产学研合作参与实际情况来看，中小企业合作性较高并占主体地位，政府的主导力度不够。高校、科研院所更注重层次高、研究深入、专业性强的项目，企业更注重短时、高效并能够解决眼前问题的项目。各高校参与本市校企合作项目相对比例并不高。第二，研发投入比例较低，积极性不高。投资领域主要集中在机械、节能和数据等产业，对研发缺乏长远的规划和投资，相对更注重短期回报。就一些需要深入研究、创新性较强但后期投入较高的项目，普遍缺乏积极性。这与当前秦皇岛市本土企业发展的程度与实力密切相关。第三，合作领域分布均衡。除材料、节能和机械领域外。在电子、农业、环保等领域也有合作。合作层次上仍限于解决单一技术难题的单一技术合作，共建研发机构和实现仪器共享等注重社会长期收益的合作并不多。第四，政府的引领力度不足。产学研合作机制有待完善，合作深度、广度有待提升。合作双方信息渠道不够畅通，哪些项目亟待研发，哪些科研项目可以转化，全市目前缺乏一个统一、准确和高效的产学研各主体有效沟通的平台。相较于高校和科研院所研究的方向和人才储备优势，企业信息来源有限。

京津冀经济一体化为秦皇岛产学研合作带来机遇与挑战：从实际情况来看，就机遇而言，京津冀三地分工合作，极化自己产业群，为各地经济的发展提供了动力支持。经济的快速发展，给秦皇岛产学研合作提供了基金的基础。同时，京津冀优质的教育科研的资源和强大的人才优势，有助于秦皇岛高等教育事业的发展，为产学研合作提供了必要条件。准确把握经济发展机遇，寻找新的经济增长点，加快产业结构调整的步伐，转变经济增长方式势在必行。就挑战而言，由于经济圈统一的市场体系仍未形成，区域内部企业尚处同质竞争，整个区域内合理的产业分工体系未建立起来，区域内的矛盾和冲突日益突出，加速了企业的优胜劣汰，对秦皇岛高等教育事业也产生较大影响。由于福利待遇、发展机遇和平台建设等诸多因素，秦皇岛人才流动的步伐将加快，京津的"人才抽水机"效应势必更为明显。秦皇岛作为全国优秀旅游城市，近年来却面临着空气严重污染的尴尬处境。2014 年 1 月公布的数据显示，京津冀雾霾严重，空气质量排名全部位于全国倒数，这与河北省"两高"行业集中、产业结构偏重的现状密切相关。秦皇岛如何在实现经济快速发展的同时，转变经济增长方式，实现经济发展与环境保护共赢，保持"全国优秀旅游城市"的声誉，增加第三产业收入，而非"顾此失彼"，这将成为亟待解决的重要问题。

秦皇岛产学研一体化问题的对策分析。政府要完善制度化建设，加大扶持力度，积极搭建秦皇岛产学研合作平台。在加快秦皇岛产学研合作的进程中，政府无疑起着至关重要的作用，要建立一套行之有效、规范的跨区域协同管理机制，发挥主导、引领和推动作用，加快构筑创新型城市建设的体制机制支撑，对产学研合作中人才、资金、技术、信息等供给提供政策支持。各级主管部门完善产学研合作制度，积极搭建信息服务平台，简化服务程序，提高服务质量，使高校、科研院所和企业能够及时互通有无，实现京津冀都市圈信息资源共享。定期开展高校、科研院所和企业的联谊活动，政策上鼓励各地市高校教师、科研机构人员开展交流与互访活动。组织专家组、教授和博士及课题组成员等走访企业，深入了解生产实践活动的需求，扩大横向课题的研究范围。要以培育新的经济增长点为主要目标。启动产学研合作专项基金，尤其鼓励为新能源、生物医药等低碳环保的战略性新兴产业的发展及其关键技术的研发提供专项基金；加大"数谷"与高校和科研院所合作的步伐，打造秦皇岛经济的亮点与特色；旅游业作为秦皇岛的支柱产业之一，应不断培育发展新兴服务业，利用北戴河和山海关在历史和地理上得天独厚的优势，实现休闲度假旅游业的信息化发展，打造文化创意产业；支持低碳、低耗的绿色环保产业发展，注重经济的可持续发展；提高居民幸福指数和人才福利待遇，防止人才的"显性"和"隐性"流失；加大对创新型人才的引进力度，建立京津冀人才的柔性流动机制。秦皇岛已经迈开产学研合作的步伐。2011 年，全国首家国家级开发区院士专家服务中心在开发区正式揭牌。秦皇岛不断加强与清华、北大、中科院、中关村海淀园等知名院所、园区的合作，加快高端项目和高端人才引进步伐。2014 年 4 月，北京理工大学又与秦皇岛市人民政府签署全面合作协议。秦皇岛政府在产学研合作方面的水平将在实践摸索中不断提升。

企业是自主创新的主体。把握市场动向，加快产业升级自主创新以企业为主体，是指企业在自主创新中应成为投资主体、研发主体和应用主体。企业是国家创新体系中知识创新系统和知识应用系统的核心部分，增强产业创新与升级能力，可以采用产学研联体合作、单项即期合作、风险共担长久合作和前网后链等多种模式。企业要把握主动权，推动产业升级换代，创建自主品牌，准确把握市场动向。我国技术市场仍处于产学研合作的"瓶颈期"，即"买方"市场阶段，尚未达到引导大量科研产品研发的"卖方"市场阶段。广大企业要将科研成果的研发与引进作为发展的重要战略，加强科技创新和风险投资意识，考虑发展技术服务、金融保险、商贸物流、服务外包等高附加值的现代服务产业和高新技术产业，优化支撑产业升级与创新。

高校和科研院所要树立京津冀一体观，加大科技创新与科研成果转化的力度。一方面，秦皇岛高校要按照"产学研一体化"的理念培养人才——创新研究型人才和应用型人才。高校要适应经济社会发展需要，与本地区就业市场衔接，考虑定制式培养。要具备京津冀一体的大局观，加大高精专人才输出力度，有的放矢，在提高毕业生就业率的同时推进整个区域经济的良性循环。另一方面，高校与科研院所要注重科技创新的推广和科研成果的转化，既进行理论研究又注重"适销对路"，将科研与市场实际需求紧密结合。各高校要建立自己的科技成果转化办公室，对教师的科研成果进行信息化平台管理，推动教师科技成果、专利和研究方向与京津冀大环境需求的有序对接，实现良性循环。高校和科研院所之间要互通有无，优化资源配置。在京津冀大背景下，秦皇岛高校要加快科研平台搭建和教育信息资源共享步伐。研究人员通过访学、项目合作和深造等多种方式与清华大学、北京大学等京津冀著名高校及中科院等顶级科研院所合作，提升自身学术水平，增强综合素质等，积极组织研发新技术、新产品，不断提高科技创新水平和能力[①]。

---

① 孙菊. 京津冀区域经济一体化背景下秦皇岛产学研合作问题研究. 科技视界，2014 (14).

第八章 产学研互动与区域协同发展路径的选择

国际经验表明,区域崛起的基本条件及基础要求是大致相同的,其目标追求或目标定位却可能不趋同。面对激烈的区域竞争和国际竞争,区域的发展既不能照搬,也不能模仿,本章将逐步阐述产学研互动与区域协同发展的主要约束条件及其路径的选择。

8.1 产学研互动与区域协同发展的约束条件

8.1.1 外部环境约束

产学研互动必须在宏观经济环境和区域范围内进行,由此即受到总体经济环境中法律政策和经济体制大背景的影响,外部环境无疑是促进产学研互动服务区域协同发展的重要保证,也是产学研互动中各利益主体方对外部环境需求的全面反映。相应地,外部创新环境主要包括市场秩序的维护、政府公共功能服务体系的构建、相关法律法规体系的完善等方面。综合我们目前产学研互动与区域协同发展的发展状况,外部环境对于双方的协同发展存在如下约束因素:

(1)法律政策不健全。

产学研合作是一种科技与经济结合的行为,因此必须有相应的政策法规来调节、规范和推动。目前政府有关部门为了推动产学研合作创新,虽然出台了许多相关政策,但并没有从根本上解决阻碍产学研合作创新所需的外部条件问题。国家在税收、信贷、利益、产权、合作纠纷等方面尚未形成一套相应的政策与法规,对产学研合作中人员流动、生活待遇、成果归属、职称评定、个人权益、设备共用等方面还缺乏切实可行的政策。

从法律法规制定的现状来看,目前,我国还没有出台针对产学研方面的专门立法，相关规定大多分散在《科学技术进步法》等技术创新的法规中，缺乏针对性和可操作性。例如，企业和高校关心较多的"共同研发的关键技术的保密"等相关问题在现有法规下就不能得到很好解决。从相关的财税政策来看，虽然国家或当地政府出台了相关的税收优惠措施，但基本局限于税率优惠与定额减免，没有形成税收优惠、加速折旧、技术开发基金、对无形资产及研发费用列支等全方位、多层次的优惠政策，造成对事前研发支持不够，易产生"技术空心化"现象，以及税收优惠政策分散而缺乏针对性等。

（2）经济体制和科技体制不完善。

我国的经济体制改革已进入现代企业制度的建设阶段，但存在不完善之处。各地的政府机关，有相当一部分还未把经营权交给企业，如体制内国有企业的经营自主权某种程度上仍然受到一定条件的限制，在技术创新中的自主决策权受一定制约。因此，企业在技术创新中的自主决策权也难以完全实现，企业吸收科技成果的行为无法摆脱政府行为的影子，无法成为企业自己的行为。我国的科技体制改革仍然存在一些问题：部门、科研机构间条块分割依然存在，缺乏统一协调；科技与经济存在一定程度的脱节，许多有价值的科技成果被束之高阁，而且科技信息交流不畅，成果共享也不理想。

（3）管理部门有效协调缺乏。

大学和企业分属于不同的系统，其机制、管理、内部条件、价值趋向等也不一样。从部门协调方面来看，由于产学研合作的涉及面广，关乎企业、教育、科研以及政府管理部门之间的各种利益，在当前缺乏统一法规的情况下，常出现部门间政策相冲突的现象。科技体制改革举步维艰，科研人员的流动、科技成果的转化还缺乏有利的环境，部门分割的现象仍然不同程度地存在，加上政企不分、管理混乱，致使许多产学研合作项目难以进入国家的计划之中，这是影响产学研合作的一个重要因素，也是目前的难点。

目前，经济管理部门和科技管理部门行政职能的划分和管理方式不同，造成了科技经济联系协调和合作的渠道不畅。科研机构与企业两者之间也由于单位属性惯性所致，并不一定都以市场为纽带。部门间也由于各自为政，往往是每家颁布自己的一套政策，互不通行。例如，科技部一般倡导借助产学研合作实现研发能力的提升和产业技术自主创新等长期目标，而国资委强调借助产学研合作快速实现新技术的应用和新产品的上

市，以实现国有资产的保值增值等短期目标，这就导致一些企业，特别是
国企在开展产学研合作时无所适从。国内调研也证明，大多数被调查企业
认为目前政府对产学研工作尚缺乏有力的引导和扶持，部门之间还没有形
成有效的合作形式，共同推进产学研相结合的发展。同时，相当一部分企
业认为，从我国经济发展的实际情况和适应国际竞争的需要看，走自发的
产学研相结合道路已不适应时代发展的需要，需要政府的政策干预和制度
支持，以保证企业和国家长期战略的实施。

同时，产学研发展初期，为了实现对企业和高校的引导作用，一般政
府会处于主导地位，通过政府的行政强制力实现对区域内产学研各优势资
源的配置，形成高校及科研院所与企业之间的纽带，建立优势互补的局
面。但是，随着我国产学模式的充分推进，产学研互动主体的参与积极性
逐渐提高，地方政府的过度参与会减少市场对产学研合作模式的促进作
用，影响市场在经济生活规律中的基础性配置作用，一定程度上会减弱产
学研互动参与主体的积极性。

(4) 科技成果转化的中介服务体系建设滞后。

中介服务体系是指科技成果转化的过程中，在科技成果的供应方和需
求方之间起桥梁作用的机构和活动。各国科技成果中介服务发展的趋势是
活动多元化、功能整体化。近年来，我国科技成果中介服务从无到有，中
介机构有了一定的发展，但大多功能单一、机构不健全，提供信息服务不
及时或缺乏准确性，而且中介方的地位及权益难以得到保障。我国近三分
之二的大中型企业还没有研究开发机构，近一半的大中型企业还没有开展
技术开发活动，企业作为技术创新主体的地位没有确立。我国每年 3 万多
项科技成果的转化率不到 30%，最后形成产业的不到 10%（吕海军、甘
志霞，2005）。

一方面，由于中介服务信息传递不够及时和准确，导致高校和科研机
构的很多成果找不到需求者而无法实现转化；另一方面，企业需要的技术
成果找不到合适的供应者，企业产品开发中的难题找不到合适的科技人才
来研究。因此，我国中介服务及其机构无论从数量和功能上都远远不能适
应产学研合作创新的需要（胡恩华，2002）。

不少企业表示"已有联合关系"是引发再次合作的一个动机，说明相
互了解、相互信任对产学研相结合的成功是非常重要的。产学研相结合失
败的实例多数是双方在初次不了解的情况下发生的。许多企业希望政府加
强信息共享平台搭建工作，多组织有质量的洽谈会等形式多样的中介活

动，这在一定程度上反映了企业寻找合作伙伴时信息搜寻的不经济。有学者在研究中发现"中介机构"没有发挥应有的作用。一方面，以政府为主的中介机构作用不明显。比如浙江省各级地方政府每年都有一定规模的科技成果交易会，但结果和预期的效果之间还有很大的差距。企业觉得成果交易会只是一个过场，没有太多成效，能够长期合作的很少。另一方面，许多企业认为中介机构"不可信""不重要"。只有少数企业在产学研相结合中有中介机构的参与，且中介机构仅限于行业技术协会等（不包括政府各行政部门的协助），中介机构的作用十分微弱（龚建立、吕海萍、王飞绒，2003）。调研结果表示，浙江省已存在的多数科技中介机构实际上并没有达到合格科技转化中介机构的要求，浙江省科技中介业的发展是滞后于产学研相结合的发展步伐的，甚至在一定程度上还阻碍了产学研相结合的深入发展和扩大。究其原因：第一，对科技中介缺乏正确认识，市场需求不足。第二，改革措施不到位，科技中介业发展的空间狭小。第三，科技中介机构存在的外在环境不完善。第四，缺少发展科技中介业的规划和政策支持。因此，需要从一个社会化组织体系的角度来规划发展科技中介业，增强科技中介机构的功能，促进产学研相结合的发展。

（5）成果转化的"二次创新"不够。

国内学者的实地调研发现，成果转化的"二次创新"不够也是制约双方合作、影响双方合作信心的主要问题。江苏省被调研的许多企业都有过如下的经历：一些联合开发（委托开发）小试成功的项目，在投入批量生产时往往失败。调研企业往往把失败的原因归于研发方技术成果的不成熟，将责任推给与之合作的高校，认为高校的研发太关注学术性，缺乏对市场的应有关怀；实际上，企业方并没有注意到，自己较少关注"二次创新"对企业产学研成果转化的重要意义也是失败的原因。其实，高新技术产业的发展，关键在于企业的"二次创新"，而这种创新在很大程度上和企业在转化过程中各阶段的人才相衔接。在技术创新工作中，缺乏人才衔接，导致原本具有价值的研发产品不能被市场接受，这不能不说是一大遗憾，更是资金、人力智慧的巨大浪费。

龚建立等在其研究中也发现在产学研成果转化过程中，除了部分成果因市场外部环境变化，产品缺乏市场难以转化外，企业的"二次创新"能力不够也是一个重要的原因。而研究表明，高新技术产业的发展，关键在于企业的"二次创新"，而这种创新在很大程度上和企业在转化过程中各阶段的人才相衔接，也就是说需要经验丰富的生产设计工程师和技术工人。目前此层次的人才在浙江极为稀缺，学研界与企业界中均缺少这一环。因此即使研究单位有相当不错的实验室样机研制出成果，却又因缺乏此类人才而始终不能将成果转化为价廉物美的产品。因此，要想实现产学研相结合的技术创新过程，单靠大学或研究单位的"交钥匙工程"，几乎是不可能的（龚建立、吕海萍、王飞绒，2003）。企业尤其要关注自身研发人员的培养，顺利完成合作过程中的"二次创新"任务（李秀琴、汪霞，2010）。

（6）全球化文化与本土文化的融合不够。

全球区域的崛起中，加强文化建设和文化创新，增强文化创造性和提升文化创造力，并将其融入创新区域活动之中，一个原则性的问题就是如何处理好都市中心的全球化文化与地区、民族特性文化之间的关系。

我们看到，经济全球化导致的"跨国活动"和"跨国生产者服务阶层"开始产生新的文化结构和过程，并通过日常的活动和组织传递迅速扩散到世界各个角落。最为明显的就是，名牌产品、服务和影像通过国际广告代理、动画工业及电视系列剧打入全球市场，形成全球化文化。无所不在的跨国的建筑形态、零售连锁、快餐连锁、服装风格和音乐连同无所不在的跨洲移民、商务访客和游客的存在，都将转递一种没有区域限制的混合。从更抽象的意义上讲，全球化和信息化与空间和时间的压缩、与更快节奏的生产和发展以及与政治发展紧密相关。当传统的家庭间、邻里间、地区间以及国家之间的联系被高科技和高速网络及其设施所颠覆时，量变正在酝酿，有了更多的决定、更多的选择、更多的灵活性、更多的互动、更多的目标、更多的影像，并演化为一种新的生活方式和世界观的质变。简言之，是世界区域的全球都市化促进了新的过程，其包含一致的构造、新内涵的形态以及新物质主义的迁移。

在全球化文化的传播与发展中，全球区域扮演了一个十分重要的角色；反过来，全球化文化的传播与发展在全球区域中也得到最集中的体现。也就是说，全球区域的全球化文化色彩是最为浓厚和丰富的。因为全球区域作为区域网络体系的主要节点，是跨国交流的中心，是全球文化的汇集地。在全球化文化的发展中，跨国交流的人群做出了最直接的贡献。Hannerz（1996）在《世界区域的文化角色》一书中强调有四类人在跨国文化交流中起到了重要的作用，即国际性商业精英、一流世界区域中的外国移民、文化产业中的工作者、旅游者。其中，国际性商业精英是一个非常关键的群体。他们从事着"跨国性质的"工作，并享用着"跨国性质的"消费。他们集聚在全球区域中，做全球范围的决策并处理全球的投资，处理全球的信息，设计、营销国际产品，并且为了工作和闲暇穿行于世界各地。他们所处的地点是一种跨文化环境、一个交织混合的场所。对于他们来说，全球区域不仅仅是其工作的场所，同样也反映其物质性、世界性的生活方式，经历磨难的生活故事和跨国的感受。他们这些新的感受，反过来又会影响当地的居民，并被其所接受。越来越多的人通过旁观这些国际性商业精英的生活，而看到自己应该有的生活，并加以迅速的模仿。因此，全球区域通常是带有非常显著的全球化文化色彩的。对于中国的崛起来讲，同样有一个接受全球化文化的问题。

当然，全球化过程并非一个简单的趋同。在促进物质文化、制度和生活方式相似化的同时，全球化过程是通过不同方式与各地具体情况相结合而展开的，从而意味着差异性。因为当这些全球化的流动与当地的政治经济和社会制度接触时，会有一个磨合过程，在此过程中，可以以各种形式被接受、被拒绝、被颠覆或被利用。因此，这些全球化的流动并不是把地方化抹杀掉，而是对地方化进行融合与改造。尽管全球化在许多社会生活领域都趋向于普适主义，但它也同时引起由社会两种相反力量相互作用下的社会结构的差异和独特性，并成为一种个性主义。因此，由这种跨国活动产生的新的文化结构和过程具有伸缩性和对立性，而不是收敛性和一致性，不仅包含着文化的均质性和同时性，也包含着文化的扩散和分裂，同时包含着普遍化的个性原则（如重新定义的独特性、差异和个性等构成的相对主义）和个性化的普遍原则（如不同地区、阶层、民族的居民的跨国活动等）。

因此，高度集聚于全球区域中的全球化文化，是复杂的、动态的和多方面的。同样，全球区域也是构建新的文化范式和流派以及诞生新的学说、思想的策源地。在全球区域中，人们可以通过建立新的网络和运用新的文化内涵来描述新生活空间中的日常生活。其中，包含传统社区的转变和适应以及强化少数民族地区的社会文化空间。这不仅为全球区域的世界主义做出贡献，同时，也潜在地促进不同文化发展和创新的多元文化空间产生（只在一些区域，如伦敦、纽约、旧金山、洛杉矶和悉尼）。

另外，必须看到，高度集聚于全球区域中的全球化文化，其文化的多元性加剧了不同社会群体间的文化差异，甚至是文化的断裂。因为全球化不仅带来了劳动力市场、消费者市场、政治机构和经济组织等功能性的综合，打破了传统政治界限并将人们联合起来，同时也导致了新的分裂。这在相当程度上加剧了不同社会群体间的文化差异，乃至文化断裂，如社会精英层代表了多种文化（传统的以及世界各地的文化），而同时其他一些社会群体可能只代表着一种非常地域性的、狭窄的单元文化。从某种意义上讲，未来区域冲突的真正来源是文化间的冲突。这将可能给区域发展带来很大的风险。

因此，在全球区域崛起的文化创新中，既要防止全盘接受全球化文化的倾向，又要防止片面强调狭隘的地区、民族特性文化的倾向。在接受全球化文化的同时，还有一个挖掘区域文化中地区性、民族性的问题。从目前我国区域文化建设的情况来看，大多数区域都比较注重自身的历史文化、挖掘自身独特的文化底蕴，例如广州将其区域历史文化提炼成"我国古代丝绸之路的发祥地，岭南文化的中心地，中国近代革命的策源地，改革开放的前沿地"等。不少区域都在积极申报中国珍贵遗产档案、国家重点风景名胜区、国家级文保单位、历史街区、世界文化遗产等，并出版相应的画册与书籍，编写大型历史故事剧与民间舞蹈，创作历史文化遗存的歌曲等。无疑，在区域文化建设与发展中，突出区域文化中的民族、地区特性是重要的。特别是我国许多区域具有悠久深厚的历史文化底蕴，确实需要发扬光大。无论是经济的还是社会的发展，都要保持文化的地方特色，区域发展只有与一个地方的文化相协调，才能达成整体鲜明的效果。从这一意义上讲，只有通过本土文化的深入挖掘以及对外交流而融合各民族文化的精华，才能建成宏大的全球区域大厦。

8.1.2　内部约束

（1）市场推力的有效供给不足。

就国内企业来说，以浙江省企业为例，其主要以中小企业为主，大部分企业自身积累并不充裕，也缺乏科技与开发资金，能够用于研究开发的经费很少，市场融资渠道的狭窄使投入学研相结合的资金就更为有限。再者，与国外经营良好的高科技园区管理相比，国内构建的园区仅能够提供一些外在政策优惠，而园区服务则跟不上区域产学研互动的步伐（龚建立、吕海萍、王飞绒，2003）。

从合作目标上看，产学研合作的各方——企业、高校及科研机构——属于不同类型的组织，内在属性的本质区别使得它们在合作目标以及观念上有着很大的不同。如高校和科研机构倾向于选择有学术价值的、利于评奖评职称的项目进行研究，企业则主要针对有市场需求或者市场前景的项目进行研究开发，目标的不一致易导致产学研合作陷入困境。

长期以来，科技成果的"价值"都是单纯由获得国家经费金额、发表论文数量、参与人学术地位、所获奖励级别和数量来确定。这种评价体系仅体现科技成果的"技术价值"，而忽略了"市场价值"，结果导致科研不是面向市场需求，仅是单纯追求学术价值和地位而进行与实际脱节的研究。其成果不具有市场领先性，或不具备工业化生产可行性，或作为技术商品缺少必要的服务支持，等等。市场价值的缺失造成科技成果的有效供给不足、科研的低水平重复，出现"滞销"现象。再由于收益与风险的不平衡，部分科研人员和高校、科研机构不选择向工业化生产领域转化，而是进行小规模生产，甚至束之高阁不去转化，根本无经济效益可言，这也造成了科技成果有效供给不足。另外，高校和科研机构能向企业提供的通常仅是单向的技术和产品，不能有效满足企业大规模生产对成套技术和装备的需求。因此，高校和科研机构不能给企业提供充足数量和较高质量的生产技术，是制约产学研合作创新的重要障碍之一。

所以，引导产学研结合的评价激励机制有待完善。大学、科研机构对基础研究、应用研究、教学和成果转化人员的评价标准"一刀切"，以学术理论水平和论文发表为主，缺乏合理的分类管理与导向，制约了应用技术研究和成果转化人员参与产学研结合的积极性和持续性。

（2）企业有效需求不足。

我国企业的技术创新能力一直比较薄弱，如全国大中型企业有技术开发机构的仅占四分之一，大中型企业研究开发支出占企业销售收入的比重仅为0.71%。企业缺乏自主知识产权，品牌和技术依赖进口，靠廉价劳动力赚取一些少得可怜的加工费用，劳动生产率较低。而另一方面，高等学校近年来的科研成果却层出不穷。如在2009年9月30日教育部和卫生部联合举办的国庆60年成果发布会上，教育部有关领导指出"若以SCI数据统计按科技论文排序，我国2004年以来高校科研能力排在世界第五位"。

目前有些企业技术创新基础能力薄弱，与高校在科研成果转化上下游关系方面衔接不上，导致转化链条断裂。高校的成果往往是偏重理论性的、前瞻性的，缺乏工程性、实用性，这是由高校科研活动特点所决定的。企业若要将这些理论性成果应用到商品生产中，必须完成样机演示验证和工程化设计这两个过程。这不仅需要大量的资金、人力投入，而且需要具有良好的技术素质和基础的创新队伍以及成熟的风险决策机制。而计划经济条件下国有企业的单纯生产职能大大抑制了技术创新功能的成长。虽然近十几年来,在国家各有关部门的大力倡导下,企业技术创新的意识水平有了显著提高,也纷纷建立或充实了诸如技术中心、设计研究所等各种形式的企业级研发机构,但由于这些机构大多处于发展的初期,主要工作还是围绕产品改型设计,其综合技术实力决定其往往无力去有目的地承接并消化高校的前瞻性科研成果,总是不切实际地寄希望于从高校直接得到实用的工程技术。这种能力上的差距造成了高校与企业之间科技成果转化链条的断裂。还有的企业领导对产学研合作缺少战略性的设想,仅仅满足于有限的项目合作,这主要源于一些企业在发展战略上的短视(周宇,2008)。

由此企业就进入了“引进—轻消化吸收—再引进”的恶性循环,在激烈的市场竞争中处于劣势地位。比如,2003 年,陕西高技术产业技术引进经费支出为 28 895 万元,而消化吸收经费支出为 4 376 万元,仅占技术引进经费的 15%。2005 年,陕西大中型工业企业技术引进经费支出 28 992 万元,技术消化吸收经费占 17%,为 4 990 万元。2007 年,大中型工业企业技术引进经费支出 29 276 万元,而技术消化吸收经费比 2005 年有所下降,为 4 809 万元,占技术引进经费的 16%。在激烈的市场竞争环境中,企业不但要重视对技术的引进、消化吸收,加大资金投入比例,而且更重要的是加强企业的技术创新力量,提高自身的自主研发能力(朱承亮、岳宏志,2009)。

(3)管理合作能力缺乏。

产学研结合涉及企业、高校、科研院所和政府等不同的实体。在管理体制上,产学研各方存在着条块分割的情况,导致目前我国产学研结合内部的组织管理不适应创新活动的规律,缺乏管理合作能力。具体体现为:对合作的目标认同不一;研究方与企业人员不能有效配合;信息交流受限,激励与监督机制不到位。目前无论是高校、科研院所、企业还是政府,没有一定的管理机构、管理程序与共同管理的制度和政策,产学研合作的稳定性较差。尤其是,政府的主导作用和企业的主体作用在产学研结合过程中还没完全体现出来,作为技术资源提供者的高校科研院所在主动性和积极性上还存在较大潜力,有待进一步发挥和改进。

有研究已经提出,产学研合作的创新绩效和发展水平与产学研各主体的合作水平密切相关。而目前在我国的产学研合作中有些合作层次尚处于较低水平,如大学院校和科研机构与企业的交流和沟通甚少,对企业的资金、人力、技术和管理等方面缺乏理解和组织,由此无法通过较有效率的互通有无、各取所需产出较高质量、较高科技水准的较有市场的产品，甚至存在某些产学研联盟主要通过模仿其他科研机构或企业的方式而存在和运作的现象，这与产学研联盟的目标——创新相距甚远，无法达到自主创新的目标。这种仅存在于形式、缺乏深入合作的产学研互动方式不仅限制了产学研联盟自身的升级和发展，还严重阻碍了区域的经济和科技发展。

要杜绝产学研合作组织流于形式，提高其内在的合作程度与合作水平，产学研组织中的软性影响因素不容忽视，例如互动方之间的耦合和高度互动行为所产生的软性指标，而且，非常重要的一点是合作的时间连续性，即各方的研发创新行为是连续的，合作组织间的合作和互动行为存在长期的稳定性。有的学者用"耦合互动强度"和"耦合互动时间"两个指标来表示（李成龙、秦泽峰，2011）。也有学者根据这两个指标将产学研互动方的合作模式分为三种类型：技术协作型、契约型和一体化型，其中技术协作型属于"低强度—短时间"，契约型属于"高强度—短时间"，一体化型则是"高强度—长时间"，如图 8-1 所示。针对这三种合作模式，大量实践案例表明一体化型的创新绩效最高，而契约型的创新绩效高于技术协作型。这应该也比较容易理解。互动方在产学研过程中，互动程度越强、互动越紧密、时间越长，越容易将知识、信息和技术等生产要素进行比较充分的共享和交流，也就越容易产生知识、技术和生产力方面的转移，从而越容易促进创新绩效的形成和发展。

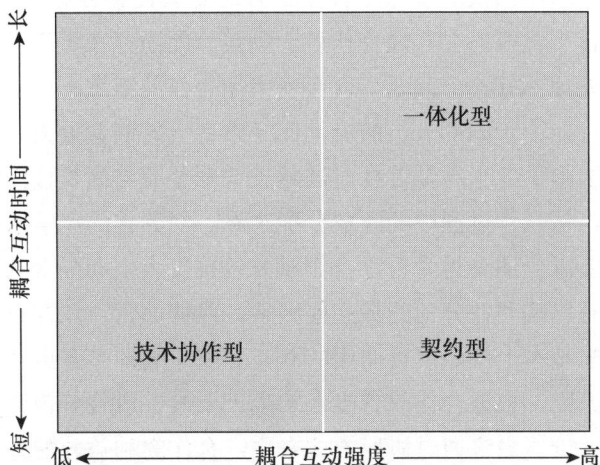

图 8-1　产学研合作模式与耦合互动强度、耦合互动时间的关系

资料来源：李成龙，秦泽峰. 产学研合作组织耦合互动对创新绩效影响的研究. 科学管理研究，2011，29（2）.

　　既然产学研合作组织的任务性耦合互动行为与成果性绩效正相关，高水平的任务性耦合互动行为会产生较高的成果性绩效，那么，在一个区域的产学研互动范围内，互动方要推动双方的目标实现、推进产学研创新绩效和区域协同发展，就应该多采用研讨会、面对面交流、现场指导和共同实验等强度较高的互动形式，增强其耦合互动强度，相对应地，减少浅表的、短暂的互动耦合程度较低的互动形式，如偶尔的电话、邮件、传真和在线咨询等方式，积极重视合作方之间的学习交流、沟通协调和贡献平衡等问题。

　　（4）产学研各方的利益分配不均。

　　产学研合作各方的立场和利益不同，导致他们对待合作利益的分配所持的目标值不同，影响合作的进程，如科研成果转让过程中的定价问题、合作共建研发实体所产生的利润分配问题、成果的归属权问题以及知识产权问题等。特别是随着看得见的利益越来越大时，矛盾会更为尖锐，一旦矛盾积攒到无法解决时，各方就会分道扬镳。

　　在一些产学研合作的案例中，企业积极性很高，高校和科研机构提供的技术也很好，但合作的过程却非常艰难。其中一个重要的原因就是在产学研合作创新中各方的利益始终不能得到很好的处理，各方对技术的价值经常存在着不同的认识，合作初期根据各方谈判地位的不同，可能还比较容易达成一定的协议，但随着合作项目的进行，看得见的利益越来越近时，常常会发生不愉快的事件。合作各方的矛盾使得各方合作程度下降，或某一方独自干，或另寻其他合作者。利益分配还存在于产学研合作创新各方内部。处理不好这个问题，就会使参加合作的组织不仅不能赢得应有的利益，还可能由于内部人员的流动而导致更大的利益损失。

　　比如，国内学者李秀琴等在对江苏省 5 个企业与高校合作情况的实际调研中发现，从合作过程中的收益分配来看，江苏省的产学研合作的利益分配方式主要以分期支付为主，合作双方各自投入生产要素的多少、经营绩效的大小是影响利益分配的最主要因素。具体而言，江苏省的产学研合作的利益分配基本上按照现行通用的利益分配原则即"互惠互利、各得其所"的基本原则，根据合作双方投入的生产要素、风险分担比例和努力程度进行综合评价，最终通过协商方式来决定合作的利益分配方式。调研也发现，企校合作中的利益分配不尽完善也在很大程度上阻碍着企校的深入合作。尽管被调查的企业方在彼此的合作中投入也比较大，也表现得很慷慨，但他们都明确表示，利益分配要看高校的研发做得怎么样，是否满足了企业的需求。这表明，企业方对利益的分配是非常看重的。调研使我们获得了如下的信息：在产学研联合中，经常会碰到企业的积极性很高，研究机构提供的技术也很好，但由于产学研联合中各方对技术价值的看法不同，各方的利益不能得到很好的处理，从而影响了合作的进程，有些甚至因此终止了合作的情况（李秀琴、汪霞，2003）。

出现这个问题的根源在于各方对技术价值评价的标准不一样。企业认为高校或研究所对其成果定价偏高，报出的价格有时是企业方预期的几倍甚至几十倍。研究单位则认为企业"太精"，过于斤斤计较，舍不得投入。实际上，被调研企业都或多或少表现出了同样的经历或境况：在协议签订过程中，根据联合初期各方谈判地位的不同，前期研发投入一般不会太大，各方可能还比较容易达成一致的协议，许多企业因此认为利益分配不是问题；但随着看得见的利益越来越大时，常常会发生协议履行的困难，从而产生利益分配问题，成为企业与高校合作的又一大障碍（李秀琴、汪霞，2003）。

产学研相结合的利益分配问题还存在于产学研相结合各方的内部。由于研究方内部利益分配的问题，造成内部人员的流动或研发人员积极性不高，常使研发工作不能按协议完成。

（5）利益保障机制和风险共担机制缺乏。

产学研合作创新同其他技术创新活动一样，合作各方都存在风险。对于科研机构和高校来说，自身并不具备自我转化的资金能力和实力；对于企业来说，面对承担高风险的巨大压力，往往对很多高新技术成果望而却步，或者对于大多数科技成果的转化工作，企业愿意承担部分风险，但不愿承担全部风险，而希望国家通过有关政策（如补偿）或风险投资机构、金融机构介入共同承担风险。在实际运行中，具体表现为：一是共同投入、成果分享、风险分担的机制不健全。因投入不到位而使合作难以为继的情况时有发生。对知识产权、成果转化收益等合作成果的分享缺乏明确可操作的约定，对可能存在的技术、市场、管理等风险预先估计不足。二是合作协议对责、权、利界定不清，缺乏法律约束力。三是协议履行的社会监管存在疏漏。当前，社会信用体系有待完善，人们的履约守约意识淡薄，法制不健全，监管不到位，失信成本低，维权成本高。因此，能否有风险投资资金介入科技成果的研究开发、中试、商品化和产业化活动，是产学研合作创新能否成功的重要环节。

合作创新的风险分担机制是产学研合作的关键问题之一。现阶段企业还不具备技术创新的动力和实力，高校、科研院所科技成果转化的资金投入难以完全从企业获得。政府虽然加大了引导性资金的投入力度，但尚未形成完善的多元化、多渠道、高效率的科技投入体系，尚未建立适合产学研创新利益和风险分担的责任机制。产学研合作各方投入的资金、科技成果、人才资源等生产要素的价值和流向缺乏监管与风险评估，往往是根据投资多少、收益多少、项目的负责与否等来确定风险承担的额度，未能分层次、分阶段分解风险责任，导致产学研合作的可持续性不强。

国内学者通过实地调研发现，目前企业在科技研发的经费投入上还是显得魄力不够，这直接影响到产品的科技含金量，进而影响企业的科技创新力度。近年来，我国的科技经费虽然呈现逐年增长的趋势，但科技拨款占财政支出的比例却在不断下降（李友生、李玉清，2005）。被调查企业每年的科技研发经费占全年销售额的比例不到1%。而在发达国家，企业研究经费在全社会科研经费中所占比例高达60%～70%，一些著名公司每年的科技研发经费占年度销售总额的比例大多在5%以上。促进企校有效合作的另一重要因素就是政府的作用。从江苏省的角度而言，政府对产学研是给予了相当大的政策扶持与资金资助的，但仍有其他一些方面需要完善：一是要更多了解企业的需求，因为只有多了解企业的需求，企业与高校的合作才能更有的放矢。二是多了解国际上的产业发展现状并为企业的发展提供建议，从而才能帮助企业构建创新研发体系和信息咨询体系，并使得企业与高校的合作在更高的技术含金量层面上展开。三是政府在帮扶力度上还不够大，特别是在简化企业研发成果向产业化转化的手续、过程上还有很多潜力可挖。

（6）合作双方信息不对称。

产学研相结合是一个不完全信息动态结合博弈过程。信息分布的不对称，信息交流的不完全，会给产学研相结合各方的理解、沟通、深入合作带来困难。在产学研合作项目中，一般信息的来源主要包括高新技术博览（交易）会、政府主导的校企见面会、科技厅（局）组织的项目招标会、业内同行、互联网等多种形式，但成交率高、效果好的项目一般来自政府牵线，项目合作双方间则缺乏有效沟通。企业认为，一些项目所涉及的技术领域较窄，可选的高校就那么几家，较为熟悉，无须花人力、物力去了解，再加上它们眼中的高校诚信度较高，不必去做详细的资格审核；高校也认为，在项目未形成之前，根本无法进行事先的考察，也就缺乏对企业的充分了解。

由于双方信息的不对称和交流的不完全，在合作伙伴选择时，没有细致深入的选择程序，从而带来一定的选择风险。在合作伙伴选择后，还要面临着诸如合同不执行等违约风险。例如，企业方面的道德风险——一些企业只考虑自身的利益而不是为了双赢，在获得或学习到对方的关键技术后，就过河拆桥或在财务上做手脚，没有给足高校或科研院所应得的报酬；高校和科研院所的道德风险——一些高校和科研院所在研发快要成功、预期利益越来越大时，也存有违背合同规定、不肯将成果转让给企业而是自己办个公司单独干的问题，损害企业利益。

李秀琴等在实地调研中也发现，影响江苏省企业与高校合作的另一个值得注意的问题就是，信息不对称导致企业与高校的合作难以形成有效、彼此互利的格局。事实上，信息传递和信息交流对产学研联合的成功至关重要，技术能力、经营能力的信息分布不对称，信息交流不完全，产学研各方彼此的私有信息无法掌握等原因都会给双方的理解和沟通带来障碍。调研发现，合作中的各合作主体间欠缺信用仍是江苏省乃至全国企校合作的重要而普遍的问题。信用的缺失，不易产生合作的信任度。此外，违背协议，技术多家转让，也是产学研合作中信用缺失的又一表现形式（李秀琴、汪霞，2003）。

（7）区域内文化异质性及与本土文化的融合不够。

一般而言，区域都拥有比较发达的文化，但绝非所有的人或区域都具有在文化方面的创造性和创造力。Florida 把"创造力"解释为"对原有的数据、感觉或者物质进行加工处理，生成新的而且有用的东西的能力"。这种强大的文化创造力，对于区域的崛起来讲，是十分必要和必须具备的条件。因此，在我国全球区域的崛起中，一项迫切的任务就是妥善处理区域内各产学研主体的文化差异，增强文化创造性和提升文化创造力。

文化产业是衡量一个国家或地区经济社会发展程度的重要标志之一。近年来，我国对文化产业支持力度不断加大，党的十八大报告在"全面建成小康社会和全面深化改革的目标"中明确了未来要使"文化产业成为国民经济支柱性产业"。文化产业具有广泛的关联度，在优化产业结构、提升产业层次、提高区域经济发展水平中发挥着重要作用。从文化视角看，产学研合作的实质是异质性文化系统的耦合。文化产业园区是文化产业发展的基础和保障，只有建立起功能齐备的文化产业园区，才能更好地整合和优化配置各种文化资源，才能促进文化产业健康、有序发展。

区域内的产学研主体由于组织性质不同，在社会大生产分工系统中的职能和作用不同，同时由于所处的宏观环境和发展历史各异，由此形成价值取向、目标追求和行为规范等的不同。其中，在同一个区域内，产学研主体之间存在的文化异质性最大的特点就是，科研院所和大学院校追求学术价值，而企业则追求经济价值。在我国，科研院所和大学院校在产学研过程中由于晋升制度的约束和引导，会更看重论文的发表和课题的申请等，而这与企业所追求的经济利益在一定程度上并不完全一致，由此就会影响双方产学研的创新绩效，所以产学研内的主体互动和创新，一定程度上是异质文化的碰撞和交汇。产学研互动过程中的很多项目和经济活动涉及各方的文化观念，需要文化来进行协调和规范，制度与文化既是替代关系，也是互补关系（刘力，2002）。文化对生存于其中的活动主体发挥着潜移默化的影响作用。特定的文化塑造特定的心智模式，并深刻影响耦合互动行为。高校（或科研机构）和企业在文化上存在着显著的区别，文化冲突会阻碍耦合互动创新效果。在产学研合作初期，由于总体目标刚刚制定，大家都有美好的憧憬，由文化导致的冲突可能比较少。但是，随着耦合互动创新的深入开展，合作方的接触互动增多，加上研发创新工作具有高复杂性和高风险性，由文化差异带来的冲突会显著增加。所以应重视产学研合作组织文化的建设，在耦合互动创新过程中加强合作方的文化交融，培育协作互信的文化。

（8）产学研发展的差异化缺乏。

目前，由于国际环境和国家政策大力倡导区域发展中的产学研互动，而一些地方的产学研发展随机出现了"跟风"的现象，高新技术产业方向成为绝大多数产学研联盟选择的方向，而忽视了与区域发展的优势和特色相结合，区域的产学研发展存在雷同和趋同的现象，产学研发展的差异化缺乏，而产学研的发展水平较低，并没有真正实现对区域经济和区域发展的促进作用。由此，区域在产学研互动的产业方向发展和选择方面，应该注重与自身的区域社会经济发展实际相结合，着重发展本区域的优势和特色产业，这样既可以增强产学研互动的可持续增长能力，又符合区域发展的方向要求，可以更好地为区域发展带来活力和动力。

8.2　产学研互动与区域协同发展的建议

产学研互动与区域协同发展是面向市场而建立的一种动态性的知识、

技术和经济合作，是科技成果转化为生产力的不可或缺的有效实现形式和途径，其正成为新时期构建创新型国家的重要技术支撑平台和科技孵化基地，是产业集群的有力支撑，对于推动地区经济发展和提高区域经济活力都具有重要的现实意义。以前瞻性的眼光来看，在产学研互动与区域协同发展的进程中，将逐步实现从极核中心至延展区域、从路径探索至模式创新、从功能配置至文化培育、从资源融聚至势能扩张的依次演绎。从 1+1 的初始期，到互助互促发展的 1×1 的融聚期，完成产学研互动与区域协同发展的一体化融合。

本书认为，过去对产学研协同创新的研究更强调主体层面的合作，以及产出的合作价值。2015 年，在协同创新的政策基础上，"十三五"规划建议进一步强调科技创新在驱动我国转型发展中的作用，其中，高校、科研机构与企业在创新中的角色进一步分化。在新的创新政策背景下，本书提出为使产学研协同创新的产出更加可持续，我们应特别强调对各主体的资源整合调配，通过资源共享、风险共担、联合攻关、分工协作等方式使其形成一个有机发展的生态圈，发现发展各主体在生态圈中的位势和角色，从而进一步驱动各主体共生发展，实现从 1+1 到 1×1 的转变。具体来讲，所谓 $1 \times 1 = 1$，等号前的 1 代表单独参与到协同创新中的主体，如企业、高校、科研机构、政府等，乘号代表在创新政策背景下新的纵深合作的模式，等号后的 1 则代表在纵深合作模式中，各主体有机结合所形成的生态圈。

总之，产学研互动与区域城市的协同发展必须充分考虑整个区域城市群发展的和谐功能、联动功能，按经济原则、生态原则与文化原则形成有效的区域组合，既注重宏观调控又重视区域内各个省市自身发展的特点，优化产学研与区域间的协同互动性，形成关联效应与互动效应。根据产学研互动与区域协同发展状况提出以下几点建议：

8.2.1　组织构架和机制体制方面

（1）构建产学研与区域良好互动的组织构架。

组织结构的完善配置是产学研与区域良性互动的组织保障，能保持产学研与区域互动关系的优良成长性、灵活适应性和组织创新性。针对产学研和区域的实际情况和发展需要，遵循"省统筹、市为主、市场化"的工作原则，构建产学研与区域良性互动的组织运作体系模式，详见图 8-2。

第一，健全产学研与区域互动发展的领导协调体系。按分类指导的原则成立产学研与区域互动建设领导协调委员会，全面统筹和协调产学研与

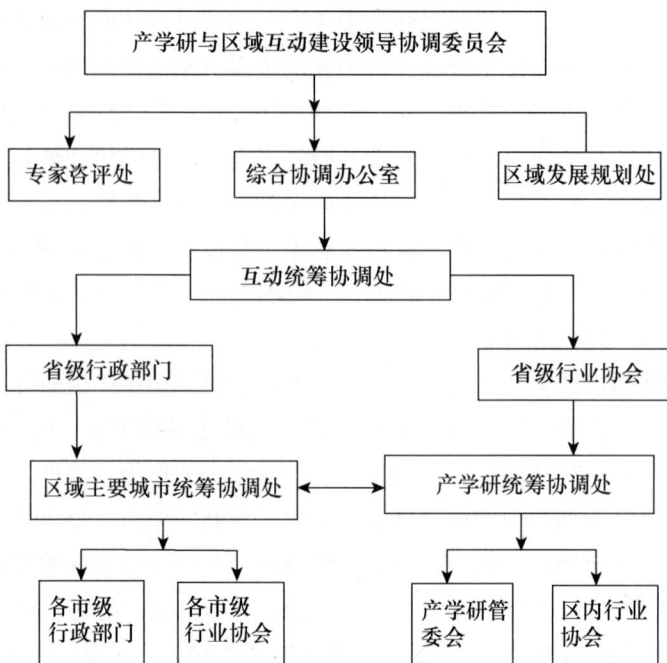

图 8-2　产学研与区域互动组织框架图

区域互动行为中的产业发展、资源利用、体系建设、政策机制创新等工作。领导协调委员会下设综合协调办公室（省直统筹协调处，负责各类事务的综合协调）、区域发展规划处（负责对总体规划和各区域规划进行提升和完善，并督导规划实施）和专家咨评处（聘请高级专业人才及时跟踪产学研与区域的互动情况，总结经验与教训，为区域互动提供决策依据和智力支持）。并在产学研与区域互动统筹协调处下设省级行政部门与省级行业协会，以传导、落实组织的重大决策与行为指令，具体协调产学研与区域的互动发展事宜，这样便奠定了推动产学研与区域互动发展的组织基础。

　　第二，组织结构层层深入。由最高的省级领导协调委员会逐级深入至常设性统筹协调工作部门、省级行政部门或行业协会，再延伸至区域互动的市级合作协调委员会、行政部门和行业协会等三个层次的相关工作事务。其中，各领域、各行业的专业协会亦可向下延伸至县、镇（乡）、村的行政层级，按层级化、区域化、属地化、专业化与行业化管理服务的原则，分别为区域互动提供统筹、联络和协调服务工作（朱有志、童中贤，2008）。

　　参与区域互动管理的多个主体从松散自由型逐步走向紧密合作型，从宏观的业界运营逐渐深入到关注百姓生活和行为，从技术协作型转变为契约型并最终走向合作稳定持续的一体化型，从资源要素的优化配置上升到市场功能的深广性整合方面，实现产业互动、市场共通与文化融合，形成多主体的经济、社会合作网络结构。产学研各互动主体要积极选择耦合互动程度较高的模式，同时在进行组织设计时，要提高和加强组织的自我管理能力和边界渗透性，以利于合作方之间进行良好的耦合互动，从而提高合作效率和创新绩效。

（2）构建促进产学研与区域良性互动的机制体制。

合理的组织机构在发挥工作效能过程中，必须依靠高效的运行机制，才能按照预定的规划推进互动行为，实现预期绩效。在上述设计的区域互动组织模式的基础上，应进一步科学地创设相应的组织运行机制体系，包括决策、执行主体及翔实的工作目标、规范的决策程序、严明的行为规则、具体的监管手段等方面，如图 8-3 所示。

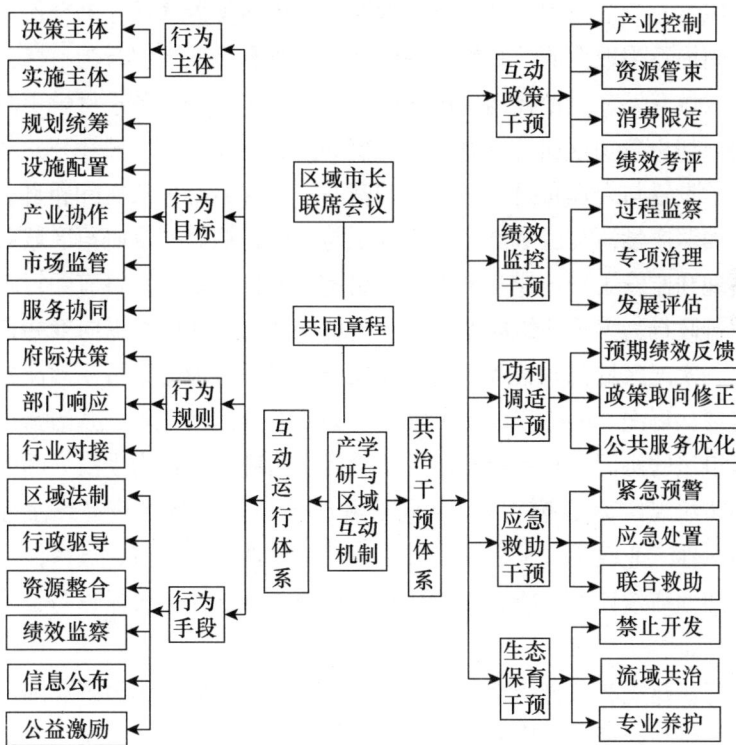

图 8-3　产学研与区域互动合作机制体系构架图

资料来源：张健，陈利华. 产学研联盟中的协同化及创新绩效——以杭州市为例. 中国高教研究，2013（6）.

第一，商定产学研与区域良好互动的共同章程。通过召开产学研与区域领导协调委员会会议或发展论坛，共同商讨并制定实施产学研与区域互动发展的高层性基本制度框架文件，如《产学研与区域互动发展共同章程》或《产学研与区域互动发展联盟公约》等。对产学研与区域互动的空间、战略目标、互动原则、组织框架、机制体系、政策取向、公共服务、区域干涉等需要共同遵循的重大原则性事宜与远景性发展战略予以明确指示，以此奠定以经济合作为先导的区域一体化发展的制度基石。

第二，构建产学研与区域互动合作运行体系。依照《共同章程》或《框架协议》，赋予产学研、区域常设互动合作组织机构事务性的工作职责，确保执行或实施主体权责适宜、组织行为规范有序、区域互动高效。首先，明确互动行为的决策主体和实施主体。区域互动共治的实际决策人应当包含行政高层（市长联席会）、部门中层（区域行政组织）与业界底层（民众团体或市场主体）三大层面的决策主体。而实施主体主要指政府部门组织与非政府组织。其次，明确互动目标。推展区域互动合作应注重区域空间内行为取向的前瞻性与一致性，主要有五大组织行为目标：规划统筹好区域开发、土地控制、产业布局、设施配置等，务求科学预测、精心计划，切忌急功近利、一蹴而就；搞好信息、交通等区域性公共基础设施的科学设置与合理布局，注意节约资源，切合城市生长实际和自然生态情景；加深产学研与区域产业间的分工与合作；搞好产学研与区域共同市场的治理和监管工作，建立和维护市场竞争的良好秩序；将府际行政职能架构与行政行为方式从纵向度的单维治理调整为横向度与纵向度并存的多维治理，实现区域公共服务协同，确保府际组织行为的水平联动和共治目标的实现。再次，明确互动行为规则。必须充分体现平等、共治精神，充分彰显组织的协同力与决策公信力。最后，明确互动行为手段。既要遵循国家法律法规，又要遵守区域共同章程或部门协商制定的实务性行政规则、导向性产业政策、配套性公共服务、均衡性激励举措、过程性组织监察、周期性绩效评估、应急性社会救助和公益慈善性社会保障乃至公务性的信息发布等。

第三，建立和完善产学研与区域互动的驱导、监管和约束规则。为了促进产学研与区域间产生积极、自觉的互动关系和行为，防止机会主义行为的发生，保障产学研与区域互动发展行为的规范和高效，需要建立健全产学研与区域互动行为的干预体系和驱导、监管、约束规则。干预体系包括互动政策干预体系、绩效监控干预体系、功利调适干预体系、应急救助干预体系和生态保育干预体系，以期达到广覆盖、严控制、共治理、可持续的产学研与区域互动发展。驱导政策主要指区域间互动发展的招商引资政策、产业激励政策、绩效考评政策和公共服务等相关指导性竞合政策。监管、约束规则既可以体现为法律、法规，又可以是行业规范等非正式形式。监管、约束规则要明确区域互动各参与主体的行为准则、在互动关系中的权利和责任、违规行为的处罚等相关行为条款。

区域系统创新网络是在区域产学研主体的相互作用和相互影响下，通过网络系统形成的知识和技术组成的有机整体。其中，政府作为区域产学研创新网络形成的推动者和调控者，为区域产学研系统创新提供法律法规、制度安排和文化氛围。而在区域创新系统中处于主体地位的是各产学研合作主体间的交互式学习，区域创新绩效的效率即依赖于产学研各主体间长期合作竞争的协同创新关系、要素与要素之间的共生和协同、要素与整体网络机制之间的互动和关联，这些对区域产学研协同发展的创新绩效具有至关重要的影响（如图 8-4 所示）。

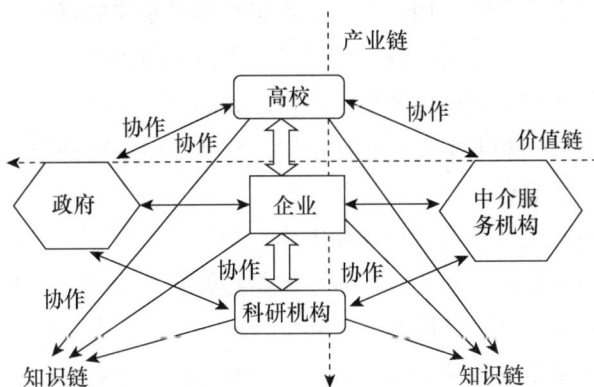

图 8-4　产学研与区域互动关联组织架构图

产学研区域协同发展是将区域内的组织个体知识、技术等进行扩散，达到资源共享，推动区域创新绩效提高，达到区域经济发展的目的，通过知识学习和技术交流，将企业的创新要素与区域资源更好地结合，产生区域资源相加大于单个产学研个体要素功能之和的效果（薛捷，2010）。区域内协同创新网络中的成员利用优势资源，优化创新资源，提升技术创新能力，获得有利于产学研各互动方互相学习和发展的时机，进而提高创新绩效，实现区域内协同创新的效应。这种由协同创新带来的效应包括网络效应、规模效应、集群效应、学习效应和非线性创新效应（李俊华、王耀德、程月明，2012）。区域内的产学研协同创新重在协同，而协同二字绝不仅仅是创新主体间的简单合作，而是一种交互式的复杂系统工程，包含技术、社会、经济等多方面的综合因素。在系统内，创新主体、合作方式、市场环境、组织保障、契约关系、政策和社会支持力度等都是系统组建和有效运行的关键。协同创新能否实现，关键在于这些综合因素和关键模块来保障协同的系统性和有效性（D. Lyons，2000）。

8.2.2　产业格局和互动主体方面

（1）造就产学研与区域错位竞争的产业格局。

产学研与区域在互动发展进程中要想获得产业整体提升，必须树立"互助互补、共同发展"的观念，立足自身的比较优势，扬长避短，按照总部经济模式搞好产业差异定位。以石家庄高新区和石家庄市为例，北京、天津的产业重心已经逐步由制造业向服务业转换，很多传统产业看重河北的土地、人力等资源，开始向河北转移。石家庄借力"三年大变样"对大型项目、好项目和高收益项目的吸附力和承载力迅速增强。产学研在区域中具有承上启下的作用，一方面承接和吸引京津的资金、人才和技术等要素，另一方面将丰富的技术、信息等资源扩散到腹地其他区域。京津冀地区的高校和科研院所要密切追踪该区域的产业发展趋势，突出本区域特色和优势，与一些大型龙头企业集团构建产学研战略联盟，建立科技创新和成果转化的平台。

（2）努力配置多元化市场互动主体。

产学研与区域的互动是一种多主体参与的群体化行为，不同层面行业领域的参与度和贡献度共同促进着社会资源的优势组合与供需互补，最终形成强大的区域市场竞争张力。各种类型和规模的企业是促进产学研与区域互动发展的中坚力量。

第一，激发国有企业的能量。国有企业是促进区域经济互动的一支生力军，可以通过改造、重组、多元化等方式优化资源配置，提升国有企业的竞争能力和盈利能力。也可以实行较宽松的政策，鼓励民间资本和外资购买国有企业，有进有退地推进国有企业战略性改组等。

第二，重点打造龙头骨干型企业。通过加大扶持、鼓励并购等举措，推动跨国、跨地区、跨所有制的大公司大集团的形成。搞好对大型龙头企业的科技立项配套服务工作，提高龙头企业的研发能力，引导和鼓励大企业积极承担国家科研项目。并依托大型龙头企业，建立国际和国家产业技术联盟，培育和支持龙头骨干型企业积极上市，建立企业国际化发展的快速通道。

第三，培育和扶持高科技企业、高成长性企业。以产学研和区域的产业基地为载体，鼓励企业间的技术合作，形成由大企业起龙头带动作用、配套产业发达、大中小企业之间联系密切、成熟产业与新兴产业稳定、创新发展的生态系统，从而形成创新导向的集群形态。鼓励高成长企业与龙头企业合作，与外资企业在研发、市场环节结为联盟。

第四，激活中小企业，积极发展非公有制经济。针对中小企业形成长效机制、激励机制和运行机制，探索形成"科技孵化＋创业投资""创业导师＋专业孵化""共性平台＋创新网络"的新型孵化机制，激发中小企业的创新、创业能力。非公有制经济的发展将会极大促进产学研与区域的互动发展。引导和鼓励产学研、经济发展良好的县市企业和居民寻找企业合作项目和空间，通过直接投资办厂、兼并现有企业、联合创办企业和设立加工基地等方式展开区域互动，降低成本，提高产品竞争力。

第五，通过改善投资环境、简化投资审批手续、降低投资准入门槛等方式吸引外资企业参与区域互动。

第六，鼓励企业和高校、研发机构、科技中介等互动主体间的合作。高校、科研机构或科技中介拥有人才、设备和资料信息等优势，搭建通往政府、科研机构、中介机构等的广渠道和宽接口，各类企业通过与这些互动主体的沟通与合作可以了解和掌握产业或技术发展的最新动态和前沿资讯，可以适时地调整自身的发展战略规划，尽早进行产品升级换代，获得市场竞争的优势和先机。

第七，实现产学研互动区域创新资源整合。区域创新资源整合系统的结构由区域创新资源整合主体、区域创新资源整合客体和区域创新资源整合驱动力三部分组成。

调控管理主体、研发执行主体和创新服务主体构成了区域内创新资源整合的主体。按照主体的组成来看，调控管理主体一般是各级政府职能管理部门，其主要作用是对创新资源的整合进行系统计划、调控和管理；研发执行主体的主要组成是企业、高校和科研机构，它们是创新活动的主体，是创新资源整合的运行层次，在创新资源整合系统中分配着创新资源要素，从事研究开发和创新成果应用的任务；而各种创新服务中介机构作为调控管理主体和研发执行主体的桥梁和纽带构成了创新服务主体，对区域创新资源整合起到了积极的促进作用。

在整个区域创新资源整合系统中，创新资源整合主体在市场、政府和社会三种驱动力的协同作用下，促成了创新资源整合机制的形成，实现了整合主体对整合客体即各类区域创新资源的高效整合，提高了区域创新资源的配置效率，从而提升了区域经济的核心竞争力，促进区域经济由资源依赖型向创新驱动型转变。总之，产学研与区域内各主体均要本着"发展自身，兼顾整体"的原则，展开积极的互动交流，群策群力，最终实现产学研与区域的良性互动，提升整个区域的竞争实力，如图 8-5 所示。

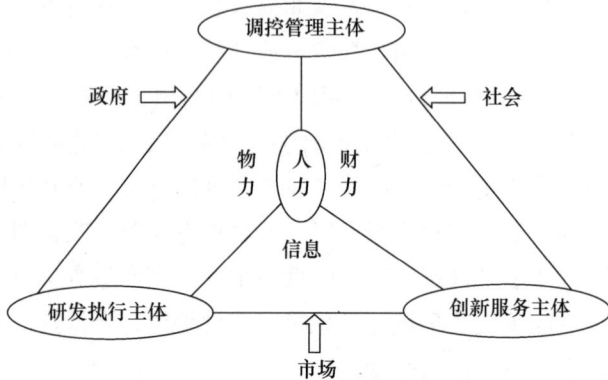

图 8-5　区域创新资源整合系统

产学研各互动主体在区域经济发展中可以形成一种相对的区域内专业化分工合作机制。在区域经济创新系统理论范畴内，创新驱动的内涵在于：技术创新来源于相关集中专业知识的长期有效学习与沉淀，而技术创新促进区域经济的产业化和商业化。在此区域经济发展的链条中，就各产学研互动主体而言，知识的积累、交流更新和创新人才的培养，以及由知识到技术的创新实现，对科技创新的追求和发展，是高校和科研机构的重要任务和首要责任。而将研发的新技术进行成果转移、由科技创新发展为现实的社会生产力则是企业追求的目标和责任。要实现产学研互动主体的三方责任，政府要在满足各自需求和遵循市场机制运作规律基础上，根据产学研发展的各个阶段，为该分工协作体系建立相对应的保障体系。如图 8-6 所示，各主体间的需求信息建立相应的信息反馈途径，为各主体方的职能作用提供相应的职能实现途径，为实现技术创新到生产力的成果转化需要提供相应的成果转移途径。

产学研协同创新会对区域创新绩效水平产生影响，无论这个影响是正向的还是负向的，区域创新绩效的提升与否会对产学研协同创新有一个明显的反馈效应。具体来说，如果某种产学研协同创新方式使得区域创新绩效水平提高，则这种产学研协同的方式会被逐渐加强，进而从众多创新途

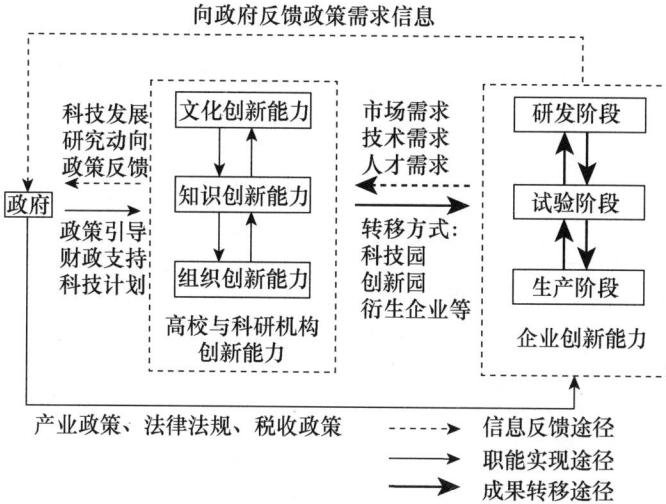

图 8-6　产学研互动主体间的关系示意图

资料来源：何建坤，周立，张继红，等. 研究型大学技术转移：模式研究与实证分析. 北京：清华大学出版社，2007.

径中胜出；而如果某种产学研协同创新路径阻碍了区域创新水平的提高，则这种路径的可行性可能就会遭到质疑，并最终失去与其他路径竞争的资格。这也就是说，上一期的创新绩效在一定程度上会对下一期的区域创新绩效水平产生一种正向或负向的影响，而正是这种反馈效应使区域创新绩效对产学研协同创新的方式具有了一种逆向影响的能力。如图 8-7 所示。

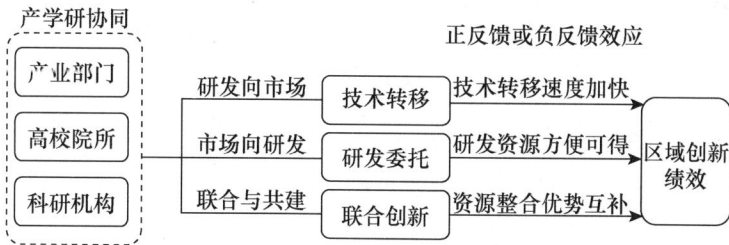

图 8-7　产学研协同影响区域创新绩效的路径

资料来源：蒋伏心，华冬芳，胡潇. 产学研协同创新对区域创新绩效影响研究. 江苏社会科学，2015（5）.

8.2.3　支撑体系和数据统计方面

（1）搞好产学研与区域互动发展的要素支撑体系。

资金和人力是产学研与区域互动发展中最活跃的两个基本要素，资金和各类人才的跨区域流动会为二者互动发展的顺利展开提供有力的支撑和保障。充裕的资金在区域互动中至关重要，建议采取下列措施建设金融保障体系：第一，依托政府引导，促进风险资本聚集。一方面加强政府投入，设立或完善科技型中小企业创新基金、创业资金、研发专项资金和创新合作基金等，根据企业成长需求建立多层次政府资金资助计划。另一方面引导建设"科技创业金融服务区"，积极吸引民间资本、各类风险投资公司、贷款担保公司和国际金融组织。第二，积极参与和争取我国非上市企业的股权交易代办系统相关工作，辅导和培训产学研与区域具备相应条件的企业，为区内企业提供股份制改造、投融资、挂牌交易等服务，建立海外上市计划，构建"培育一批、改制一批、辅导一批、申报一批、核准发行一批"的阶梯型上市推进结构，促进企业海内外上市融资。第三，拓展其他融资渠道。支持银行等金融机构在产学研方面积极开展"知识产权质押""联保联贷""可动产质押"等灵活多样的金融创新服务模式，鼓励民营资本参与产业投资、基础设施和公用事业建设。

在人力支撑方面，借鉴北京中关村国家自主创新示范区、武汉东湖国家自主创新示范区建设"人才特区"的经验，为产学研与区域展开规范化、制度化、长期化互动做好智力储备。首先，实施招才引智计划。依据产学研与区域的人才需求调查结果，制定各层次人才引进计划，积极探索建立"政府调控＋市场供需"相结合的人才引进机制和渠道建设，并建立人才数据库（刘兵、李媛、许刚，2010）。其次，建立促进人才流动的良好机制，实行项目聘用、任务聘用等灵活的用工方式，鼓励和引导各类人才在产学研与区域间流动。再次，搞好人才自我培养工作。一方面培养能带动和支撑产学研发展的领军人才群体；另一方面通过开展职业能力培训等方式，培养和增加产学研与区域互动急需的紧缺专业技术人才、应用型人才等。最后，通过各类载体建设优化招才引智的生活环境、创业环境和法制环境，使产学研人才能"引得进、留得住、用得好"。

（2）加强区域内产学研的公共服务平台和中介服务机构建设。

良好的公共服务平台建设可为产学研合作各方提供协同创新的基础和保障，同时为产学研互动各方的利益提供一定的协调机制。区域行政部门要在产学研合作中的产业布局和技术引进过程中加强对仪器设备采购平台、技术集成交换平台、技术成果交流合作平台及科技成果转化平台等方面的建设，从而在区域内的产学研过程中实现资源共享、信息充分自由流动，实现生产力自由高效地重复利用和低耗使用，如一些试验设计开发在一定区域范围内要实现相关试验资源和成果的共享，从而避免资源在重复使用中的浪费，诸如产学研联盟中的资金使用、项目管理和人才服务等方面都应该以公共服务为平台。同时，大力发展促进技术转移和成果应用的相关服务中介、服务中心等机构，提高基础研究的转化率，实现技术研发过程中的采购管理、技术购买和新产品使用等环节的有机整合。在此过程中，地方政府要在土地划拨、财政税收优惠政策和相关配套政策方面予以大力支持，实现在技术出口退税、财政贴息贷款和土地出让金减免等政策规章方面的利益特许和政策倾斜。

在区域经济发展中，为实现产学研各主体方科技成果的转移，科技中介服务体系的建立和完善处于非常重要的地位，因为其不仅是各类产学研互动主体资源集成与扩散的纽带和桥梁，还是科技知识进行技术创新和成果转移的"催化剂"和"胶合剂"。一般来说，科技中介服务体系由科技中介服务机构、组织管理系统和政策法律法规三个部分组成。这三个部分相互作用、相辅相成。在整个体系中，中介服务机构是主体部分，而组织管理系统和政策法律法规是整个体系的保障和支持部分。科技中介服务体系一方面可以促进产学研成果的科技转化和技术转移，最大化产学研的创新绩效，另一方面可以为产学研主体的利益提供第三方公平、公正和公开的利益协调机制。所以，必须大力支持各类科技中介服务机构的培育和发展，尤其是重点发展提供技术支援的中介机构如生产力促进中心及企业孵化器等，提供技术信息咨询服务的中介机构如技术市场等，提供资金的中介机构如各种研发与合作基金等。与此同时，要在中介机构发展中注重发挥科研院所、高等院校和社会团体与行业协会的作用，从而加强中介机构的专业化、行业化和规模化。

（3）做好区域互动研究的数据统计工作。

区域互动发展战略的制定和实施必须以事实为依据、以数据为基础，区域的统计数据则是区域发展状况最直接和最真实的显示。我国目前的统计数据虽然覆盖范围已经很广、门类也很细致，但仍有一些待提高的地方：第一，国内的宏观统计数据一般统计到市（县）这一级，下一行政层级的统计数据不易获取且统计指标简单粗糙；第二，受统计技术所限，一些具有动态性、开放性的指标没有纳入统计体系中。随着统计技术的发展和统计指标的完善，产学研与区域互动效应的测度研究能更深入、更细化。

在政策调控、法规保障和技术支持的基础上实现区域内相关数据资源的共享，要加强区域资源利用与共享的法律法规建设，按照权责分明、评价科学、公开有序和管理规范的原则，健全数据资源服务平台建设与合理运行的绩效考核机制。区域内的整合数据资源需要以一定组织的建立为基础，承接区域内各主体间的现代信息技术方法，采取共建、共享的方式来运作和使用，需要设定第三方公共平台专门负责区域内数据的挖掘、收集、加工、分析、重新组合、编码、发布，并提供专门的查询服务，建立针对专门数据的开放式服务系统，比如平台共享网络体系和平台管理服务体系。

在合作共享的过程中，针对不同来源和不同用途的数据资源可采用不同的运行方法，如对政府出资产出的国有科学数据采取"完全与开放"数据共享政策和公益性共享机制，可向全社会开放，区域内的相关研究人员和各阶层工作人员都可以在不高于工本费用的基础上，以方便快捷平等的方式获得相关的资源，同时，为帮助其最大效率地使用数据资源，政府还应提供相应的技术服务培训。这部分数据即可采取共享服务网络体系，建立共享平台对外查询的开放式界面，向区域内各产学研主体提供可共享的创新资源相关信息，比如共享资源的主要内容、数量、用途和具体的查询方法等，从而为各互动主体提供及时方便的、针对需求的共享数据。而对私有科学数据，应该将其推向市场，采取自由竞争的原则，与此同时，国家通过相关税收政策进行宏观调控，并可集中相关资源建立管理服务体系，该体系的职能是对相关数据平台进行数据的及时更新和平台的管理维护等，保障区域内数据资源的数量和质量。为实现对区域内数据资源的调控和管理，政府还可以数据资源为驱动和导向，发掘区域内产学研各主体的需求，并把其价值和优势充分显示出来，从而提高其信息沟通和交流能力，提高区域内产学研主体的合作和创新绩效。

8.2.4　文化与人才方面

（1）文化方面。

产学研协同创新是一个动态的、复杂的学习过程，如何在组织间学习中实现文化融合是影响协同创新绩效的关键。区域内整合创新所需的资源要把塑造共享文化氛围、提高区域公民的整体素质作为整个社会发展的基础。文化属于意识形态，其能在创新资源共享的过程中产生相应的能动作用，尤其是对区域内创新系统的组织方式和产学研参与主体的行为产生重要的引导作用。如有研究者发现，相当数量的重点实验室和工程研究中心的科技资源本质上属于国家所有，实验室和研究中心的工作人员仅作为资源的管理者存在，但长期以来，区域内的工作人员却对国家所有缺乏正确的理解，将其视为部门所有、单位所有，甚至是资源管理者个人所有，由此导致许多研究所、研究中心处于相对封闭的体系中，机构与机构之间、学科与学科之间缺乏大跨度、多层次的交流与合作，创新资源共享意识较差。在这个过程中，要实现区域内产学研合作的作用最大化、创新绩效的高效率，就要建立一种资源共享的文化氛围，产学研合作方能充分认识到共享和合作的重要性和益处，自觉成为资源共享的主体，有效提高资源共享的积极性。要求同存异，为满足双方的利益，引导双方行为，设定相应的保障机制，最大限度地实现异质文化的耦合，不仅要重视相关的制度、政策建设，更要重视区域内的协同文化建设，既要达到资源共享和利益协同，还要追求文化协同。产学研相互学习，形成协同的文化氛围，一方面有利于各方建立文化优势，增强竞争力；另一方面可以扩大文化交集，增强彼此适应性。只有存在协同的文化氛围，产学研各主体的利益才能同步实现，达到共赢（李忠鹏，2014）。

借鉴彼得·圣吉的"学习型组织"思想，我们可以为区域内产学研互动主体的文化融合提出以下策略（彼得·圣吉，2009）：设定共赢的产学研区域发展目标。发展目标对区域内产学研互动方都具有引导和指向作用，是产学研协同创新的最终目标，也是产学研各主体的动力来源和努力方向。设立共赢的发展目标才能让区域内的产学研主体产生集体认同感，建立良好的组织关系，激发各主体的创造力和积极性，实现风险分担的良好组织文化氛围。无论是高校、科研院所还是企业都应该对各方的利益差异有科学、客观的认识，努力创造一种求同存异、自由表达自身需求和尊重对方利益需求的自由、平等和公开的组织文化氛围。同时，要注意发展目标在产学研各主体之间的推广和分享。由于合作伊始，各产学研互动方一般都是从自己的角度、基于自己的利益来看待组织中的活动，所以共赢的发展目标的维护和宣传就尤为重要，将这种文化渗透到组织之中，加强互动方之间的沟通和交流，就能对各方产生正向的协同激励作用，形成相应的正反馈。也只有如此，双方才能在文化异质性和利益差异性的基础上，各取所需，即高校和科研机构从企业获得资金支持和实践空间，而企业在高校和科研机构处寻求到更高的产出效率和经济效益，双方在共同的发展目标下，将知识、科技成果转化为现实的社会生产力，实现各自的学术价值和商业价值，从而实现共赢（见图8-8）。

建立全面、系统的组织思考思维。全面思考是要求用全局的、整体的观点来看待事物的一种思维方式，而系统思考是指用动态的、发展的视角

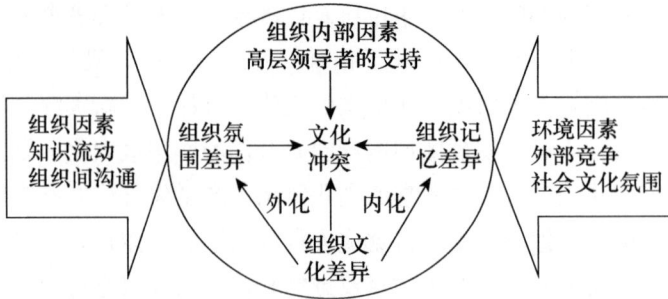

图 8-8　产学研协同创新文化冲突的影响因素作用模型

来观察和辨别系统之间的相互关联的一种思维模式。全面的思维模式能够整体把握区域经济的整体发展，而不是局限于一个子系统，各子系统之间的耦合互动关系到系统整体的创新绩效问题，而组织的思维方式会对整体区域发展和子系统的耦合互动效果产生关键性的影响作用（陈士俊、柳洲，2008）。要形成全面、系统的组织思考思维，需要区域内产学研各互动方具有时间系统观和空间系统观（魏奇锋、顾新，2011）。首先，针对时间系统观，由于产学研互动协同创新系统从运作到创新绩效的产生一般是一个长期的过程，具有一定的时滞性，所以时间系统观能够将这种投入与产出的时间轴进行分离和分析，能够认识到目前的行为可能对系统整体的长远影响。具备时间系统观的产学研主体更能从长远的视角，观察、思考和预测自身行为可能带来的结果，并尽可能采取有利于区域协同创新共同目标的理性行为。同时，时间系统观还有利于在问题产生的背后挖掘问题形成的原因，避免急功近利的短期行为，为产学研各方的合作和交流提供一个具有长期性和稳定性的时间周期。其次，针对空间系统观，在区域产学研空间中，子系统之间是一种微妙平衡状态的合作博弈关系，各方都秉着诚信的原则进行合作和交流，而一旦任一子系统有违背承诺的行为，就会扰乱原有系统的平衡性和稳定性，从而导致其他子系统的不满、对抗、抵制，甚至是破坏行为，引发最初行为的"乘数效应"，从而导致区域内整体产学研系统的运作出现问题，严重阻碍创新绩效。所以，区域内各产学研主体方都应该认识到，从局部与整体的关系来看，个体利益和整体利益是辩证统一的共生关系，任何有损于集体利益的行为都会最终影响个体利益的实现；反之亦然，任何有利于整体目标实现的行为都会以积极的方式反馈回子系统，从而有利于子系统的成长和发展。系统空间观有利于区域内产学研各主体合作博弈关系的有利发展和维护，从而达成区域发展的整体利益与各产学研互动方的个体利益的实现和维护。同时，这种思考模式有利于杜绝"搭便车"等具有外部负效应的机会主义行为的产生，有利于区域合作关系的持久和稳定。

促进区域内产学研各主体的深度沟通与交流。已有研究表明，只有深度的沟通和交流才能提高区域内产学研联盟的创新绩效，而在产学研各主体间普遍存在着沟通不畅或交流不深的问题，这可能跟组织间进行沟通时在一定程度上都会或多或少、自觉不自觉地采取习惯性防卫姿态来维护本组织有关（李雪婷、顾新，2013）。要预防和减轻这种状况，就要加强组织间的深度沟通和交流，开展深度会谈，因为只有在深度交流的情境中，产学研互动主体才能主动卸下防备姿态，开展开诚布公的交流，使得原本存在但深度隐藏的矛盾和冲突的观点能够自由交流、共同解决，对于这些存在的问题采取开放和欢迎的姿态，主动接受其他方的提问和检验，在此过程中，形成良好的合作沟通氛围，建立平等友好的关系。

建立区域内产学研互动方的相互信任机制。在相互信任的机制中，产学研合作各方在面对共同的创新绩效任务时，能够保持相互理解并对共同的创新绩效目标保持积极反应的良好状态，异质性的文化能够融合得更好，彼此开诚布公地进行沟通，能够为共同的任务投入更多的资源。要建立相互信任机制：首先，区域内产学研互动方应建立内部信用评级体系。通过信用评级体系对拟合作方的各个方面进行评价，如合作方的信用、声誉等，由此从合作源头对产学研合作关系的稳定性和信任度做出选择和保障，对信用度不高的合作方不予选择，也是为创造良好的信用体系良性循环打下基础。其次，完善区域内产学研互动方的内部契约制度。对于合作方尤其重要的利益分配、知识产权等问题，可由第三方，如政府和中介机构介入，以订立契约的形式予以解决和明示，明确创新成果分配机制、信息共享机制、沟通交流机制、知识产权制度和风险共担机制等，由此避免后续合作中的矛盾和冲突，提升相互的信任关系。最后，完善区域内产学研互动方的外部社会服务保障体系。这主要通过区域内的相关政策和机构予以实现，如制定完善的法律法规体系、建立和发展第三方中介服务机构等，为区域内的产学研系统发展创造良好的社会服务保障体系和文化氛围，削弱文化冲突。

结合区域内产学研各方文化特色，塑造协同创新的核心价值观。区域内产学研的长期稳定发展不仅必须要有一致、连贯的制度保障，还要有一套约定俗成的核心价值文化体系，规范成员的行为方式，强化区域内各成员方行为的规范性和一致性，从而杜绝和预防产学研各方原本存在的问题和冲突。要塑造核心价值观，首先企业应该在其中发挥主导作用，因为企业是区域内产学研联盟的主体，企业的运作和管理将直接影响区域协同创新绩效的高低。针对产学研各互动方的性质和文化特色，企业应在满足各方长期目标的基础之上，积极构建共赢的价值观念，摒弃一些不合时宜的文化要素，加强产学研各方的互补与协调，营造推进生产、促进创新的文化氛围和体系特色与顾全大局的协同创新的核心价值观。

很多实践经验表明，相近或相容的区域文化能够有力促进区域间的融合和互动发展。因此，需要积极培育产学研与区域的融聚、合作文化，从文化上杜绝区域间恶性竞争等不良情况的发生：其一，群团活动引导。可由行政主体、市场主体与社会民众多元参与，多途径、多形式开展集群体内丰富多彩的专业性、经典性、精品性、娱乐性群团活动，提升民间、民众文化的活跃度，如组织举办行业性、技艺性的各类大赛、各级论坛、各项展示活动等，形成定期性的文化品牌或时空性的文化时尚。工会、妇联、共青团、社科联、工商联及其他组织更应积极倡导，全方位激活群体的社会发展活力。其二，行业指导交流。底层性的行业合作可在行业协会组织的跨域互动中展开，通过实训性、观摩性、展示性的行业交流交往行为，动员并吸引更多底层群众投身到区域合作中来。其三，文化品牌塑造。不同时空、不同行业特色的民众互动机制，可鼓励或引导创立独特的文化品牌，通过宣传和引导不断扩大影响力，使区域互动合作形成品牌化的互动合作文化。

综上所述，要实现文化异质性和统一性的有机融合。要实现产学研文化协同，必须摒弃文化中心主义，增强文化敏感性，认识、理解、尊重文化差异。产学研协同创新需要建立共同的基本价值观，以规范行为方式，强化行为的一致性和连贯性，减少矛盾和冲突。产学研共同的基本价值观是合功利性、合目的性、合科学性的统一。这种文化统一性是平等沟通的结果，是相互学习的结晶，是共同实践的产物。另一方面，应保持统一性与差异性之间的必要张力，也就是说，统一性以尊重差异、包容多元为基础，又对差异性、多元性具有约束和收敛作用。在实践层面通过对多种领域文化的耦合，构建以市场为导向，以政府调控为关键，以大学、科研院所的创新为原动力，以企业为主体，以资金为保障的"官产学研资"一体化创新模式，以求在新起点上对我国产学研合作的深入发展有所裨益。

（2）人才方面。

我们知道，文化本身及其发展具有物质依赖性，需要相应的硬件建设，并借助于一系列具体的活动方式反映出来。对于区域的文化创造性来讲，经济发展、社会财富等物质基础是重要的必不可少的条件。从历史上看，除少数例外（如雅典），绝大多数在文化方面具有创造性的区域，都是当时条件下经济高度发展和最富有的区域。无论是在佛罗伦萨洗礼堂或伦敦宫廷剧院，又或是卢浮宫、维也纳市政厅或柏林大剧院的建造上，无不体现了社会物质基础的极其重要的作用。特别是在文化比较发达的区域，要求有比较完善的文化艺术设施和丰富多彩的文化艺术活动。从这一意义上讲，文化艺术设施及其活动日益成为区域重新定位和形象创造的关键因素。对于崛起的全球区域来讲，增强文化创造性和提升文化创造力，更需要有相应的物质性投入，建设配套齐全的文化艺术设施，如大剧院、艺术中心、博物馆、娱乐场所等，塑造区域景观，如标志性建筑、区域雕塑、文化景观等。同样，也需要积极开展各项文化艺术活动，特别是举办具有较大影响力的大型活动，如国际电影节、电视节、图书节、民俗文化节以及大型文艺表演、各类文化论坛等。

但对于区域文化创造性来讲，这只是必要条件。仅有此条件，并不一定能成为具有较强文化创造性的区域。甚至有一些极端的例子，如出现一些经济高度发达却有"文化荒漠"的区域。对于一些区域文化而言，最易获得的是硬件设施的建造、形态景观的塑造以及时尚流传，而最难完成的则是精神培育、品质锤炼和境界提升。文化的意蕴作为一种无形的力量始终施加区域灵魂的作用，它需要内省、需要自重、需要积淀。文化的精神价值品质的获得，必须经过潜移默化、日积月累、自然而然的人文演进过程和量变积累过程。从这一意义上讲，文化从来不是打扮出来的、强求出来的，也并非能够以形代神或可以言不达意的。因此，全球区域的文化水准，并不是单靠硬件设施条件的好坏、标准景观的优劣、文娱活动的多寡来简单衡量的。增强文化创造性和提升文化创造力，更要注重文化的精神价值品质的培育，加强文化"软件"和内容方面的建议。

进一步讲，如果我们假定：为增强文化创造性和提升文化创造力，相应的文化设施不足，完全有必要予以建设和增加。即使如此，也并非一定要新建、新造。根据实际情况，有些重要的设施需要新建，但也有不少可以改建而成。目前我国不少区域通常采取"重起炉灶，全新打造"的办法，并追求所谓"现代"建筑风格和外在的豪华气派。且不论在此过程中的"动拆迁"、基建投资以及建成后日常维护等昂贵的成本支付，更重要的是，这种做法完全摒弃和割断了区域的历史延续，抹杀了历史在增强文化创造性和提升文化创造力中的作用。事实上，成功的区域总是能够借助"传统"应对危机，把历史作为创新的源泉。历史所造就的区域形象，历史遗留下来的建筑物、街景、教育和文化设施，包括原有的工业设施，都可以改建，如将旧的工业仓库改造为媒体中心，将废弃的电车车库改造成新的展览中心，将艺术中心建在旧的军工厂内，等等。这些建筑的历史特征增添了它们的吸引力，而且正是其深厚的历史背景更容易激发出文化创新的灵感。因此，充分利用原有设施，将其改建、改造成文化艺术设施，不仅是一个减少投入、节约成本的经济问题，更重要的是借助于历史的激发器来增强文化创造性和提升文化创造力。

区域文化创新活动，既要有一定的物质基础，同时也需要有大量的创造性人才来完成。Hall 认为，天才也许比财富更重要。创造性区域通常都集中着大量的天才，而这些天才通常来自偏远的地区。Hall 列举了古代雅典集聚的大量客籍民（古希腊的外籍居民，包括解放后的奴隶）、从乡村远道来到佛罗伦萨的艺术家、从外省市来到维也纳的音乐家和来到巴黎的艺术家，以及 19 世纪末期来到维也纳的犹太人。如果没有这种创造性血液的持续更新，区域很可能就不会富有创造性（黄怡，2001）。

因此在全球区域崛起过程中，增强文化创造性和提升文化创造力，最为重要的环节之一，就是要吸引大量文化创造性人才的汇集，创造有助于创造性人才不断涌现的特殊环境条件。然而，促进这些创造性人才的成长及其集聚，除了具备经济发展、文化繁荣等一般环境条件外，还需要某些特殊的环境条件。

第一，处于经济社会变革之中。当一个区域处于社会变革、文化更替的"非稳定性状态"时，往往会有新的利益分化，出现新的社会阶层、经济或种族团体。这些新的社会利益集团在变革中不仅得以确立，而且不断地提升其社会地位。与此同时，这些区域也往往是社会和思想文化剧烈动荡的中心，处于各种思潮、不同观念、多元文化的碰撞和冲突之中。这一系列现实中的新变化、新问题、新冲突的提出，无疑对人文的思想观念形成巨大的冲击，给文化创新带来了更多的机会，内生出文化创新强有力的推动力量。因此在经济社会处于重大变革的环境中，人们易于接受新思想、新事物，有助于创造性人才在解决现实性问题中脱颖而出，也有助于吸引大量文化创造性人才为研究、探索新问题从四面八方汇集而来。

第二，基于多极社会结构的宽松环境。Florida（2005）教授把"宽容"作为创意区域的三大关键要素之一（另外两个因素是技术和人才），认为宽容是衡量一个区域开放、包容和多样性的概念。有魅力的区域并不一定必须是大区域，但必须具有宽容性和多样性的风格。这种多样性不仅仅是人的种族的不同，还包括他们不同的知识背景、工作技能、行为方式，甚至扩展到区域不同的意象、不同的建筑。人的多样性带来文化的多样性。在这种环境中，人们能够发现与自己兴趣爱好相同的亚文化团体，而且从与自己不同的亚文化团体受到启发和刺激。因此，多元文化的共生将形成互相渗透、互动和竞争，在交流、碰撞中产生巨大的文化创造力。而且这种多极化的社会结构，其本身就意味着主流社会的精神分化和文化多元化，从而为文化创新提供了较为宽松的环境。这对于创新行为和创造性人才的脱颖而出具有积极的作用，而且有利于吸引人才和促进多元文化交流。例如，对于那些来自各地的富有创造力的群体，特别是年轻人来讲，其往往有着被当地主流社会排挤的经验和压力。如果一个区域不具有这种多极化的社会机构，一旦他们受到主流社会的排挤，他们将难以找到立足之地。相反，在一个多极化社会结构的区域中，即使他们受到当地主流社会的"排挤"，仍有可能寻找到其他的"庇护者"，对其创造性工作提供资助和支持。这就使他们处于一种既不被排除在机会之外，也不会因受到热情欢迎以致丧失创造动力的状态，促使他们通过自己对真实世界的感悟提出新的创造和创意，产生反映时代特征的新的精神产品。

第三，具有广泛影响力的活动舞台。能产生较大的社会影响力，也是促使创造性人才集聚和活跃文化创新的一个重要因素。一个区域的文化创新，越是能产生较广泛的社会影响力，其对创造性人才的吸引力就越强。固然，创造性精神产品的本身质量及水平是产生较大社会影响力的基础，从这一意义上讲，只有高质量、高水平的作品才能产生广泛的社会影响力，但不可否认，传播的力量在"争夺眼球"中起着决定性的作用。相同的创造性精神产品，其传播的力量越强，产生的社会影响就越广泛；反之亦然。这种强有力的传播，是在及时发现、深入挖掘、全面策划并对创造性精神产品进行"包装"的基础上，通过广播电视、报纸杂志、各大网站等各种媒体宣传、报道等，甚至结合商业性"炒作"来实现的。也就是说，要有一系列专业机构、策划公司以及各种传媒的有机组合，才能形成强大的传播力量，为区域文化创新营造出有影响力的活动舞台。显然，越是容易"出名"的地方，对创造性人才的吸引力越强；而创造性人才的集聚，其本身产生的规模效应、互补效应、溢出效应等，反过来又促进了这一地方影响力的增大。因此，基于强势传媒的传播力量也是促进区域文化创新的一个重要的环境条件。

在增强文化创造性和提升文化创造力中，创造性人才所起的作用固然是十分关键的，但也不可忽视和低估一般大众在文化创新中的重要作用。从某种角度讲，大众文化促进群体间和文化间的理解和交流，因此，比高雅艺术更能促进创新力的涌现。特别是随着现代技术和经济的发展，人们外出的动机越来越多样化，促使人们的流行性不断增强，并且其流动范围不仅限于国内，还包括国际的流动（Armel Huet，2005）。随着流动性的增强，人与人之间的融合（主要是文化的融合）也在不断地增加。这对于增强文化创造性和提升文化创造力有着深远的不可估量的影响。

全球化区域一般是大规模人员流动的集散地，具有明显的人口多样性特征。例如纽约、伦敦和东京的迁移人口比例都在 8.71% 以上，接近 1/10 的人口处于流动状态，具有较强的人口流动性。此外，除了东京的国际人口比例相对较低（4.55%）外，纽约、伦敦的国际人口比例高达 24.2% 和 27%（见表 8-1），常住纽约和伦敦的外国人占到本地人口的 15% 左右，两城市具有较强的人口多样性。因此，纽约和伦敦是典型的移民区域。2000 年美国人口普查数据显示，纽约市的 800 万人口中，在国外出生的占 35.9%。2000—2001 年，伦敦共接受了 19 万移民。几乎 1/3 的伦敦人属于少数民族。到 2016 年估计还将有 70 万人进入伦敦。

表 8-1　　　　纽约、伦敦、东京、上海迁移人口和国际人口比例（%）

	纽约（2000 年）	伦敦（2000 年）	东京（2004 年）	上海（2004 年）
迁移人口/总人口	9	8.71	9.87	1.43
国际人口/总人口	24.2	27	4.55	0.7

资料来源：左学金，王红霞. 城市创新与人口发展：上海、纽约、东京与伦敦的比较，上海：上海 2006 年世界中国学论坛提交论文，2006；National Health Service Central Register；International Passenger Survey，Office for National Statistics，U. K.；U. S. Census2000；日本总务省统计局；上海统计年鉴 2005.

这种人口流动性和人口多样性，必然带来文化和语言的多样性。例如，纽约市民使用的语言达 121 种，伦敦市 750 万居民使用 300 多种语言。支撑纽约、伦敦作为全球区域的基础之一，便是其世界性。公司能够在那里找到它们所需要的来自任何不同的国家和区域、讲不同语言的员工，从而使交易活动可以轻松地进行。例如，在伦敦的投资公司银行办公室里，都是来自不同国家和地区的国际职员。这种人口结构的多样性和文化生活的多元性，构成了一个全球区域的重要文化特征。而正是这种多民族、多文化、多阶层的共存，使其能够用开放的、积极的、包容的和灵活的思想去接纳其他观点，并用此来培养创造性，由此形成了文化融合和文化创新的不竭动力。正如许多人口学家和经济学家指出的那样，移民能够带来崭新的思想，从而能为我们提供稳定的创新流，同时他们也是维持大都市人口增长的重要力量。因此，一些全球区域都把迁移人口流量维持在一个较高的水平，作为其可持续发展的重要任务。

当然，在人口流动性和人口多样性中，特别要强调的是高素质劳动力的流动性和多样性，其对于增强文化创造性和提升文化创造力显得更为重要。一般来讲，全球区域通常是熟练的、高素质劳动力的高度集聚地。从国际通用的 25 岁及以上劳动力人口受教育程度这一指标来看，纽约、伦敦、东京等全球区域具有较高素质的从业人员。2000 年，纽约大都市区 25 岁以上人口中拥有学士及以上学位的人口比例为 28.3%，东京这一指标为 27.1%，伦敦接受高等教育人口比例达到 31%。高素质和高技能的劳动力可以带来财富的增值，从而吸引更多的高素质人群向大都市区集聚，由此将带来"思想"的流动，并反过来进一步增强集聚地的吸引力。这种人力资本的高度集聚，不仅可以使区域有足够的能力来轻松应对发展进程中的不良冲击，并使其能在结构转变过程中随时实现自我再造，而且也极大地促进文化创造性和提升文化创造力，迅速增强区域的软实力。纽约联邦银行曾针对纽约大都市创新发展将面临的挑战展开研究，明确指出，纽约大都市区要想继续其过去的成功，就必须继续增强其对高素质劳动力的吸引力、维持力和培养力。大都市区的竞争力在于其内涵的提升而不是空间区域的扩张。

在这方面我们存在较大的差距。如上海的人口素质虽然在不断提高，但即使到 2005 年，上海 25 岁及以上人口中拥有学士及以上学位人口的比例仍只有 5.1%，远低于上述国际化大都市 2000 年时的水平。不仅人口的平均受教育水平低，而且高素质的劳动力更是缺乏，人才的集聚程度较低。根据第五次人口普查的数据，2000 年上海 25 岁以上拥有本科学历以上的人口仅占全国的 5.8%，而纽约本科以上人才占全美国的 9.7%，东京占全日本的 16%。因此，在我国的全球区域崛起中，增加迁移人口数量，特别是吸引高素质和高技能劳动力的集聚，形成人口结构多样性和文化生活多元化的基本格局，是一项非常重要的工作。这不仅是为了经济发展的需要，形成有助于企业扩张的、具有吸引力的区域市场环境，而且也是为了更好地形成增强文化创造性和提升文化创造力的良好基础。

参考文献

一、中文文献

[1] 弗朗索瓦·佩鲁. 增长极概念 [J]. 经济学译丛, 1988 (9): 25-28.

[2] 埃得加·M. 胡佛. 区域经济学导论 [M]. 上海: 上海远东出版社, 1992: 43.

[3] 艾伯特·赫希曼. 经济发展战略 [M]. 曹征海, 潘照东, 译. 北京: 经济科学出版社, 1991: 88-108.

[4] 莱斯特·赛拉蒙. 非利益部门的兴起 [M]. 何增科, 译. 纽约: 外交事务, 1994, 33 (7/8): 58-59.

[5] 俄林. 域际贸易与国际贸易 [M]. 北京: 商务印书馆, 1986: 31.

[6] 冈纳·缪尔达尔. 经济理论与不发达地区 [M]. 伦敦: 达克沃斯出版社, 1957.

[7] 大卫·李嘉图. 政治经济学及赋税原理 [M]. 北京: 中国经济出版社, 2000: 79.

[8] 安虎森. 增长极理论评述 [J]. 南开经济研究, 1997 (1): 31-37.

[9] 白永平, 王培安. 浙江省流量经济集聚扩散效应研究 [J]. 南京审计学院学报, 2012, 9 (3): 1-8.

[10] 彼得·圣吉. 第五项修炼 [M]. 北京: 中信出版社, 2009: 69.

[11] 蔡建英, 王辉, 张丽娜. 产学研服务区域经济自主创新的思考 [J]. 统计与管理, 2014 (3): 84-85.

[12] 陈家祥. 南京城市开发区群对南京城市发展的影响分析 [J]. 科技进步与对策, 2009, 26 (11): 30-35.

[13] 陈静, 曾珍香. 社会、经济、资源、环境协调发展评价模型研

究 [J]. 科学管理研究，2004（6）：9-12.

[14] 陈士俊，柳洲. 产学研合作的"钻石琥珀模型"及其启示 [J].
科学学与科学技术管理，2008（2）：14-18.

[15] 陈彦光. 基于 Moran 统计量的空间自相关理论发展和方法改进
[J]. 地理研究，2009（6）：1450-1462.

[16] 陈旸. 城市综合体与周边环境的互动效应及适应策略研究
[D]. 哈尔滨：哈尔滨工业大学，2011：45.

[17] 戴西超，谢守祥，丁玉梅. 技术—经济—社会系统可持续发展
协调度分析 [J]. 统计与决策，2005（3）：29-32.

[18] 邓聚龙. 灰色控制系统：第二版 [M]. 武汉：华中理工大学出
版社，1993：313-315.

[19] 樊华，陶学禹. 复合系统协调度模型及其应用 [J]. 中国矿业
大学学报，2006，35（4）：515-520.

[20] 樊士德，姜德波. 劳动力流动与地区经济增长差距研究 [J].
中国人口科学，2011（2）：27-38.

[21] 范晓屏，刘志峰. 网络化——产业集群发挥效应的关键 [J].
特区经济，2005（12）：283-284.

[22] 方新. 论技术转移的测度指标 [J]. 科研管理，1989（4）：
15-18.

[23] 冯子标. 中部塌陷原因及崛起途径探析 [J]. 管理世界，2005
（11）：150-151.

[24] 高校实验室搬到企业去 [N]. 解放日报，2006-05-21.

[25] 龚建立，吕海萍，王飞绒. 浙江省产学研相结合深入发展中的
问题剖析和方法探讨 [J]. 科学研究，2003（21）：148-151.

[26] 顾朝林，张勤. 新时期城镇体系规划理论与方法 [J]. 城市规划
汇刊，1997，20（2）：14-26.

[27] 顾朝林. 经济全球化与中国城市发展 [M]. 北京：商务印书
馆，1999.

[28] 顾朝林. 济南城市经济影响区的划分 [J]. 地理科学，1992，
12（1）：15-26.

[29] 广东省教育部产学研结合协调领导小组办公室，广东省政府发
展研究中心联合课题组. 国内外产学研发展趋势及经验借鉴：下 [J]. 中
国高校科技与产业化，2007（10）：16-19.

[30] 国家信息中心. 2002 年中国开发区年鉴 [R]. 北京：中国物价出版社，2003.

[31] 哈特向. 地理学性质的透视 [M]. 北京：商务印书馆，1981：129-130.

[32] 郝寿义，安虎森. 区域经济学 [M]. 北京：经济科学出版社，1999：5-29.

[33] 何建坤，周立，张继红，等. 研究型大学技术转移：模式研究与实证分析 [M]. 北京：清华大学出版社，2007：195-196.

[34] 赫尔曼·哈肯，协同学 [M]. 上海：上海译文出版社，2005：10-200.

[35] 胡恩华. 产学研合作创新中问题及对策研究 [J]. 研究与发展管理，2002，14 (1)：54-57.

[36] 胡雷芳. 五种常用系统聚类分析方法及其比较 [J]. 浙江统计，2007 (4)：11-13.

[37] 胡丽君，郑艳. 劳动力流动与产业组织变化的互动关系研究：以中国汽车产业为例 [J]. 中国工业经济，2006 (11)：68-75.

[38] 胡珑瑛，王建华. 高技术园区对区域经济的辐射和带动评价研究 [J]. 哈尔滨工业大学学报. 2001，33 (1)：96-99.

[39] 胡瑞卿. 科技人才合理流动综合指数评价法及其指标权数的确定 [J]. 中国软科学. 2006 (7)：151-157.

[40] 黄怡. 读皮特·霍尔的《创造性城市与经济发展》[J]. 国外城市规划，2001 (4)：45-46

[41] 纪德尚，段新燕. 高新技术园区和谐社会关系探析 [J]. 郑州轻工业学院学报，2009 (5)：51-55.

[42] 江诗松，李燕萍，龚丽敏. 中国产学研联结的发展历程、模式演化和经验教训 [J]. 自然辩证法研究，2014 (4)：48-55.

[43] 姜博，修春亮，陈才. 辽中南城市群城市流分析与模型阐释 [J]. 经济地理，2008，28 (5)：853-856.

[44] 姜金婵，巩云华. 我国高新区产业集聚测度体系研究 [J]. 中国管理科学，2007，15 (4)：130-137.

[45] 蒋伏心，华冬芳，胡潇. 产学研协同创新对区域创新绩效影响研究 [J]. 江苏社会科学，2015 (5)：64-72.

[46] 科技部火炬高技术产业开发中心. 2011 年国家高新技术产业开

发区综合发展与数据分析报告［J］. 中国科技产业，2012（10）：62-73.

［47］黎鹏. 区域经济协同发展及其理论依据与实施途径［J］. 地理与地理信息科学，2005，21（4）：52-55.

［48］李泊溪，刘德顺. 中国基础设施水平与经济增长的区域比较分析［J］. 管理世界，1995（2）：106-111.

［49］李成龙，秦泽峰. 产学研合作组织耦合互动对创新绩效影响的研究［J］. 科学管理研究，2011，29（2）：100-102.

［50］李春芬. 区际联系——区域地理学的近期前沿［J］. 地理学报，1995，50（6）：491-496.

［51］李敬波. 论"官产学研金"联合促进中国技术创新［J］. 北方经贸，2005（3）：23-24.

［52］李俊华，王耀德，程月明. 区域创新网络中协同创新的运作机理研究［J］. 科技进步与对策，2012（7）：32-36.

［53］李俊莉，王慧，郑国. 开发区建设对中国城市反战影响作用的聚类分析评价［J］. 人文地理，2006，21（4）：39-43.

［54］李培祥. 城市与区域相互作用机制研究［J］. 地理科学，2006，26（2）：136-143.

［55］李平. 国际技术扩散的路径和方式［J］. 世界经济，2006，29（9）：85-93.

［56］李崴. 国内外主要产学研合作模式选择综合分析［J］. 青春岁月，2010（22）：210-211.

［57］李小建. 改革开放以来中国工业地理学研究进展［J］. 地理科学，1999，19（4）：332-337.

［58］李秀琴，汪霞. 江苏省产学研合作的现状、问题与对策思考——基于对江苏省5个企业与高校合作情况的调研. 全球教育展望，2010，39（5）.

［59］李雪婷，顾新. 产学研协同创新的文化冲突研究［J］. 科学管理研究，2013，31（1）：5-8.

［60］李友生，李玉清. 高校科技成果转化的问题与对策建议［J］. 中国高等教育，2005（23）.

［61］李忠鹏. 产学研协同创新需要文化来滋养［N］. 光明日报，2014-06-05.

［62］连燕华，马晓光. 我国产学研合作发展态势评价［J］. 中国软

科学，2001（1）：54-59.

　　[63] 林理升，王晔倩. 运输成本、劳动力流动与制造业区域分布 [J]. 经济研究，2006（3）：115-125.

　　[64] 凌亢，赵旭，姚学峰. 城市可持续发展评价指标体系及方法研究 [J]. 中国软科学，1999（12）：106-110.

　　[65] 刘兵，李嫒，许刚. 开发区人才聚集与区域经济发展协同机制研究 [J]. 中国软科学，2010（12）：89-96.

　　[66] 刘力. 学术价值和商业价值的冲突 [J]. 教育研究，2002，3（4）：25-29.

　　[67] 刘卫东. 论我国互联网的发展及其潜在空间影响 [J]. 地理研究，2002，21（3）：347-356.

　　[68] 刘翔，曹裕. 两型社会视角下的区域协调发展评价研究——基于长株潭城市群的实证分析 [J]. 科技进步与对策，2011，28（6）：108-113.

　　[69] 刘晓宁. 山东省经济开发区对母城经济发展的影响作用评价及对策研究 [J]. 山东经济，2010（1）：155-159.

　　[70] 刘雪妮. 基于引力模型的临空经济区流量经济研究 [J]. 管理评论，2009，21（6）：76-80.

　　[71] 刘重力，刘安军，邵敏. 开发区对区外母城经济增长溢出效应研究 [J]. 南开经济研究，2010（3）：21-33.

　　[72] 卢现祥. 西方新制度经济学 [M]. 北京：中国发展出版社，2003：153.

　　[73] 罗守贵，金芙蓉，黄融. 上海都市圈城市间经济流测度 [J]. 经济地理，2010，30（1）：80-85.

　　[74] 吕安民，李成名，林宗坚，等. 中国省级人口增长率及其空间关联分析 [J]. 地理学报，2002，57（2）：143-150.

　　[75] 吕海军，甘志霞. 产学研合作创新研究述评及研究展望 [J]. 生产力研究，2005（4）：230-232.

　　[76] 吕拉昌. 关于产业整合的若干问题研究 [J]. 广州大学学报（社会科学版），2004，3（8）：27-30.

　　[77] 孟昭华. 关于协同学理论和方法的哲学依据与社会应用的探讨 [J]. 系统辩证学学报，1997，5（2）：32-33.

　　[78] 苗东升. 系统科学精要 [M]. 北京：中国人民大学出版社，

2010：12-23.

[79] 穆东，杜志平. 资源型区域协同发展评价研究 [J]. 中国软科学，2005 (5)：106-113.

[80] 聂锐，高伟. 区际生产要素流动的网络模型研究 [J]. 财经研究，2008，34 (7)：87-96.

[81] 牛慧恩，孟庆民. 甘肃与毗邻省区区域经济联系研究 [J]. 经济地理，1998，18 (3)：51-56.

[82] 邱国栋，白景坤. 价值生成分析：一个协同效应的理论框架 [J]. 中国工业经济，2007 (6)：88-95.

[83] 任胜钢，孙业利. 流量经济增长模式分析 [J]. 经济理论与经济管理，2003 (9)：13-18.

[84] 宋家泰. 城市—区域与城市区域调查研究——城市发展的区域经济基础调查研究 [J]. 地理学报，1980，35 (2)：135-142.

[85] 宋飏，王士君，冯章献. 东北地区城市群组城市流强度研究 [J]. 东北师大学报 (自然科学版)，2007，39 (1)：114-118.

[86] 孙虎军. 加强京津冀区域经济交流与合作研究 [J]. 宏观经济研究，2010 (8)：18-24.

[87] 孙希有. 流量经济 [M]. 北京：中国经济出版社，2003：45-46.

[88] 覃成林，周娇. 城市群协调发展：内涵、概念模型与实现路径 [J]. 城市发展研究，2010，17 (12)：7-12.

[89] 汤兵勇. 区域经济协调发展模型探讨 [J]. 中国纺织大学学报，1998 (1)：79-82.

[90] 陶庆先. 高新技术产业园区竞争力与地方经济增长关系探究 [J]. 科技与经济，2010 (3)：35-37.

[91] 陶嵘，姚树桥. 从混沌到有序：用系统自组织理论对顿悟的解读 [J]. 中南大学学报 (社会科学版)，2004 (3)：28-30.

[92] 万晓玲. 我国高新区扩散力与腹地经济互动的实证分析 [J]. 系统管理学报，2007 (2)：102-106.

[93] 汪明峰，宁越敏. 互联网与中国信息网络城市的崛起 [J]. 地理学报，2004，59 (3)：446-454.

[94] 汪宇明. 中国省区经济研究 [M]. 上海：华东师范大学出版社，2000：193.

[95] 王成军. 官产学三重螺旋研究——知识与选择 [M]. 北京：社

会科学文献出版社，2005.

[96] 王红霞. 要素流动空间集聚与城市互动发展的定量研究 [J]. 上海经济研究，2011 (12)：45-55，63.

[97] 王宏伟，袁中金，侯爱敏. 城市化的开发区模式研究 [J]. 地域研究与开发，2004，23 (2)：9-12.

[98] 王慧. 开发区发展对我国城市位序结构的影响分析 [J]. 城市发展研究，2004，11 (4)：55-59.

[99] 王力年. 区域经济系统协同发展理论研究 [D]. 长春：东北师范大学，2012：10-12.

[100] 王维国. 协调发展的理论与方法研究 [M]. 北京：中国财政经济出版社，2000：71-72.

[101] 王战和，许玲. 高新技术产业开发区与城市经济空间结构演变 [J]. 人文地理，2005，20 (2)：98-100.

[102] 卫海英，杨国亮. 企业互动导向下的品牌危机预防模式研究 [J]. 商业经济与管理，2012 (12)：42-51.

[103] 魏奇锋，顾新. 产学研知识联盟的知识共享研究 [J]. 科学管理研究，2011，29 (3)：89-93.

[104] 吴良镛. 京津冀北城乡空间发展规划研究 [J]. 城市规划，2000，24 (12)：9-15.

[105] 吴伟年. 城乡一体化的动力机制与对策思路：以浙江省金华市为例 [J]. 世界地理研究，2002 (4)：46-53.

[106] 肖现平. 测定流量经济发展统计指标体系的初探 [J]. 上海统计，2002 (4)：20-23.

[107] 熊德国，鲜学福. 模糊综合评价方法的改进 [J]. 重庆大学学报，2003，26 (6)：93-95.

[108] 徐代明. 经济转型时期高新区与城市互动发展研究：以南宁高新区为例 [J]. 改革与战略，2011 (8)：117-120.

[109] 徐维祥，唐根年，陈秀君. 产业集群与工业化、城镇化互动发展模式研究 [J]. 经济地理，2005，25 (6)：868-872.

[110] 许光清，邹骥. 可持续发展与系统动力学 [J]. 经济理论与经济管理. 2005 (1)：69-72.

[111] 薛捷. 区域创新中企业的交互式学习及其组成结构研究 [J]. 科研管理，2010 (1)：116-125.

[112] 杨春妍, 曾辉. 深圳市经济与环境协调发展的演进分析 [J]. 中国人口、资源与环境, 2006, 16 (4): 84-89.

[113] 杨家文. 信息时代城市结构变迁的思考 [J]. 城市发展研究, 1999, 6 (4): 15-18.

[114] 杨开忠. 中国区域发展研究 [M]. 北京: 海洋出版社, 1989: 23-55.

[115] 杨莉莉, 王宏起. 产业集群与区域经济协调发展机制及对策 [J]. 科技与管理, 2008 (2): 7-10.

[116] 杨勤业, 吴绍洪, 陆大道. 区域发展中地理势能的初步研究 [J]. 经济地理, 2003, 23 (4): 441-444.

[117] 杨晓丽. 中国区域资金流动机制与效应研究 [D]. 北京: 中国矿业大学, 2009: 40-47.

[118] 杨云彦, 徐映梅, 向书坚. 就业替代与劳动力流动: 一个新的分析框架 [J]. 经济研究, 2003 (8): 70-75.

[119] 杨忠泰. 强化关中高新带驱动作用的对策研究 [J]. 科技进步与对策, 2007, 24 (10): 50-53.

[120] 叶向东. 美国政府在促进产学研结合中的作用及启示 [J]. 全球科技经济瞭望, 2007 (9): 29-31.

[121] 袁恩祯, 万曾炜. 湘东开发的八大经济效应 [J]. 经济学家, 2001 (6): 34-39.

[122] 袁韶莹, 杨瑰珍. 日本政府大力推进产学研合作事业的发展 [J]. 外国教育研究, 1999 (1).

[123] 约翰·H. 霍兰. 隐秩序: 适应性造就复杂性 [M]. 周晓牧, 韩晖, 译. 上海: 上海科技出版社, 2001: 1-25.

[124] 曾刚. 技术扩散与区域经济发展 [J]. 地域研究与开发, 2002, 21 (3): 38-41.

[125] 张彩霞, 梁婉君. 区域 PERD 综合协调度评价指标体系研究 [J]. 经济经纬, 2007 (3): 59-62.

[126] 张闯, 孟韬. 中国城市间流通网络及其层级结构: 基于中国连锁企业百强店铺分布的网络分析 [J]. 财经问题研究, 2007 (5): 34-41.

[127] 张海峰. 基于区域空间结构的中心城市流量经济效应研究: 以西宁市为例 [D]. 兰州: 西北师范大学, 2009: 29-59, 103.

[128] 张健，陈利华. 产学研联盟中的协同化及创新绩效——以杭州市为例 [J]. 中国高教研究，2013 (6)：75-78.

[129] 张京祥. 城镇群体空间组合 [M]. 南京：东南大学出版社，2000.

[130] 张敏，顾朝林. 近期中国省际经济社会要素流动的空间特征 [J]. 地理研究，2002，21 (3)：313-323.

[131] 张明举，李敏，王燕林，等. 主成分分析在小城镇经济辐射区研究中的应用：以重庆市大足县为例 [J]. 经济地理，2003，23 (3)：384-387.

[132] 张松林，张昆. 全局空间自相关 Moran 指数和 G 系数对比研究 [J]. 中山大学学报，2007 (4)：93-97.

[133] 张效莉. 人口、经济发展与生态环境协调性测度及应用研究 [D]. 成都：西南交通大学，2007：7-8.

[134] 张永军. 后发园区发展模式研究 [D]. 杨凌：西北农业科技大学，2006：75-77.

[135] 张云德. 社会中介组织的理论与运作 [M]. 上海：上海人民出版社，2003：5.

[136] 章权，张文标，郭小辉，等. 基于势能理论的山区公路交通流随机干扰模型 [J]. 公路交通科技，2011，28 (12)：133-137.

[137] 赵乐东. 新时期人口流动和流动人口的统计学研究 [J]. 经济经纬，2005 (6)：80-83.

[138] 赵林，韩增林，马慧强. 中原经济区城市内在经济联系分析 [J]. 经济地理，2012，32 (3)：57-62.

[139] 赵伟，李芬. 异质性劳动力流动与区域收入差异：新经济地理学模型的拓展分析 [J]. 中国人口科学，2007 (1)：27-35.

[140] 周民良. 论技术的区际流动 [J]. 自然辩证法研究，1993，9 (8)：60-65.

[141] 周一星，胡智勇. 从航空运输看中国城市体系的空间网络结构 [J]. 地理研究，2002，21 (3)：276-286.

[142] 张捷，周寅康，温明华，等. 信息地理学研究二题——信息时代地理空间的历史定位及空间连通性初探 [J]. 经济地理，1997，16 (10)：10-17.

[143] 周宇. 对产学研合作若干问题的分析与思考 [J]. 航空工业经济研究，2008 (5)：42-44.

［144］周振华，韩汉军. 流量经济及其理论体系［J］. 上海经济研究. 2002（1）：21-23.

［145］朱承亮，岳宏志. 陕西产学研合作：现状、问题、对策探讨［J］. 西安石油大学学报（社会科学版），2009，18（2）：17-21.

［146］朱华友，郝莹莹. 长春市经济技术开发区对长春市的经济贡献研究［J］. 经济地理，2004，24（2）：172-175.

［147］朱有志，童中贤. 长株潭城市群重构"两型社会"视域中的城市群发展模式［M］. 北京：社会科学文献出版社，2008：248-249，250-254.

二、外文文献

［1］Adams J D. Fundamental stocks of knowledge and productivity growth［J］. Journal of political economy，1990（98）：673-702.

［2］Adams J D. Comparative localization of academic and industrial spillovers［J］. Journal of economic geography，2002（2）：253-278.

［3］Adriana Reveiu，Marian Dardala. The role of universities in innovative regional clusters：Empirical evidence from romania［J］. Socialand behavioral sciences，2013（93）：555-559.

［4］Agusti Segarra-Blasco，Josep-Maria Arauzo-Carod. Sources of innovation and industry-university interaction：Evidence from Spanish firms［J］. Research Policy，2008（37）：1283-1295.

［5］Alessandro Muscio，Gianluca Nardone. The determinants of university-industry collaboration in food science in Italy［J］. Food policy，2012（37）：710-718.

［6］Alessandro，Davide，Michele. The effects of universities' proximity to industrial districts on university-industry collaboration［J］. China economic review，2012（23）：639-650.

［7］Allison Bramwell，David A. Wolfe. Universities and regional economic development：the entrepreneurial University of Waterloo［J］. Research policy，2008（37）：1175-1187.

［8］Aschauer，David A. Is public expenditure productive?［J］. Journal of monetary economics，1989（23）：177-200.

［9］Aslan Sendogdu，Ahmet Diken. A research on the problems encountered in the collaboration between university and industry［J］. Social and behavioral sciences, 2013 (99): 966-975.

[10] Backbone and air transport intercity linkages [J]. Global networks, 2006, 6 (1): 81-99.

[11] Bakouros Y, Mardas D C and Varsakelis N C. Science park, a high tech fantasy?: an analysis of the science parks of Greece [J]. Technovation, 2002, 22 (2): 123-128.

[12] Batten D F. Network cities: Creative urban agglomerations for the 21st Century [J]. Urban studies, 1995, 32 (2): 313-327.

[13] Boudeville J R. Problems of regional economic planning [M]. Edinburgh: Edinburgh University Press, 1966: 39.

[14] Carolin Plewa, Nisha Korff, Claire Johnson, et al. The evolution of university-industry linkages—a framework [J]. J. Eng. Technol. Manage, 2013 (30): 21-44.

[15] Castells M and Hall P. Technopoles of the World: The making of twenty-first-century industrial complexes [M]. London: Routledge, 1994: 103-110.

[16] Charles R, Goeldner J R. Brent Ritchie. TOURISM: Principles. Practic, Philosophies (8th).

[17] Charnes A, Cooper W W, Rhodes E. Measuring the efficiency of decision making units [J]. Europe journal of operational research, 1978, 2 (6): 1091-1098.

[18] Coffey W J, Polese M. Local development: conceptual bases and policy implications [J]. Regional studies, 1985, 19 (2): 85-93.

[19] Creamer D B. Industrial location and natural resources [M]. Washington D. C. : Natural Resource Planning Board, U. S. Government Printing Office, 1943: 85-104.

[20] Czamanski Stan. Regional and interregional social accounting. Lexington [M]. MA: D. C. Heath and Company, Lexington Books, 1973, chapters 1-3.

[21] D'Este Patel. University-industry linkages in the UK: what are the factors underlying the variety of interactions with industry? [J]. Research policy, 2007 (36): 1295-1313.

[22] Daniel C K. Shift of manugacturing industries in industrial loca-

tion and natural resources [J]. Washington D. C, U. S. National Resource Planning Board. 1942.

[23] Derudder B, Taylor P J. The cliquishness of world cities [J]. Global networks, 2005, 1 (5): 1470-2266.

[24] Derudder B, Witlox F. An appraisal of the use of airlinedata in assessing the World City Network: a research note on data [J]. Urban studies, 2005, 42 (13): 2371-2388.

[25] Derudder B. Mapping global urban networks: A decade of empirical world cities research [J]. Geography compass, 2008, 2 (2): 559-574.

[26] Djankov S. Caroline freund. Trade flows in the former Soviet U-nion, 1987 to 1996 [J]. Journal of comparative economics, 2002, 30 (1): 76-90.

[27] Dunn E S. A statistical and analytical technique for regional a-nalysis [J]. Papers of the regional science association, 1960 (6): 97-112.

[28] Eakin D H and Kao C. Entrepreneurship and economic growth: the proof is in the productivity [J]. Center for policy research working paper, 2003 (2): 56.

[29] Feldman M P. The interaction between public and private R&D investment [J]. Annalesd economicetde statistique, 1998 (49-50): 199-222.

[30] Friedman J. A general theory of polarized development [M]. NewYork: The Free Press, 1972: 82-107.

[31] Friedman J R. Regional development policy: a case study of venezuela [M]. Cambridge, MA: The MIT Press, 1966: 279.

[32] Friedman J. The world city hypothesis: development and change. Urban studies, 1986, 117 (2).

[33] Fujita M and Krugman P. The new economic geography: past, present and the future [J]. Papers in regional science, 2004 (83): 139-164.

[34] Giovanni Abramo, Ciriaco Andrea D'Angelo, Flavia Di Costa. University-industry collaboration in Italy: a bibliometric examination [J]. Technovation, 2009 (29): 498-507.

[35] Hagerstrand T. Innovation diffusion as a spatial process [M].

Chicago: University of Chicago press. 1967: 334.

[36] Han Woo Parka, Loet Leydesdorff. Longitudinal trends in networks of university-industry-government relations in South Korea: the role of programmatic incentives [J]. Research policy, 2010 (39): 640−649.

[37] Harris C D. A functional classification of cities in the United States [J]. Geographical review, 1943 (33): 86−99.

[38] Harvey S Perloff, E S Dunn, E E Lampard and R F Muth. regions, resources and economic growth [M]. Baltimore, Maryland: Johns Hopkins Press, 1960: 4.

[39] Houston, D. The shift-share analysis of regional growth: a critique [J]. The southern economic journal, 1967 (34): 577−581.

[40] Hurst H E. Long-term storage of reservoirs [J]. Trans amer soc civil eng, 1951 (116): 772−785.

[41] Isabel Maria Bodas Freitas, Rosane Argou Marquesc, Evando Mirra de Paula e Silva. University-industry collaboration and innovation in emergent and mature industries in new industrialized countries [J]. Research policy, 2013 (42): 443−453.

[42] JatTe, Adam B, Trajtenberg, Manuel and Henderson. Rebecca: Geographic localization of knowledge spillovers as evidenced by patent citations [J]. The quarterly journal of economics, 1993, 108 (3): 577−598.

[43] Johan Bruneel, Pablo D'Este, Ammon Salter. Investigating the factors that diminish the barriers to university-industry collaboration [J]. Research policy, 2010 (39): 858−868.

[44] Jon Sigurdson. Regional innovation systems (RIS) in China [Z]. EIJS Working Paper No. 195, 2004.

[45] Kunzmann K R, Wegener M. The pattern of urbanization in westerneurope [J]. Ekistics, 1991, 50 (2): 156−178.

[46] Lyons D. Embeddedness, milieu, and innovation among high-techfirms [J]. Environment and planning, 2000 (32): 891−908.

[47] M S Liew, T N Tengku Shahdan, E S Lim. Strategic and tactical approaches on university-industry collaboration [J]. Social and behavioral sciences, 2012 (56): 405−409.

[48] Macdonald, S. British science parks: reflections on the politics of high technology [J]. R&D Managemeengagement and commercialisation: a review of the literature on university-industry relations [J]. Research policy, 2013 (42): 423-442.

[49] Margherita Balconi, Andrea Laboranti. University-industry interactions in applied research: the case of microelectronics [J]. Research policy, 2006 (35): 1616-1630.

[50] Marks Menetal. Regional advantage: culture and competition in Silicon Valley and Route 128. H. U. P.

[51] Markus Perkmann, Valentina Tartari, Maureen McKelvey, et al. Academic.

[52] Masatoshi Kato, Hiroyuki Odagiri. Development of university life-science programs and university-industry joint research in Japan [J]. Research policy, 2012 (41): 939-952.

[53] Massey, Doreen; Quintas, Paul and Wield, David. High tech fantasies: science parks in society [M]. UK: Routhledge, 1992.

[54] Matsumoto H. International urban systems and air passenger and cargo flows: some calculations [J]. Journal of air transport management, 2004 (10): 214-249.

[55] Michael J Hiscox. International trade and political conflict: commerce, coalitions, and mobility [J]. Princeton University Press, 2002: 21-57.

[56] Miller, Rand Cote, M. Growing the next Silicon Valley: a guide for successful regional planning [M]. Lexington. Mass. : Lexington Books. 1987: 78.

[57] Mohamad Faizal Ramli, Aslan Amat Senin. Success factors to reduce orientation and resources-related barriers in university-industry R&D Collaboration particularly during development research stages [J]. Social and behavioral sciences, 2015 (172): 375-382.

[58] Monck, C S P et al. Science parks and the growth of high technology finns [M]. New York.

[59] Motohashi Kazuyuki. University-industry collaborations in Japan: the role of new technology-based firms in transforming the national

innovation system [J]. Research policy, 2005 (5): 38-40.

[60] Muhammad Fiaz. An empirical study of university-industry R&D collaboration in China: Implications for technology in society [J]. Technology in society, 2013 (35): 191-202.

[61] Naser Bagheri Moghadam, Seyed Hossein Hosseini, Mahdi Sahaf Zadeh. An analysis of the industry-government-university relationships in Iran's power sector: a benchmarking approach [J]. Technology in society, 2012 (34): 284-294.

[62] Nelson H J. A service classification of American cities [J]. Economic geography, 1955 (31): 189-210.

[63] P Craig Boardman. Government centrality to university-industry interactions: university research centers and the industry involvement of academic researchers [J]. Research policy, 2009 (38): 1505-1516.

[64] Paolo Landon, Giuseppe Scellato, Giuseppe Catalano. Science parks contribution to scientific and technological local development: the case of AREA Science Park Trieste [J]. International journal of technology, policy and management, 2010, 10 (1/2): 37.

[65] Parr, John B. The location of economic activity: central place theory and the wider urban system [J]. Industuial location economics, 2002 (10): 32-82.

[66] Pek-Hooi Soh, Annapoornima M. Subramanian. When dofirms benefit from university-industry R&D collaborations? the implications offirm R&D focus on scientific research and technological recombination [J]. Journal of business venturing, 2014 (29), 807-821.

[67] Pornpimol Sugandhavanija, Sukruedee Sukchai, Nipon Ketjoy, et al. Determination of effective university-industry joint research for photovoltaic technology transfer (UIJRPTT) in Thailand [J]. Renewable energy, 2011 (36): 600-607.

[68] Posner M. International trade and technological change [J]. Oxford Economic Papers, 1961, 13 (3): 323-341.

[69] Poyhonen P. A tentative model for the flows of trade between countries [J]. Weltwirts chatftliches archiv, 1963, 90 (1): 93-99.

[70] Pyrgiotis Y N. Urban networking in Europe [J]. Ekistics,

1991, 50 (2): 350-351.

[71] Ragan. James F Jr. Investigation the decline in manufacturing quit rates [J] Journal of human resources, 1984 (19): 53-71.

[72] Ramey, Valerie, Matthew Shapiro. Displaced capital: A study of aerospace plant closings [J]. Journal of political economy, 2001 (10): 958-992.

[73] Reilly W J. Methods for the study of retail relationships [M]. University of Texas Bulletin, 1929 (2944): 1-9.

[74] Rick Welsh, Leland Glenna, William Lacy, et al. Close enough but not too far: assessing the effects ofuniversity-industry research relationships and the rise of academic capitalism [J]. Research policy, 2008 (37): 1854-1864.

[75] Rossi E, Beaver stock J V, Taylor P J. Transaction links through cities: "Decision cities' service cities" in outsourcing by leading Brazilian firms [J]. Geoforum, 2007, 38 (4): 628-642.

[76] Rozenblat C, Pumain D. Firm linkages, innovation and the evolution of urban systems [C] //Taylor P J, Derudder B, Saey P. et al. Cities in globalization: practices, policies and theories. London: Routledge. 2007: 130-156.

[77] Russon M G, Farok Vakil Population. Convenience and distance decay in a short-haul model of United States air transportation [J]. Journal of transport geography, 1995, 3 (3): 179-185.

[78] Sadegh Rast, Navid Khabiri, Aslan Amat Senin. Evaluation framework for assessing university-industry collaborative research and technological initiative [J]. Social and behavioral sciences, 2012 (40): 410-416.

[79] Salleh, Omar. University-industry collaboration models in Malaysia [J]. Social and behavioral, 2013 (102): 654-664.

[80] Siebert H. Regional economic growth: theory and policy [M]. Scranton: International Textbook Company, 1969: 66-76.

[81] Sirbu M A, Treitel R, Yorsz W and Roberts E B. The formation of a technology oriented complex: lessons from North American and European experience [R]. MIT Report CPA, 1976: 76-80.

[82] Smith D A and M Timberlake. Conceptualising and mapping

the structure of world system's city system [J]. Urban studies, 1995 (32): 287-302.

[83] Storey D J and Tether B S. Public policy measures to support new technology-based firms in the European Union [J]. Research policy, 1998, 26 (9): 1037-1057.

[84] Taylor P J, Derudder B, Saey P, et al. Cities within spaces of flows: theses for a materialist understanding of the external relations of cities [J]. Cities in globalization, London: Routledge, 2007: 287-297.

[85] Taylor P J. Urban economics in thrall to christaller: a misguided search for city hierarchies in external urban relations [J]. Environment and planning a, 2009, 41 (11): 2550-2555.

[86] Technology transfer and the research university: a search for the boundaries of university-industry collaboration YS Lee-Research policy, 1996-Elsevier.

[87] Tinbergen J. Shaping the world economy: an analysis of world trade flows [M]. New York: Twentieth Century fund. 1962.

[88] Trisalynn, Barry b Michaelaw. Techniques for accuracy assessment of tree locations extracted from remotely sensed imagery [J]. Journal of enviromental managiment. 2005, 74 (33): 265-271.

[89] Van Tilburg J J and Vorstman C M. Ondernemen met technology (entrepreneurship with technology) [J]. Enschede: Van der Meer & van Tilburg, March. 1994.

[90] Vijaya C D, Cynthia S, Lawrece R K. Infrastructure and productivity: a nonlinear approach [J]. Journal of econometrics, 1999 (92): 47-74.

[91] Water Isard. Locatioin and space-economy: a general theory relating to industrial location, market areas, land use, trade, and urban structure [M]. Published jointly by the Technology Press of Massachusetts Institute of Technology and Wiley, New York, 1956.

[92] WEIPING WU. Cultivating research universities and industrial linkages in China: the case of Shanghai [J]. World development, 2007, 35 (6): 1075-1093.

[93] Westhead P. R&D "inputs" and "outputs" of technology-based

firms located on and off science parks [J]. R&D management, 1997, 27 (1): 45-62.

[94] Xibao Li. China's regional innovation capacity in transition: an empirical approach [J]. Research policy, 2009 (38): 338-357.

[95] Yasuyuki Motoyama. Long-term collaboration between university and industry: a case study of nanotechnology development in Japan [J]. Technology in society, 2014 (36): 39-51.

[96] Yong S Lee. "Technology transfer" and the research university: a search for the boundaries of university-industry collaboration [J]. Research policy, 1996 (25): 843-863.

[97] Young-Seok Moon. Productive energy consumption and economic growth: an endogenous growth model and its empirical [J]. Resource and energy economics, 1996 (8): 189-200.

[98] Zipf GK. The PIP2/D Hypothesis: on the intercity movement of persons [J]. American sociological review, 1946 (12): 677-686.

后　记

2015 年，我有幸申请到国家社科基金后期资助项目"产学研互动与区域协同发展研究"（项目编号：15FGL006），本书的研究是在"产学研与区域互动"究竟是积极共赢还是负面的和如何充分发挥产学研互动的优势促进区域协同发展这两条逻辑主线思考中完成的。而这两条逻辑主线相交便是问题的核心。这既是假设，也是现实问题。

本书的主要观点是：

（1）产学研互动是产学研内各个利益相关主体，本着互惠互利的原则展开全方位的良性互动合作，整合和优化配置各种资源，谋求实现经济增值、技术创新以及"双赢"发展的状态和行为过程。

（2）产学研互动必须根植和依托区域的发展，而区域的发展也需要借助于产学研的扩散和带动能力。

（3）产学研互动与区域协同发展的研究有助于产学研更好地审视区域自身发展的瓶颈，积极寻找突破口，实现与区域协同发展的理想状态。

（4）以"区域协同发展"战略为研究核心，探寻互动的层次、参与主体、互动特点、互动形式和现实制约因素，为中国扩展区域协同发展的路径研究探索新的方法和思路，一定程度上丰富了区域发展理论。

（5）适应经济新常态，谋划好未来的中国发展，谋划好未来的区域发展，谋划好未来良好的产学研与区域互动，是实现中国经济持续健康发展的必然要求。

为此，本书将"产学研互动与区域协同发展"的研究作为切入点，以"区域协同发展"战略为研究核心，探寻互动的层次、参与的主体、互动的形式和特点、现实制约因素。在协同创新论的基础上，从现有的 $1+1>2$ 的实践模式出发，提出了 1×1 的新概念。强调在今天新的创新协同的政策环境下，要从过去对合作主体层面及价值产出的关注转变到对生态圈协同模式的培养，实现从 $1+1$ 到 1×1 的转变。这样，产学研协同创新的成果将不仅仅是产值的增长，更是形成一种共生合作的、可持续的合作有机体。

　　特别说明的是：参与这一研究项目的学术团队，在我的组织下，在完成这一项目研究工作的同时，也参与了本书的编写。本书由我撰写大纲，第一章和第二章由杨海华编写，第三章和第四章由崔吉义编写，第五章和第六章由我编写，第七章由聂存虎编写，第八章由刘彩编写。

　　本书的出版，只是阶段性成果的小结，许多内容还有待于扩充和精致化。故此，恳请同仁提出批评意见。

张健

2016 年 8 月 16 日

图书在版编目（CIP）数据

产学研互动与区域协同发展/张健等著. —北京：中国人民大学出版社，2017.10
ISBN 978-7-300-23947-7

Ⅰ. ①产… Ⅱ. ①张… Ⅲ. ①产学研一体化-研究-中国②区域经济一体化-研究-中国 Ⅳ. ①G640②F127

中国版本图书馆 CIP 数据核字（2017）第 014000 号

国家社科基金后期资助项目
产学研互动与区域协同发展
张　健　等　著
Chanxueyan Hudong yu Quyu Xietong Fazhan

出版发行	中国人民大学出版社		
社　　址	北京中关村大街 31 号	邮政编码	100080
电　　话	010 - 62511242（总编室）	010 - 62511770（质管部）	
	010 - 82501766（邮购部）	010 - 62514148（门市部）	
	010 - 62515195（发行公司）	010 - 62515275（盗版举报）	
网　　址	http://www.crup.com.cn		
	http://www.ttrnet.com（人大教研网）		
经　　销	新华书店		
印　　刷	北京玺诚印务有限公司		
规　　格	165 mm×238 mm　16 开本	版　　次	2017 年 10 月第 1 版
印　　张	15.75 插页 2	印　　次	2017 年 10 月第 1 次印刷
字　　数	260 000	定　　价	49.00 元